SpringerWienNewYork

Springers Kurzlehrbücher
der Wirtschaftswissenschaften

Gunther Maier
Franz Tödtling
Michaela Trippl

Regional- und Stadtökonomik 2
Regionalentwicklung und Regionalpolitik

Vierte, aktualisierte Auflage

SpringerWienNewYork

Univ.-Prof. Dr. Gunther Maier
Univ.-Prof. Dr. Franz Tödtling
Dr. Michaela Trippl
Institut für Regional- und Umweltwirtschaft
Wirtschaftsuniversität Wien
Wien, Österreich

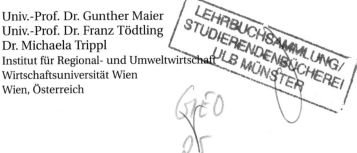

© 1996, 2002, 2006 und 2012 Springer-Verlag/Wien
Printed in Germany

Springer-Verlag Wien New York ist ein Unternehmen von
Springer Science + Business Media
springer.at

Reproduktionsfertige Vorlage der Autoren
Druck: Strauss GmbH, 69509 Mörlenbach, Deutschland

Gedruckt auf säurefreiem, chlorfrei gebleichtem Papier – TCF
SPIN: 12087624

Mit 32 Abbildungen

Bibliografische Information Der Deutschen Bibliothek
Die Deutsche Bibliothek verzeichnet diese Publikation in der Deutschen Nationalbibliografie; detaillierte bibliografische Daten sind im Internet über <http://dnb.ddb.de> abrufbar.

ISSN 0937-6836
ISBN 978-3-211-75618-8 SpringerWienNewYork
ISBN 3-211-27955-5 3. Aufl. SpringerWienNewYork

Vorwort zur vierten Auflage

Als wir 1996 die erste Version dieses Manuskripts veröffentlichten, hätten wir nie erwartet, dass wir je eine vierte Auflage auf den Markt bringen würden. Umso mehr freuen wir uns darüber, Ihnen hiermit die vierte Auflage von Band 2 unseres Lehrbuchs „Regional- und Stadtökonomik", „Regionalentwicklung und Regionalpolitik", vorlegen zu können.

Die wichtigste Änderung in dieser Auflage im Vergleich zu früheren betrifft das Kapitel 10, „Praxis der Regionalpolitik am Beispiel der Europäischen Union". Dieses Kapitel wurde neu konzipiert und an die neue Programmperiode der EU angepasst. Damit musste auch der Text dieses Kapitels großteils neu geschrieben werden.

In den anderen Kapiteln des Buches haben wir einige kleine Anpassungen und Verbesserungen, aber keine grundlegenden Änderungen vorgenommen. Derartige grundlegende Änderungen sind für die nächste Auflage geplant. Dabei sind es weniger die neuen Entwicklungen im Bereich des Themas des Buches, die ein Überarbeiten des Textes erfordern, als die Veränderungen in den Rahmenbedingungen. Die universitären Curricula wurden auf das dreigliedrige System umgestellt, was zu erheblichen Auswirkungen auf das Lehrangebot, die Struktur der Lehre und deren Inhalte geführt hat. Diese Anpassung wird grundlegender Natur sein und in der nächsten Auflage vorgenommen werden.

Gunther Maier, Franz Tödtling, Michaela Trippl

Inhaltsverzeichnis

1 Einleitung   **1**
   1.1   Problemhintergrund   1
   1.2   Problemstellung und Aufbau des Buches   9
   1.3   Zusammenfassung   11
   1.4   Übungsaufgaben und Kontrollfragen   12

2 Grundlagen   **13**
   2.1   Region und Regionalisierung   13
   2.2   Entwicklung und Wirtschaftswachstum   17
   2.3   Entwicklungsdeterminanten   21
   2.4   Zusammenfassung   31
   2.5   Übungsaufgaben und Kontrollfragen   32

3 Nachfrageorientierte Ansätze zur Erklärung von Regionalentwicklung   **33**
   3.1   Exportbasistheorie   33
   3.2   Regionale Input-Output-Analyse   41
   3.3   Zusammenfassung   53
   3.4   Übungsaufgaben und Kontrollfragen   54

4 Neoklassische Theorie   **55**
   4.1   Wachstum in einer Region – das Grundmodell der neoklassischen Wachstumstheorie   56
   4.2   Wachstumsausgleich durch Faktorwanderung   62
   4.3   Wachstumsausgleich durch interregionalen Handel   65
   4.4   Einschätzung der neoklassischen Theorie   71
   4.5   Zusammenfassung   74
   4.6   Übungsaufgaben und Kontrollfragen   76

5 Polarisationstheorie   **77**
   5.1   Grundzüge der Polarisationstheorie   77
      5.1.1   Sektorale Polarisation   78
      5.1.2   Regionale Polarisation   79
      5.1.3   Ausbreitungs- und Entzugseffekte   83
      5.1.4   Polarisation und Entwicklung   84

      5.1.5 Einschätzung des Polarisationsansatzes 85
5.2 Weiterentwicklungen 86
      5.2.1 Wachstumspolkonzepte und Wachstumszentren 86
      5.2.2 Zentrum-Peripherie-Modelle 89
5.3 Zusammenfassung 91
5.4 Übungsaufgaben und Kontrollfragen 92

6 Endogene Wachstumstheorie   93
6.1 Die Produktion technischen Fortschritts 94
6.2 Endogene Wachstumstheorie 96
      6.2.1 Varianten der endogenen Wachstumstheorie 96
      6.2.2 Implikationen der endogenen Wachstumstheorie 99
6.3 Einschätzung der endogenen Wachstumstheorie 102
6.4 Zusammenfassung 104
6.5 Übungsaufgaben und Kontrollfragen 105

7 Innovationssysteme und wissensbasierte Regionalentwicklung 107
7.1 Charakteristika von Innovation und Wissen 107
      7.1.1 Arten und Bedeutung von Innovation und Wissen . . . 107
      7.1.2 Innovationsmodelle 109
      7.1.3 Arten des Wissens und Wissensbasen 111
7.2 Regionale Innovationssysteme 114
      7.2.1 Theoretische Fundierung der Innovationssystem-Ansätze 114
      7.2.2 Bestimmungselemente regionaler Innovationssysteme . . 116
      7.2.3 Mechanismen des Wissensaustausches und ihre räumliche
            Ausprägung 119
7.3 Zusammenfassung 122
7.4 Übungsaufgaben und Kontrollfragen 124

8 Von fordistischer Arbeitsteilung zu flexibler Produktion? 125
8.1 Regulationstheorie 125
      8.1.1 Liberale Wirtschaftsordnung des 19. Jahrhunderts . . . 126
      8.1.2 Fordismus 128
      8.1.3 Postfordismus (flexible Akkumulation) 130
8.2 Flexible Spezialisierung im „industrial district" 136
8.3 Zusammenfassung 140
8.4 Übungsaufgaben und Kontrollfragen 141

9 Regionalpolitik   143
9.1 Grundlagen 143
      9.1.1 Definition und Akteure 143
      9.1.2 Begründung regionalpolitischer Intervention 144
      9.1.3 Instrumente 148
9.2 Strategien der Regionalpolitik 152
      9.2.1 Mobilitätsorientierte Strategien 153

9.2.2   Endogene Strategien 156
9.2.3   Regional- und Stadtmarketing 164
9.3   Zusammenfassung 167
9.4   Übungsaufgaben und Kontrollfragen 168

10 Praxis der Regionalpolitik am Beispiel der Europäischen Union   **169**
10.1 Entwicklung der europäischen Regionalpolitik 170
10.2 Programmperioden 1989–93 und 1994–99 172
10.3 Programmperiode 2000–2006 175
10.4 Programmperiode 2007–2013 177
10.5 Einschätzung der EU-Regionalpolitik 181
10.6 Beteiligung Österreichs an der Regionalpolitik der EU 184
10.7 Zusammenfassung 188
10.8 Übungsaufgaben und Kontrollfragen 190

Literatur   **191**

Namen- und Sachverzeichnis   **205**

Kapitel 1

Einleitung

1.1 Problemhintergrund

„Täglich begegnen wir unterschiedlichen räumlichen Strukturen. Vielfach sind sie uns so vertraut, dass wir sie gar nicht mehr bewusst wahrnehmen." Mit diesen Sätzen begannen wir den Band 1 dieses Lehrbuchs der „Regional- und Stadtökonomik", der den Untertitel „Standorttheorie und Raumstruktur" trägt (Maier und Tödtling 2005). Wir beschrieben die Verteilung der wirtschaftlichen Aktivitäten im Raum und analysierten, welche Mechanismen für diese Verteilung verantwortlich gemacht werden können.

Einer der Gründe für die Vertrautheit der räumlichen Strukturen, die uns in unserem täglichen Leben begegnen, ist der, dass sie sich im Zeitablauf normalerweise nur langsam ändern. Wien war schon vor hundert Jahren die größte Stadt des heutigen Österreich und wird es wahrscheinlich auch in weiteren hundert Jahren noch sein. Die Industrieregion der „Mur-Mürz-Furche" in der Obersteiermark existierte bereits am Ende des vorigen Jahrhunderts, und das heute landwirtschaftlich dominierte Marchfeld war auch damals schon bäuerlich geprägt.

Das heißt nicht, dass sich diese Gebiete nicht verändert hätten. Auch in Wien fährt man heute statt mit Kutsche und Pferdetramway mit dem Auto und mit der U-Bahn. Die Stadt hat seit dem Beginn des 20. Jahrhunderts rund ein Viertel ihrer Bevölkerung verloren und ihre Wirtschaftsstruktur grundlegend gewandelt. Die Schwerindustrie der Obersteiermark erzeugt anstelle von Rohstahl technologisch anspruchsvolle Zwischenprodukte, und die Bauern des Marchfeldes bestellen ihre Felder nicht mehr in Handarbeit, sondern mit teuren Spezialmaschinen. Alle Sektoren der Wirtschaft haben ihre Arbeitsproduktivität gewaltig erhöht. Sowohl die Industriebetriebe der Obersteiermark als auch die Landwirte des Marchfeldes können heute mit dem gleichen Arbeitseinsatz ein Vielfaches des Wertes von vor hundert Jahren erzeugen.

Obwohl der Strukturwandel so gewaltig ist, dass sich wahrscheinlich weder ein Bewohner Wiens noch ein steirischer Industriearbeiter oder ein Marchfelder Bauer desr frühen 20. Jahrhunderts in seinem Gebiet heute problemlos zurechtfinden würde, blieben die jeweiligen Funktionen der Region und ihre Positionen zueinander weitgehend erhalten.

Dass sich räumliche Unterschiede im Zeitablauf normalerweise nur langsam ändern, lässt sich auch an einigen Zahlen zeigen. Betrachten wir etwa die Bruttoregionalprodukte pro Kopf für die österreichischen Bundesländer[1] für den

---

[1]Die Abbildung stellt Indexwerte der einzelnen Jahre dar, wobei der

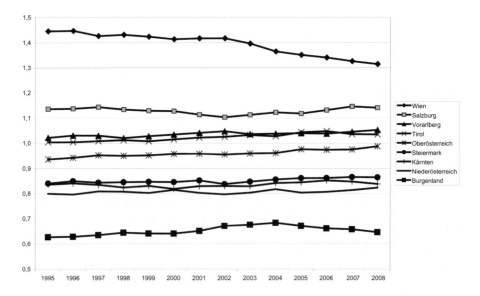

Abbildung 1.1: Bruttoregionalprodukt je Einwohner der österreichischen Bundesländer 1995–2008 relativ zum Österreichdurchschnitt (=100). Quelle: Statistik Austria (2010)

Zeitraum 1995 bis 2008 (Abb. 1.1), so sehen wir nur wenig Veränderung. Obwohl im Ausgangsjahr Wien um mehr als 40% über und das Burgenland um mehr als 30% unter dem österreichischen Durchschnitt liegt, verringert sich dieser Abstand in den darauf folgenden dreizehn Jahren kaum. Zwar tauschen Vorarlberg und Tirol in den Jahren 2005 und 2006 vorübergehend die Plätze, am Ende des Zeitraumes ist aber anscheinend alles beim Alten geblieben. Die Bundesländer nehmen die gleiche Reihenfolge ein wie am Anfang.

Dass ähnliches auch für den regionalen Arbeitsmarkt Österreichs gilt, zeigt eine Untersuchung von Ulrike Richter. Obwohl sich die Arbeitslosenquote in Österreich in den achtziger Jahren mehr als verdoppelte, hat „sich das räumliche Muster der Verteilung der Arbeitslosen nicht wesentlich verändert" (Richter 1994, S. 168). Wie Abb. 1.2 zeigt, wiesen Bezirke mit über- oder unterdurchschnittlicher Arbeitslosenquote im Jahr 1980 auch 1989 meistens über- bzw. unterdurchschnittliche Werte auf.[2] Der Rangkorrelationskoeffizient[3] der beiden Reihungen erreicht mit 0,78 einen sehr hohen Wert.

Diese Ergebnisse beschreiben allerdings keine österreichische Besonderheit. Regionale Disparitäten, so der Fachausdruck für regionale Unterschiede, tre-

---

Österreichdurchschnitt auf 100 gesetzt wurde.

[2]Dieses Ergebnis hat sich auch in späteren Jahren nicht grundsätzlich geändert.

[3]Diese Maßzahl vergleicht die Rangreihungen zweier Jahre. Wie beim normalen Korrelationskoeffizienten liegen die Werte zwischen −1 und +1, wobei die Extremwerte einen perfekten negativen bzw. positiven Zusammenhang beschreiben.

Tabelle 1.1: BIP/Kopf in Kaufkraftparitäten relativ zum EU-Durchschnitt

Bundesland	BIP/Kopf		Rang	
	1995	2002	1995	2002
Wien	184,4	172,9	1	1
Niederösterreich	104,3	97,3	8	8
Burgenland	80,0	81,5	9	9
Steiermark	105,2	102,5	7	6
Kärnten	106,9	100,0	6	7
Oberösterreich	118,1	112,9	5	5
Salzburg	144,1	133,6	2	2
Tirol	131,5	124,1	3	4
Vorarlberg	130,6	125,6	4	3

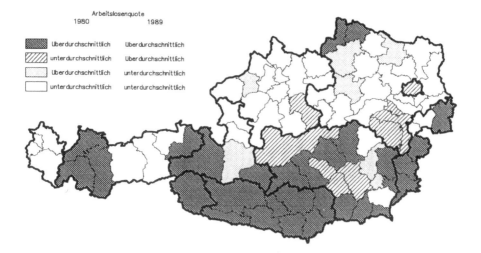

Abbildung 1.2: Arbeitslosenquoten 1980 und 1989. Quelle: Richter (1994)

ten in allen Ländern auf und erweisen sich überall als recht zählebig. In der Europäischen Union sind die regionalen Disparitäten bei der Wirtschaftskraft etwa doppelt und bei der Arbeitslosigkeit etwa dreimal so hoch wie in den USA (Kommission der EG 1987). Das Gefälle zwischen den reichsten und den ärmsten Regionen der Gemeinschaft ist daher beträchtlich (Abb. 1.3). 1991 lag beispielsweise das Pro-Kopf-Einkommen der zehn reichsten Regionen um etwa das 3,5fache über jenem der zehn ärmsten Regionen, 1996 um das 3,1fache (Europäische Kommission 1999). Bezieht man die neuen deutschen Länder mit ein, so wächst dieses Verhältnis 1991 auf das 4,5fache (Europäische Kommission 1994). Wie Abb. 1.4 zeigt, sind die Einkommensdisparitäten in Europa in den letzten Jahren nur leicht zurückgegangen.

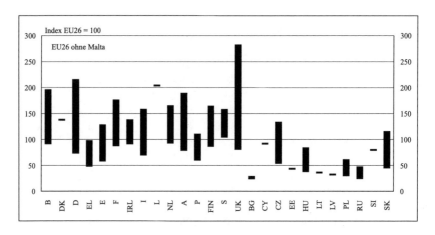

Abbildung 1.3: Regionale Unterschiede im Pro-Kopf-BIP in den Mitgliedstaaten der EU, 1998. Quelle: Europäische Kommission (2001)

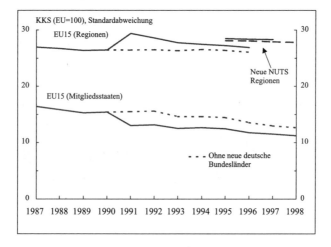

Abbildung 1.4: Entwicklung der regionalen Unterschiede im Pro-Kopf-BIP in den Mitgliedstaaten der EU. Quelle: Europäische Kommission (2001)

Auch an der räumlichen Verteilung, die in Abb. 1.5 für die EU- und Beitrittskandidatenländer 1998 dargestellt ist, hat sich kaum etwas geändert. Die EU-Regionen mit den niedrigsten Werten des Pro-Kopf-BIP liegen am Rande in Irland, Portugal, Spanien, Griechenland und Süditalien. Für sie sind neben dem niedrigen Einkommensniveau vielfach eine hohe Arbeitslosigkeit, starke Abhängigkeit von der Landwirtschaft und eine unzulängliche Infrastruktur charakteristisch. In Bezug auf die Arbeitslosigkeit sind die regionalen Unterschiede in Europa noch ausgeprägter als beim Einkommen. So betrug 1997 die

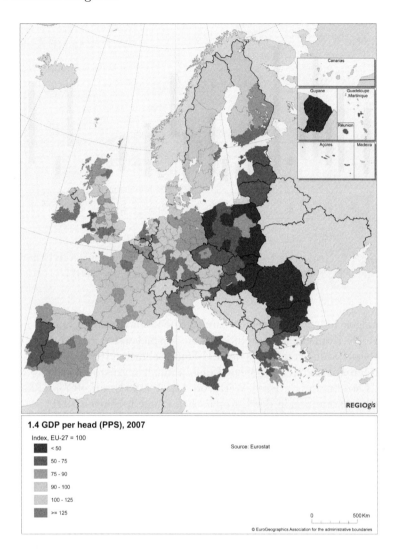

Abbildung 1.5: Pro-Kopf-BIP (in Kaufkraftparitäten) in den Mitgliedstaaten der EU, 2007. Quelle: Europäische Kommission (2010x)

durchschnittliche Arbeitslosenquote in den zehn Regionen mit den niedrigsten Quoten 3,6%, in den zehn Regionen mit den höchsten Quoten hingegen 28,1% (Abb. 1.6) (Europäische Kommission 1999). Letztere lagen typischerweise in den einkommensschwachen Gebieten am Rande der Europäischen Union.

Sehen wir allerdings genauer und aus einem etwas anderen Blickwinkel hin, so zeigen sich trotz der weitgehenden Konstanz der Disparitäten im Zeitablauf doch auch Ausreißer. So zählten beispielsweise einige spanische Regionen in

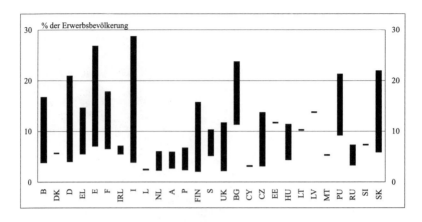

Abbildung 1.6: Regionale Unterschiede der Arbeitslosenquoten in den Mitgliedstaaten der EU, 1999. Quelle: Europäische Kommission (2001)

den achtziger Jahren auch relativ zum Gemeinschaftsdurchschnitt zu den Gewinnern. Die Kanarischen Inseln konnten beispielsweise ihr Pro-Kopf-BIP (in
Kaufkraftparitäten) von 64,9% des EU-Durchschnitts (1983) auf 73,0% (1988),
also um den Faktor 1,12 erhöhen. Einen ähnlichen Anstieg erreichte auch die
Region „Estremadura", deren Wert von 44,1% (1983) auf 49,7% (1988) angewachsen ist (Kommission der Europäischen Gemeinschaften 1991).

Beide Regionen zählen zu den Ziel-1-Fördergebieten der EU (s. Kap. 10),
sind also Empfänger der Regionalförderung der Europäischen Union. Allerdings
kann dies allein den Anstieg nicht erklären, denn andere Ziel-1-Gebiete haben
im gleichen Zeitraum stark verloren – etwa Korsika und die Regionen Südita-
liens –, und im Durchschnitt sind die Ziel-1-Gebiete sogar leicht hinter den
EU-Schnitt zurückgefallen. Ihr durchschnittliches Pro-Kopf-BIP ist von 67,9%
des EU-Durchschnitts auf 66,9% zurückgegangen.

Aber auch am anderen Ende des Entwicklungsspektrums der EU, etwa
in der Bundesrepublik Deutschland, zeigen sich deutliche Unterschiede und
Verschiebungen. In einer Analyse der Beschäftigungstrends in den alten Bundesländern 1978 bis 1992 kommt ein deutliches Süd-Nord-Gefälle der Beschäfti-
gungsentwicklung zum Ausdruck. „Während sich nahezu alle Regionen in Bayern und die Mehrzahl der Regionen in Baden-Württemberg positiv entwickeln,
weist der Trend der großen Verdichtungsräume im Norden stetig nach unten.
Lediglich Bremen ist es gelungen, mit dem Jahr 1987 eine positive Trendwen-
de für die Gesamtregion einzuleiten. Das Ruhrgebiet und das Saarland büßen
stetig Beschäftigungsanteile ein" (Eltges et al. 1993, S. 837).

Mit dem Ruhrgebiet und dem Saarland unterliegen zwei Regionen einem
negativen Beschäftigungstrend, die lange Zeit zu den Gewinnern der Regionalentwicklung gezählt haben. Aufgrund von Kohlevorkommen und guter ver-
kehrsmäßiger Erreichbarkeit konnte sich Schwerindustrie ansiedeln, die vom

lange anhaltenden Bedarf an Eisen und Stahl profitierte. Die Schwerindustrie expandierte in diesen Regionen und beanspruchte immer höhere Anteile der Beschäftigten. Wirtschafts- und Infrastruktur passten sich mehr und mehr an den dominierenden Sektor an und machten die Regionen damit attraktiver für weitere Investitionen in die Eisen- und Stahlindustrie.

In den siebziger Jahren geriet die Eisen- und Stahlindustrie aus verschiedenen Gründen in die Krise und mit ihr auch die auf diesen Sektor ausgerichteten Regionen. Was früher von Vorteil war, nämlich eine spezialisierte Regionalstruktur, für die Bedürfnisse des Sektors ausgebildete Arbeitskräfte, spezielle Wertvorstellungen und Organisationsformen etc., stellte sich nun als erheblicher Nachteil heraus. Diese Strukturen machten eine Umstrukturierung der Regionen besonders schwierig und führten schließlich zu den angeführten stetigen Verlusten an Beschäftigungsanteilen. Ruhrgebiet und Saarland sind dabei keine Einzelfälle, sondern nur zwei Beispiele für ähnlich strukturierte Regionen in vielen industrialisierten Ländern, die häufig als „alte Industriegebiete" bezeichnet werden.

Während die alten Industriegebiete in den verschiedenen Ländern mit der Krise kämpften, erlebten andere Regionen einen gewaltigen Boom. Das bekannteste Beispiel dafür ist wohl „Santa Clara County" in Kalifornien, besser bekannt unter dem Namen „Silicon Valley". Dieser etwa 3.000 km^2 große Landstrich an der Südspitze der Bucht von San Francisco zählte noch in den vierziger Jahren zu den bedeutendsten landwirtschaftlichen Gebieten der USA. Seine wirtschaftliche Zukunft schien in Landwirtschaft und Lebensmittelindustrie zu liegen.

Dreißig Jahre später war „Silicon Valley" das unbestrittene Zentrum der Halbleiterindustrie der USA.[4] „By 1970, five of the seven largest semiconductor firms in the United States had their main facilities in Silicon Valley, and clustered around them was the largest concentration of electronic communications, laser, microwave, computer, advanced instrument and equipment manufacturers in the world" (Saxenian 1985, S. 30f). Eine Reihe von Umständen, die zum Teil innerhalb, zum Teil außerhalb der Region gelegen waren, hatten zu dieser Veränderung geführt. Sie war begleitet von einem dramatischen Anstieg der Bevölkerung und der industriellen Beschäftigung. So erhöhte sich die Bevölkerung von „Santa Clara County" zwischen 1940 und 1980 von 175.000 auf mehr als das Siebenfache, nämlich 1,25 Millionen. Die Beschäftigung wuchs zwischen 1960 und 1975 um 156 Prozent, mehr als das Dreifache der prozentuellen Zunahme in Kalifornien insgesamt. Und in der ersten Hälfte der siebziger Jahre nahm die Industriebeschäftigung noch um 21,6% zu, während sie in Kalifornien um 1,6% und in den USA um 8,8% zurückging. Das einst landwirtschaftlich strukturierte „Santa Clara County" wurde damit zu einer der reichsten Regionen Kaliforniens.

Begleitet und unterstützt wurde diese Entwicklung der Halbleiterindustrie in „Silicon Valley" vom Entstehen spezialisierter Infrastruktur z.B. im Ver-

---

[4]Zahlreiche wissenschaftliche Beiträge beschäftigen sich mit Silicon Valley und seiner Entstehung, beispielsweise Malecki (1986), Saxenian (1983, 1985, 1994), Scott (1988).

kehrs- und Bildungsbereich und von der Ansiedlung vor- und nachgelagerter
Industrie- und Serviceunternehmen, wie sie, in etwas anderer Form, auch in
alten Industriegebieten zu finden sind.[5] „Laut Census of Manufactures waren
1987 im Santa Clara County 431 Betriebe mit ca. 63.100 Beschäftigten im Bereich elektronische Komponenten und Zubehör (SIC 367) tätig, dessen tragende
Branche die Halbleiterproduktion (SIC 3674) ist. Bezogen auf alle High-Tech-
Betriebe (-Beschäftigte) des Countys entspricht dies einem Anteil von 42,3%
(33,2%)." (Sternberg 1995, S. 102).

Veränderungen wie in den alten Industriegebieten einerseits oder in „Silicon Valley" und anderen High-Tech-Regionen andererseits gehen natürlich
mit massiven Verschiebungen der Rahmenbedingungen für Bevölkerung und
Wirtschaft einher. Veränderungen bei Mieten und Bodenpreisen, Überlastung
oder Verfall von Infrastruktur, soziale Segregation sind nur einige der Prozesse, die die Lebensumstände der Bevölkerung betreffen. Die Bevölkerung von
„Silicon Valley" ist vor allem durch Zuwanderung wegen der rasch wachsenden Zahl attraktiver und gut bezahlter Arbeitsplätze rasant angewachsen. Der
Beschäftigungsverlust des Ruhrgebiets wird andererseits von einer Abwanderung von Bevölkerung begleitet.

Für die Wirtschaft eröffnen sich durch derartige Veränderungen neue Chancen. In rasch wachsenden Regionen etwa im Bereich der Dienstleistungen und
der Zulieferindustrie, in schrumpfenden Regionen werden durch Rationalisie-
rungsmaßnahmen Nischen frei, die von neuen Unternehmen besetzt werden
können. Je früher Unternehmen diese Veränderungen und die damit verbundenen Chancen erkennen und je besser sie sie einschätzen können, umso besser können sie sie nutzen. Um Fehlinvestitionen zu vermeiden, ist es allerdings
notwendig, beginnende Entwicklungstrends von kurzfristigen Ereignissen zu unterscheiden. Dies erfordert neben Erfahrung und Intuition auch ein fundiertes
Verständnis des Regionalentwicklungsprozesses, zu dem dieses Buch beitragen
soll.

Allerdings laufen Regionalentwicklungsprozesse nicht ohne äußere Einflussnahme ab. Seit den fünfziger Jahren zählt Regionalpolitik zu den anerkannten
Aufgaben der staatlichen Politik in Europa und den USA, seit den siebziger
Jahren ist auch die Europäische Gemeinschaft in diesem Bereich aktiv. Sowohl
die EU als auch die einzelnen Mitgliedstaaten versuchen, durch entsprechende
Maßnahmen die Entwicklungsunterschiede zwischen ihren Regionen zu verringern oder deren Vergrößerung entgegenzuwirken. Die Regionalpolitik beeinflusst damit die Rahmenbedingungen, unter denen regionale Entwicklungsprozesse ablaufen und Unternehmen und Haushalte ihre Entscheidungen treffen.
Für die politischen Instanzen stellt sich dabei die Frage, wie eine adäquate Regionalpolitik zu gestalten ist. Die Antwort hängt jedoch in beträchtlichem Umfang davon ab, von welchen Vorstellungen vom regionalen Entwicklungsprozess
dabei ausgegangen wird. Die Regionalökonomik kennt nicht nur eine, sondern
eine Reihe konkurrierender Theorien der Regionalentwicklung, die verschiedene

---

[5]Wenig überraschend wurde „Silicon Valley" von den Strukturkrisen der Halbleiterindustrie in den achtziger und neunziger Jahren besonders hart getroffen.

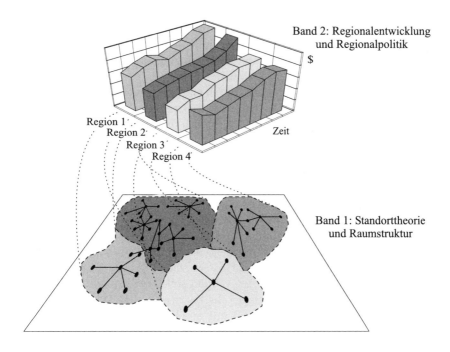

Abbildung 1.7: Raumstruktur und Entwicklung

Aspekte der regionalen Entwicklung in den Vordergrund rücken, dabei jedoch zu teilweise konträren Schlussfolgerungen für die Regionalpolitik gelangen.

1.2 Problemstellung und Aufbau des Buches

Im ersten Band haben wir die Zeitdimension wenig beachtet und uns auf einzelne Standorte und die Beziehungen zwischen ihnen konzentriert. Im vorliegenden Band steht nun eben diese Dimension im Mittelpunkt des Interesses. Dafür abstrahieren wir hier weitgehend von den standortbezogenen, kleinräumigen Aspekten. Wie in Abb. 1.7 skizziert, fassen wir mehrere Raumpunkte (Standorte, Städte, Siedlungsgebiete etc.) zu Regionen zusammen, deren Entwicklung wir im Zeitablauf verfolgen, ohne ihre interne räumliche Struktur zu berücksichtigen.

Obwohl wir Standort und Raumstruktur einerseits und Regionalentwicklung und Regionalpolitik andererseits in verschiedenen Bänden behandeln, sind sie nicht voneinander unabhängig. Wie schon die einleitende Diskussion im vorangegangenen Abschnitt gezeigt hat, hängen sie eng zusammen: die vorhandene Raumstruktur beeinflusst die möglichen Richtungen der Entwicklung, während durch die Entwicklung andererseits die Struktur verändert wird. Dieselben Faktoren[6], die gemeinsam die Struktur einer Region prägen, wirken auch in dynamischer Weise zusammen und beeinflussen ihre Entwicklung.

Versuchten wir, alle diese Zusammenhänge zugleich zu erforschen, würden wir wohl sehr bald an der Komplexität der Aufgabe scheitern. Daher ist es notwendig, durch entsprechende Annahmen und Vereinfachungen die Komplexität derart zu reduzieren, dass sie ein handhabbares Niveau erreicht. Zugleich müssen wir aber auch darauf achten, dass die für unsere Fragestellung wichtigsten Zusammenhänge auch in unserem vereinfachten Bild der Wirklichkeit – unserem „Modell" – erhalten bleiben.

Wir werden in den folgenden Kapiteln verschiedene Modelle der Regionalentwicklung besprechen, die aus unterschiedlichen vereinfachenden Annahmen hervorgehen. Der Grund dafür liegt nicht darin, dass wir uns nicht entscheiden können, sondern darin, dass diese Modelle aufgrund der unterschiedlichen Annahmen und Zugangsweisen verschiedene Aspekte des regionalen Entwicklungsprozesses darstellen, also verschiedene Ausschnitte einer komplexen Wirklichkeit. Welches Modell nun „das richtige" ist, hängt also in erster Linie davon ab, welche Fragen damit beantwortet werden sollen. Während das Exportbasismodell (s. Abschn. 3.1) zum Beispiel die kurzfristigen Reaktionen auf Nachfrageänderungen in einer Region recht gut beschreibt, kann es die Frage nach längerfristigen Strukturveränderungen nicht beantworten. Dafür wäre ein Modell notwendig, das Anpassungsprozesse über längere Zeiträume betrachtet, wie etwa die in Kap. 8 diskutierte Regulierungstheorie. Diese kann wiederum keinerlei Aussagen zur kurzfristigen Reaktion auf Nachfrageänderungen treffen. Die einzelnen in den nachfolgenden Kapiteln dargestellten Modelle der Regionalentwicklung stehen also nebeneinander und ergänzen einander. Gemeinsam ergeben sie ein Bild des komplexen Prozesses regionaler Entwicklung.

Thema dieses Buches sind also die grundlegenden Aspekte des regionalen Entwicklungsprozesses und der Regionalpolitik. Dabei sind Kap. 3 bis 8 der Darstellung von Regionalentwicklung und der verschiedenen theoretischen Zugänge zu ihrer Erklärung gewidmet, Kap. 9 und 10 beschäftigen sich mit Regionalpolitik. Diesen Teilen vorangestellt, in Kap. 2, diskutieren wir einige grundsätzliche Aspekte, nämlich die Fragen, was unter „Region" und was unter „Entwicklung" zu verstehen ist.

Bei der Darstellung der theoretischen Zugänge zu Regionalentwicklung beginnen wir mit einigen nachfrageorientierten Ansätzen (Kap. 3). Sie sehen die Ursache für regionales Wirtschaftswachstum in Änderungen der Nachfrage. Wir besprechen die *Exportbasistheorie* (Abschn. 3.1) und *regionale Input-Output-Modelle* (Abschn. 3.2).

In Kap. 4 wenden wir uns der *neoklassischen Theorie* der Regionalentwicklung zu, der regionalen Version der ökonomischen Standard-Theorie. Dabei werden die Konzepte und Annahmen der neoklassischen volkswirtschaftlichen Theorie auf die regionale Ebene übertragen und deren Implikationen für den regionalen Entwicklungsprozess analysiert. Im Gegensatz zu den in Kap. 3 be-

---

[6]Beispielsweise ihre Wirtschaftsstruktur, die räumlichen Gegebenheiten, die sozioökonomische Struktur der Bevölkerung, die gesellschaftlichen Normen.

sprochenen Ansätzen knüpft die neoklassische Theorie an der Produktion an, ist also angebotsorientiert. Im Zentrum der Betrachtung stehen dabei Gleichgewichtszustände und Mechanismen, die diese stabilisieren.

Die in Kap. 5 dargestellte *Polarisationstheorie* stellt in gewissem Sinne einen Kontrapunkt zur neoklassischen Theorie dar und ist auch als Gegenargument zu dieser entstanden. Während die Argumente der Neoklassik auf einen Ausgleich regionaler Entwicklungsunterschiede hinauslaufen, rückt die Polarisationstheorie jene Mechanismen in den Vordergrund, die eine divergierende Entwicklung implizieren: Externalitäten und wachsende Skalenerträge, partielle Immobilitäten, Selektivität von Mobilitätsprozessen.

In der *endogenen Wachstumstheorie* (Kap. 6) wird das erste Argument der Polarisationstheorie, nämlich Externalitäten und wachsende Skalenerträge, im Zusammenhang mit dem Innovationsprozess aufgegriffen und in eine grundsätzlich neoklassische Modellstruktur integriert. Infolge dieser Erweiterung bricht das Ausgleichsargument der Neoklassik zusammen. Unterschiedliche – etwa räumliche – Strukturen können zu divergierenden Entwicklungspfaden führen und diese Strukturunterschiede damit auf Dauer verfestigen.

In Kap. 7 diskutieren wir ausführlich einen Aspekt des Entwicklungsprozesses, der bereits in Kap. 6 von zentraler Bedeutung war, nämlich den Innovationsprozess. Seine Behandlung in einem eigenen Kapitel begründet sich auch in der zunehmenden Bedeutung, die Innovation und Innovationsprozesse sowohl in der theoretischen als auch in der regionalpolitischen Diskussion in den letzten Jahren gewonnen haben. Innovation wird in den Industrieländern heute als entscheidender Faktor für längerfristige wirtschaftliche Entwicklung angesehen. In Kap. 7 konzentrieren wir uns vor allem auf die regionalen Aspeke, wie typische regionale Unterschiede im Innovationsprozess und ihre Ursachen.

Kapitel 8 betrachtet wirtschaftliche Entwicklungen und deren regionale Ausformung aus einer längerfristigen Perspektive. Dabei geht es um Phasen und Phasenübergänge der Organisation von Produktion und Regulation, im Konkreten um den Übergang *von fordistischer Arbeitsteilung zu flexibler Produktion*. Dieser grundlegende Wandel in der Organisationsform der Wirtschaft geht natürlich mit einer Veränderung der räumlichen Organisation einher. Die wirtschaftliche Dynamik verlagert sich von den Zentren der fordistischen Produktion hin zu neuen Regionen, wie etwa „industrial districts" (Regionen mit dichten Firmennetzwerken) oder Hochtechnologieregionen.

In den letzten beiden Kapiteln wenden wir uns der *Regionalpolitik* zu. Dabei besprechen wir in Kap. 9 die Grundlagen, wie etwa die wichtigsten Akteure, Strategien und Instrumente der Regionalpolitik. In Kap. 10 hingegen beschäftigen wir uns mit der *Praxis der Regionalpolitik*, wobei wir ihre konkreten Ausformungen auf Ebene der EU darstellen.

1.3 Zusammenfassung

Dieses Kapitel diente der Einführung in das Thema dieses Buches und auch dazu, die Beziehung zwischen diesem zweiten Band von „Regional- und Stadt-

ökonomik" und dem ersten Band darzustellen und zu erläutern. Im Unterschied
zum ersten Band, der sich mit den räumlichen Gegebenheiten zu einem bestimmten Zeitpunkt beschäftigt hat, konzentrieren wir uns in diesem Band auf
die Veränderung im Zeitablauf.

Bei einem Blick in die empirische Evidenz in Abschn. 1.1 zeigt sich, dass
trotz beträchtlicher Veränderungen im Zeitablauf sich die Relationen vieler
Regionen zueinander oft nur wenig ändern. Wirtschaftlich dominante Regionen
bleiben üblicherweise bestimmend, schwach entwickelte Regionen bleiben meist
Nachzügler.

In manchen Fällen wird dieses Muster allerdings durchbrochen. Wir diskutieren in diesem Kapitel zwei Beispiele, nämlich die von Schwerindustrie
dominierten „Alten Industriegebiete" und „Silicon Valley", das Zentrum der
Elektronikindustrie in Kalifornien. An diesen Beispielen erläutern wir auch einige wichtige Mechanismen des regionalen Entwicklungsprozesses und weisen
auch auf die Querbeziehungen zu den im ersten Band diskutierten Standort-
faktoren hin.

Abschnitt 1.2 begründet die unterschiedlichen Blickwinkel der beiden Bände
und gibt einen kurzen Abriss über den Inhalt der weiteren Kapitel dieses Buches.

1.4   Übungsaufgaben und Kontrollfragen

1. *Erläutern Sie den Unterschied zwischen räumlicher Struktur und
   regionaler Entwicklung. Wie stehen diese beiden Konzepte in
   Verbindung?*

2. *Versuchen Sie Beispiele für Regionen zu finden, die sich in den
   letzten Jahren besonders gut oder besonders schlecht entwickelt
   haben. Worauf sind diese Entwicklungen zurückzuführen?*

3. *Versuchen Sie, dynamische Regionen und Regionen mit Entwicklungsproblemen zu beschreiben.*

Kapitel 2

Grundlagen

Bevor wir verschiedene theoretische Vorstellungen darüber diskutieren, wie Regionalentwicklung abläuft und zu erklären ist, wollen wir in diesem Kapitel noch einige Grundlagen abhandeln. Es gilt, grundlegende Begriffe zu klären und fundamentale ökonomische Zusammenhänge in Erinnerung zu rufen. In den ersten beiden Abschnitten dieses Kapitels wird diskutiert, was wir überhaupt unter „Region" und unter „Entwicklung" verstehen können. Im dritten Abschnitt besprechen wir Entwicklungsdeterminanten, und zwar sowohl solche, die innerhalb, als auch solche, die außerhalb der betrachteten Region zu finden sind.

2.1 Region und Regionalisierung

Der Begriff der „Region" wird in der alltäglichen Diskussion und auch in der wissenschaftlichen Literatur recht unterschiedlich verwendet. Er kann grundsätzlich drei sehr verschiedene Arten von räumlichen Gebilden bezeichnen, nämlich *sub*-nationale, *supra*-nationale und *trans*-nationale Territorien. Bei subnationalen Territorien handelt es sich um Teilgebiete eines Staates, wie etwa die Länder der Bundesrepublik oder die Kantone der Schweiz. Regionen im Sinne supranationaler Territorien sind die Zusammenfassungen von Staaten, wie etwa Mittelamerika oder das Baltikum. Transnationale Territorien umfassen Teilgebiete von zwei oder mehr Staaten, reichen also über die Staatsgrenzen hinweg. Ein Beispiel dafür ist etwa die „Europaregion Tirol", die Teile Österreichs und Italiens umfasst. Weitere Beispiele für diese Arten von Regionen sind in Tabelle 2.1 zusammen gefasst.

In allen Fällen stellen Regionen von einem staatlichen Hoheitsgebiet abweichende Gebietseinteilungen dar. Während supranationale und transnationale Regionen jedoch meist verschiedene Währungen, Zollregelungen, Gesetzessysteme u. dgl. beinhalten, zeichnen sich subnationale Regionen dadurch aus, dass sie diese Institutionen mit anderen Regionen des Landes teilen. Zwischen den Regionen eines Landes kann damit ein relativ ungehinderter[1] Austausch von Gütern, Menschen, Kapital und Wissen stattfinden. Wir haben es also mit sehr offenen ökonomischen Systemen zu tun und müssen erwarten, dass Impulse leicht von einer Region auf eine andere überspringen können. Da allerdings beim Übertritt von einer subnationalen Region zu einer anderen keine besonderen Verwaltungsakte notwendig sind, werden diese Übergänge auch meist nicht besonders registriert. Es gibt daher kaum Informationen über Lie-

---

[1]Behindert wird er nur durch unterschiedliche wirtschaftliche und soziale Strukturen, kulturelle Unterschiede und die zu überbrückende Entfernung.

Tabelle 2.1: Beispiele für sub-, supra- und transnationale Regionen.

Regionstyp	Beispiele
subnational	Ruhrgebiet, Münchner Raum, Agglomeration Wien, Isle de France, Waldviertel, Randstad, Mittelwesten der USA
supranational	Mitteleuropa, SO-Asien, Skandinavien, Balkan, Naher Osten, Mittelmeer-Region, Benelux, Lateinamerika
transnational	ARGE Alp, Alpe-Adria, EUREGIO

ferungen von einer Region in eine andere (regionale Exporte und Importe) entsprechend den Außenhandelsstatistiken oder kontinuierliche Messungen des regionalen Preisniveaus. Dieser Mangel an bestimmten, im nationalen Kontext selbstverständlichen Informationen hat Auswirkungen darauf, welche Faktoren in den Theorien der Regionalentwicklung berücksichtigt werden und welche nicht.

In der weiteren Folge der Darstellung wollen wir uns auf den ersten Typus von Region beziehen. Wenn wir also in diesem Buch den Begriff „Region" verwenden, so meinen wir eine subnationale Region, also ein Teilgebiet eines Staates oder einer Volkswirtschaft, das von dessen anderen Teilgebieten *nicht* durch formale Grenzen und die damit üblicherweise verbundenen ökonomischen Barrieren getrennt ist. Zugleich verstehen wir unter einer Region nicht einen einzelnen Raumpunkt, also eine Stadt, einen Ort oder einen bestimmten Standort, sondern eine Zusammenfassung von Raumpunkten. Wir gehen dabei nicht von vorgegebenen Gebietseinheiten – etwa Gemeinden, Bezirken, Landkreisen – aus, sondern fassen diese nach bestimmten inhaltlichen Kriterien zusammen. Region ist somit ein variables Konzept, das den jeweiligen Anforderungen entsprechend angepasst und definiert werden muss. Die Unterteilung eines Landes in Regionen, die für eine bestimmte Aufgabe – etwa die Steuerung von Wirtschaftsförderung – adäquat ist, kann für andere Zwecke – etwa die Bestimmung des Nachfragepotentials für ein bestimmtes Produkt – ungeeignet sein. Die Regionsdefinition sollte immer dem jeweiligen Kontext entsprechen, sich also aus der Fragestellung herleiten.

Betrachten wir die in Tabelle 2.1 angeführten Beispiele von subnationalen Regionen, so sehen wir, dass sie sich ganz erheblich unterscheiden. Eine Region wie der Mittelwesten der USA ist, sowohl was seine Fläche als auch seine Bevölkerung und Wirtschaftskraft betrifft, größer als mancher europäische Staat.[2] Es sollte daher nicht verwundern, dass Untersuchungen, die auf derart großen Regionen basieren, wesentlich andere Ergebnisse erbringen als die entsprechenden Analysen für kleinere Gebiete, etwa die in der Tabelle erwähnte

---

[2]Die 49 zusammenhängenden Staaten der USA werden in Regionalstudien gerne zu wenigen Regionen zusammengefasst (s. etwa Howe und Stabler 1992).

„Agglomeration Wien".

Die Größe ist allerdings nicht der einzige Unterschied zwischen den in Tabelle 2.1 angeführten subnationalen Regionen. Während „Agglomeration Wien" und „Münchner Raum" Gebiete mit einem klar erkennbaren Zentrum und darauf ausgerichteten wirtschaftlichen Verflechtungen bezeichnen, ist eine Region wie das „Waldviertel" oder der „Bayerische Wald" gerade durch das Fehlen eines derartigen Zentrums charakterisiert. „Ruhrgebiet" und „Randstad"[3] hingegen sind Gebiete, die mehrere, auch untereinander eng verflochtene derartige Zentren aufweisen.

Damit stellt sich die Frage, wie Regionen vernünftigerweise definiert und voneinander abgegrenzt werden sollten. Üblicherweise wollen wir solche Gebietseinheiten zu Regionen zusammenfassen, die „zusammenpassen", also wichtige Gemeinsamkeiten aufweisen. Diese Gemeinsamkeiten können in zwei Richtungen zielen, aus denen sich dann auch zwei Kriterien für die Regionsabgrenzung ergeben, nämlich

1. das Homogenitätskriterium und
2. das Funktionalitätskriterium.

Nach dem Homogenitätskriterium werden solche Gebietseinheiten zu *homogenen Regionen* zusammen gefasst, die einander nach bestimmten Indikatoren sehr ähnlich sind. Beispiele für derartige Indikatoren sind etwa Arbeitslosenquoten, Einkommensniveaus, hohe Beschäftigtenanteile bestimmter Wirtschaftszweige wie der Landwirtschaft, des Fremdenverkehrs oder der Schwerindustrie. Nach dem Funktionalitätskriterium fassen wir jene Gebietseinheiten zu *funktionalen Regionen* zusammen, die miteinander nach bestimmten Indikatoren besonders eng in Verbindung stehen. Hier liegt die Gemeinsamkeit also in der besonders hohen wechselseitigen Abhängigkeit. Besonders häufig wird zur Abgrenzung funktionaler Regionen ein Pendlerkriterium verwendet. Dabei werden alle jene Gebietseinheiten mit einer Kernstadt zusammen gefasst, aus denen mehr als ein bestimmter Prozentsatz der dort wohnhaft Beschäftigten in die Kernstadt auspendeln („Arbeitsmarktregion"). Es können aber auch andere Indikatoren wie Einkaufsfahrten („Markteinzugsbereiche"), Lieferverflechtungen, Telefongespräche etc. für die Abgrenzung funktionaler Regionen herangezogen werden.

Die Wahl des Abgrenzungskriteriums sollte nicht willkürlich, sondern anhand der zu untersuchenden Problemstellung erfolgen. Wenn es etwa darum geht, die Zukunft Wiens in der europäischen Städtekonkurrenz abzuschätzen, so empfiehlt es sich, Wien nicht nur in seinen administrativen Grenzen zu betrachten, sondern eine funktionale Stadtregion nach dem Funktionalitätskriterium abzugrenzen. Geht es allerdings darum, die wirtschaftlichen und sozialen Auswirkungen des Tourismus zu untersuchen, so werden wir jene Gebiete, die besonders hohe Anteile dieses Sektors aufweisen, nach dem Homogenitätskriterium zusammenfassen.

---

[3]Als „Randstad" wird der hoch verdichtete Zentralraum der Niederlande mit Städten wie Amsterdam, Rotterdam und Utrecht bezeichnet.

Die beiden Kriterien schließen einander nicht aus, sondern können durchaus
in Kombination verwendet werden. Stehen wir etwa vor der Aufgabe, besonders gut geeignete Standorte für ein neues Einkaufszentrum ausfindig zu machen, so werden wir einerseits einzelne Stadtregionen nach dem Funktionalitätskriterium abgrenzen, um deren Nachfragepotential und -struktur zu ermitteln und deren zukünftige Entwicklung abzuschätzen. Um geeignete Standorte innerhalb der Stadtregionen aufzuspüren, werden wir die Teilbereiche der
Stadtregion nach Homogenitätskriterien – z.B. Gebiete mit besonders guter,
Gebiete mit besonders schlechter Versorgung, Gebiete mit Einpendlerüber-
schuss, Gebiete mit Auspendlerüberschuss – identifizieren und untersuchen.

Gebietsabgrenzung und Regionalisierung zielen immer darauf ab, das komplexe Bild der Realität zu vereinfachen. Da damit zwangsläufig ein Verlust an
Detailinformation einhergeht, sollten die Regionalisierungskriterien so gewählt
werden, dass diese Verluste nicht gerade bei den für die aktuelle Fragestellung
wichtigen Informationen eintreten. Oder, anders gesagt, durch die Zusammenfassung von räumlichen Einheiten zu Regionen soll ein komplexes Bild verein-
facht werden, ohne dass von der relevanten Information zu viel verloren geht.
Eine Regionalisierung, die für eine Problemstellung – etwa Arbeitsmarktent-
wicklung – entwickelt wurde, kann für eine andere Fragestellung – etwa Technologietransfer – völlig ungeeignet sein. Allerdings können wir das Ausmaß des
Informationsverlustes durch räumliche Aggregation nicht vollständig kontrollieren. Viele Informationen liegen erst ab einer bestimmten räumlichen Ebene
vor und werden für kleinere Gebiete nicht ausgewiesen bzw. sind für kleinere
Gebiete manchmal gar nicht bestimmbar. Die Grenzen derartiger Erhebungs-
gebiete, die meist mit administrativen Grenzen zusammenfallen, stellen eine
wesentliche Randbedingung jeder Regionalisierung dar.

Zur Abgrenzung von Regionen nach dem Homogenitätskriterium bieten sich
verschiedene formale Methoden an. Steht nur eine kontinuierliche Variable zur
Verfügung, so eignet sich die Varianzanalyse besonders zur Regionsabgrenzung
(s. etwa Iversen und Norpoth 1976). Dabei wird die vorgegebene Information
derart zu einer zu definierenden Zahl von Gruppen zusammen gefasst, dass die
Gruppen möglichst homogen sind, also ein möglichst großer Prozentsatz der
Varianz der ursprünglichen Variablen zwischen den Gruppen aufscheint. Die
Gebietseinheiten werden also so zu Regionen zusammen gefasst, dass sie einander möglichst ähnlich sind und sich von denen anderer Regionen möglichst
stark unterscheiden. Ein ähnliches Kriterium verwendet die Clusteranalyse (s.
etwa Aldenderfer und Blashfield 1984). Sie erlaubt die Verwendung mehrerer
Variabler und und fasst sie anhand der „Entfernungen" zwischen den die einzelnen Gebietseinheiten repräsentierenden Punkten im Variablenraum zusammen. Die einzelnen Cluster werden so gebildet, dass ihre Mitglieder möglichst
nahe beieinander, aber möglichst weit von den anderen Clustern entfernt liegen. Dabei tritt das Problem auf, dass die verschiedenen Variablen, die in die
Regionalisierung eingehen sollen, gewichtet werden müssen. Je mehr Gewicht
einer Variablen gegeben wird, umso stärker beeinflusst sie die Regionalisierung
und damit das „Gesicht" der Region. Wie die Gewichte gewählt werden, lässt

sich nicht wissenschaftlich bestimmen, sondern stellt ein Werturteil dar, das
der Forscher oder sein Auftraggeber treffen, aber auch offen legen muss. Sich
auf nur eine Variable zur Regionalisierung zu beschränken, löst das Problem
nicht wirklich. Denn damit verwendet man nur eine besonders extreme Form
der Gewichtung.

2.2 Entwicklung und Wirtschaftswachstum

Auch bei der Diskussion des Begriffes Entwicklung stoßen wir sehr bald auf
ähnliche Probleme, wie wir sie am Ende des vorangegangenen Abschnitts kennen gelernt haben. Denn auch „Entwicklung" ist ein sehr vager Begriff, der nur
auf der Grundlage von Werturteilen konkreter festgelegt werden kann.

In der Entwicklungstheorie und -politik wurde im Zusammenhang mit der
Dritten-Welt-Problematik dieser Begriff natürlich sehr intensiv diskutiert. Nohlen und Nuscheler (1992, S. 56) fassen das Ergebnis dieser Debatte folgendermaßen zusammen: „‚Entwicklung' ist ein in den verschiedenen Zusammenhängen
verwendeter, entsprechend vieldeutiger, definitorisch kaum exakt fassbarer und
dem Meinungs- und Ideologiestreit entrückbarer Begriff." Für Sachs (1989) ist
„Entwicklung" zu einem „qualligen, amöben-gleichen Wort geworden. Es fasst
nichts mehr, weil seine Konturen verschwimmen. ... Wer es ausspricht, benennt
gar nichts, doch nimmt für sich alle guten Absichten dieser Welt in Anspruch.
Zwar hat es keinen Inhalt, aber doch eine Funktion: es verleiht jedem beliebigen
Eingriff die Weihe, im Namen eines höheren evolutionären Ziels vollzogen zu
werden. ‚Entwicklung' ist ausgehöhlt bis auf ein leeres Plus." Ähnlich äußern
sich auch Dirmoser et al. (1991, S. 31): „In ‚Entwicklung' klingt zu vieles an,
dass noch etwas Bestimmtes damit benannt werden könnte. Entwicklung ist
einer jener unsäglichen Konglomeratsbegriffe, die einen zur Weißglut treiben."

Außerhalb der emotionalisierten Sphäre des Nord-Süd-Konflikts, im Zusammenhang mit Regionen der Industrieländer, manifestieren sich die Probleme im
Zusammenhang mit dem Entwicklungsbegriff zwar weniger scharf, die grundlegenden Fragen sind allerdings die gleichen. Dabei schließen wir uns der Meinung
von Nohlen und Nuscheler (1992) an, dass eine radikale Ablehnung des Begriffs
„Entwicklung" nicht sinnvoll ist, weil keine bessere Alternative zur Verfügung
steht. Außerdem könnte auch ein alternativer Begriff nicht die grundlegenden
Probleme überwinden, nämlich

- dass er einen Prozess beschreibt, der auf ein bestimmtes Ziel hin ausgerichtet ist, das von den in Raum und Zeit variierenden Wertvorstellungen
  abhängt, und
- dass dieser Prozess einer ständigen Veränderung unterliegt, die sich auch
  in einer Veränderung der Bedeutung des Begriffes auswirken muss.

Auch in der Entwicklungstheorie gibt es zwar über alle Fachgrenzen und ideolo-
gischen Lager hinweg Übereinstimmung darin, „dass Entwicklung mit der Beseitigung der schlimmsten Mangelerscheinungen, vor allem mit der Überwindung
von Hunger und Krankheit, beginnen muss" (Nohlen und Nuscheler 1992, S.

57). Über diesen kleinsten gemeinsamen Nenner hinaus öffnet sich jedoch ein
weites Feld an unterschiedlichen Definitionen und Konzepten.

Lange Zeit wurde Entwicklung mit wirtschaftlicher Entwicklung und hier
vor allem mit Wirtschaftswachstum gleichgesetzt. In den Industriestaaten erklärt sich das auf gesamtwirtschaftlicher Ebene insbesondere daraus, dass die
entsprechenden Maßzahlen der Volkswirtschaftlichen Gesamtrechnung in re-
gelmäßigen Abständen berechnet und veröffentlicht werden. Außerdem sind
diese Indikatoren in ein ökonomisches Theoriegebäude eingebunden und können
mit Hilfe von über Jahre geeichten Rechenmodellen prognostiziert werden.

Allerdings weisen die Maßzahlen der Volkswirtschaftlichen Gesamtrechnung
auch erhebliche Mängel auf, für die sie von verschiedenen Seiten heftig kritisiert
wurden. So gehen etwa wichtige Arbeitsleistungen wie Hausarbeit und Selbst-
versorgung sowie der gesamte informelle Sektor nicht in die Berechnungen ein;
Güter werden mit den Marktpreisen bewertet, die oft künstlich verzerrt sind;
Schäden an der Gesundheit der Menschen sowie Raubbau an der Natur führen,
obwohl sie ohne Zweifel negativ sind, zu höheren Werten. Manche dieser Ein-
flüsse unterscheiden sich systematisch zwischen verschiedenen Ländern oder
Regionstypen, sodass sie zu systematischen Verzerrungen der erhobenen Werte
führen.

Darüber hinaus messen das Bruttosozialprodukt pro Kopf und das Pro-
Kopf-Einkommen und ihre prozentuelle Veränderung im Zeitablauf nur *einen*
durchschnittlichen Wert für das gesamte Untersuchungsgebiet. Dahinter können
also ganz verschiedene Verteilungen des wirtschaftlichen Ertrages stehen. Es
kann also durchaus sein und ist für manche Länder auch charakteristisch, dass
ein akzeptabler Wert des Pro-Kopf-Einkommens dadurch zustande kommt, dass
einige Familien einen Großteil des Volkseinkommens zur Verfügung haben und
der Rest der Bevölkerung in Armut lebt.

Trotz dieser Kritikpunkte sollte allerdings nicht der Fehler gemacht werden, Pro-Kopf-Einkommen, Wirtschaftswachstum und andere Kenngrößen der
Volkswirtschaftlichen Gesamtrechnung als für Entwicklung nicht relevant zu
betrachten. Das hieße, das Kind mit dem Bade auszuschütten. Obwohl wirtschaftliches Wachstum nicht mit Entwicklung gleichgesetzt werden kann, ist
Entwicklung *ohne* Wirtschaftswachstum kaum denkbar.

Einkommen und Wachstum sind insbesondere in unserem Kontext, dem der
Regionalentwicklung in industrialisierten Ländern, von besonderer Bedeutung.
Zwar gelten die oben erwähnten Einwände grundsätzlich auch hier, doch sind
sie in diesem Zusammenhang zum Teil weniger gravierend. So ist etwa der
informelle Sektor in industrialisierten Ländern normalerweise weniger stark
ausgeprägt, auch ist Lohnarbeit in diesen Ländern der Standard. Messpro-
bleme, die den Wert derartiger Maßzahlen in manchen Entwicklungsländern
äußerst fragwürdig erscheinen lassen, sind in Industrieländern normalerweise
weniger gravierend. Darüber hinaus leiten sich die Maßzahlen der Volkswirtschaftlichen Gesamtrechnung aus der ökonomischen Theorie her, sind also, im
Gegensatz zu anderen Entwicklungsindikatoren, in ein umfangreiches theoretisches Gebäude eingebettet, das uns starke Hinweise darauf liefern kann, wie

und warum Wachstum entsteht und von welchen Faktoren es beeinflusst wird. In den weiteren Kapiteln dieses Buches werden wir uns vor allem mit diesem Aspekt beschäftigen. Die Theorien der Regionalentwicklung, die wir nachfolgend diskutieren werden, knüpfen alle am Einkommens- und Wachstumsaspekt der Regionalentwicklung an, nur zum Teil berücksichtigen sie auch Aspekte von Entwicklung, die darüber hinausgehen.

Nachdem wir nun klargestellt haben, dass Wirtschaftswachstum zwar nicht mit Entwicklung gleichzusetzen ist, aber eine wichtige Komponente davon darstellt, stellt sich die Frage, welches die anderen Komponenten sind. Wie bereits erwähnt, ist eine definitive Antwort auf diese Frage nicht möglich, weil sie von den zugrunde liegenden Wertvorstellungen abhängt. Wir müssen uns daher darauf beschränken, beispielhaft derartige Komponenten aufzuzählen und kurz zu begründen, inwiefern sie Entwicklung repräsentieren.

Trotz der Abhängigkeit von Werturteilen treten einige Komponenten immer wieder auf. Todaro (1989) geht beispielsweise von drei Kernzielen aus, die seiner Meinung nach „Entwicklung" repräsentieren:

1. Befriedigung der Grundbedürfnisse,
2. Selbstachtung der Person und
3. Freiheit von innerer und äußerer Fremdbestimmung.

In ähnlicher Weise geht Seers (1979) von den Elementen „Nahrung", „Arbeit" und „soziale Gerechtigkeit" aus, sieht also Entwicklungspolitik als Bekämpfung von Hunger, Arbeitslosigkeit und Ungleichheit.

Nohlen und Nuscheler (1992) schlagen ein „magisches Fünfeck von Entwicklung" vor, das ähnliche Elemente umfasst, nämlich:

1. Wachstum,
2. Arbeit,
3. Gleichheit/Gerechtigkeit,
4. Partizipation
5. Unabhängigkeit/Eigenständigkeit.

Diese Elemente wollen wir nachfolgend kurz diskutieren.

Die wichtigsten Fragen im Zusammenhang mit *Wachstum* wurden oben bereits angesprochen. Nohlen und Nuscheler sehen darin die Voraussetzung für die Bekämpfung von Armut und Hunger. Allerdings verknüpfen sie damit direkt die Frage der Verteilung und der Nachhaltigkeit: „Die Gretchenfrage lautet, wem Wachstum zugute kommt und auf welche Weise es zustande kommt" (Nohlen und Nuscheler 1992, S. 67).

Die Nachhaltigkeit oder Dauerhaftigkeit der Entwicklung („sustainable development") ist ein Aspekt, der vor allem vom „Brundtland-Bericht" (Hauff 1987) in das Zentrum des Interesses gerückt wurde. Darunter wird eine Entwicklung verstanden, „die den Bedürfnissen der heutigen Generation entspricht, ohne die Möglichkeiten künftiger Generationen zu gefährden" (Hauff 1987, S. XV). Nach dieser Vorstellung kann also Entwicklung nur dann wirklich als Entwicklung gelten, wenn sie nicht die eigene Ressourcenbasis zerstört, also über

einen langen Zeitraum aufrechterhalten werden kann (für eine ausführlichere
Diskussion s. etwa Harborth 1992).

Arbeit im Sinne produktiver und ausreichend bezahlter Beschäftigung erfüllt
mehrere zentrale Funktionen im Entwicklungsprozess. Dadurch werden einerseits sonst brachliegende Ressourcen genutzt, was allein schon aus Effizienz-
gesichtspunkten wünschenswert ist. Weiters ermöglicht ein ausreichendes Einkommen die Überwindung der individuellen Armut im Sinne einer Hilfe zur
Selbsthilfe und generiert auch gesamtwirtschaftlich Nachfrage für andere Unternehmen und Sektoren. Neben der materiellen Bedürfnisbefriedigung verbessert
Arbeit auch die Chance auf eine Selbstverwirklichung des Menschen.

Die Aufnahme von *Gleichheit/Gerechtigkeit* in den Katalog der Kriterien für
Entwicklung stellt „das notwendige qualitative Korrektiv zu Wachstum" (Nohlen und Nuscheler 1992, S. 70) dar. In diesem Sinne zielt das Kriterium auf die
Verteilung von Einkommen und Wohlstand ab, wobei allerdings die Ansichten
darüber weit auseinander gehen, wie eine „gerechte" Einkommensverteilung
auszusehen hat. Die Wissenschaft kann hier keine eindeutigen Anhaltspunkte
liefern.

Obwohl die Einkommensverteilung den wichtigsten Maßstab in diesem Zusammenhang darstellt, zielt „Gleichheit/Gerechtigkeit" auch auf die Verteilung
anderer wirtschaftlicher und sozialer Größen ab, wie etwa des Zugangs zu Bildung, zu Einrichtungen des Gesundheitswesens, zu Infrastruktur u. dgl.

Partizipation zielt darauf ab, dass Entwicklung nicht *für*, sondern nur *durch*
die Betroffenen erfolgen kann. Nur wenn die Bedürfnisse und Vorstellungen des
einzelnen sich in den politischen und sozialen Entscheidungsprozessen entsprechend ausdrücken können, kann, nach dieser Vorstellung, von Entwicklung gesprochen werden. Partizipation umfasst aber auch Demokratie und die Achtung
von Menschenrechten. Laut dem Nyerere-Bericht (South Commission 1990, S.
129) ist ein demokratisches Umfeld „sowohl wesentliches Ziel einer am Menschen orientierten Entwicklung als auch ein entscheidendes Mittel zu ihrer Beschleunigung".

Das Kriterium *Unabhängigkeit/Eigenständigkeit* wendet sich gegen politische Gängelung und ökonomische Bevormundung der Schwächeren durch die
Stärkeren. Auf internationaler Ebene ist dieses Kriterium etwa durch die Auf-
lagen bei der Vergabe von Entwicklungshilfekrediten ernstlich gefährdet. Aber
auch in Industrieländern kann es auf regionaler Ebene dazu kommen, dass die
Bevölkerung in wirtschaftlich schwach entwickelten Regionen passiv auf Hilfe
von außen wartet. Diese Situation kann gerade infolge regionaler Entwicklungsprojekte eintreten und stellt einen wesentlichen Ausgangspunkt bei der Formulierung der regionalpolitischen Strategie einer „Entwicklung von unten" (Stöhr
1981) (s. Abschn. 9.2.2) dar.

Auch wenn wir uns darauf einigen könnten, dass (nur) die fünf von Nohlen
und Nuscheler vorgeschlagenen Kriterien Entwicklung definieren, hätten wir
noch keinen operationalen und damit für die Messung des Entwicklungsstan-
des und seinen Vergleich zwischen Regionen brauchbaren Entwicklungsbegriff.
Denn die einzelnen Kriterien hängen auf komplexe Art zusammen, stehen zum

Teil in komplementärer Beziehung, zum Teil in Konflikt. Es kommt daher wesentlich darauf an, für wie wichtig wir die einzelnen Kriterien halten, wie wir sie also gewichten. In diesen Gewichten drücken sich unsere Wertvorstellungen darüber aus, was wir unter Entwicklung verstehen. Diese Art der Gewichtung unterscheidet sich nicht grundsätzlich von der oben diskutierten Auswahl von Entwicklungskriterien. Denn mit jeder Auswahl setzen wir implizit die Gewichte für alle anderen möglichen Kriterien auf null. Dies trifft auch dann zu, wenn wir uns auf ein einziges Kriterium, etwa Wirtschaftswachstum, beschränken. Denn mit dieser Beschränkung bringen wir einfach unser Werturteil zum Ausdruck, dass wir alle anderen möglichen Kriterien für unwichtig erachten.

Wie wir es auch drehen und wenden, bei der Definition von Entwicklung führt kein Weg an Werturteilen vorbei. Entwicklung ist ein wertbeladener Begriff, über den zwar gewisse Vorstellungen bestehen, dessen exakten Inhalt aber im Prinzip jedermann selbst definieren muss. Im wissenschaftlichen Kontext ist das so lange kein Problem, solange die entsprechenden Werturteile offen gelegt werden. Als problematisch erweisen sich allerdings aggregierte Entwicklungsindikatoren, deren Wertebasis nicht transparent gemacht wird. Sie täuschen eine zweifelsfreie Messbarkeit vor, obwohl sie nur in Zahlen gegossene Wertvorstellungen sind.

2.3 Entwicklungsdeterminanten

Nachdem wir in den letzten beiden Abschnitten geklärt haben, was wir unter „Region" und unter „Entwicklung" verstehen, wollen wir nun einige grundlegende ökonomische Zusammenhänge darstellen, die jeden regionalen Entwicklungsprozess wesentlich beeinflussen. Damit soll ein Rahmen geschaffen werden, in den die Regionalentwicklungstheorien der nachfolgenden Kapitel, die einzelne Aspekte des Entwicklungsprozesses besonders betonen, eingeordnet werden können.

Da wir, wie in Abschn. 2.1 besprochen, unter Regionen subnationale Territorien verstehen, haben wir es grundsätzlich mit ökonomisch offenen Gebietseinheiten zu tun. Der Austausch von Gütern, Ressourcen, Informationen etc. über Regionsgrenzen hinweg wird üblicherweise nicht reglementiert oder durch irgendwelche besonderen ökonomischen Barrieren behindert. Es gibt keine Zölle, kein Währungsrisiko, keine Aufenthaltsgesetze oder Arbeitsbewilligungen, die den Austausch zwischen den Regionen behindern.

Abbildung 2.1 stellt diese Situation schematisch dar. Die zentrale Region tauscht mit jeder anderen Güter und Dienstleistungen, Arbeitskräfte, Kapital und Informationen aus, wobei Letztere zum Teil separat, zum Teil implizit mit den anderen Austauschbeziehungen transferiert werden.

Das heißt aber nicht, dass jeder interregionale Austausch völlig ungehindert ablaufen kann. Beim Transport von Gütern und Personen von einer Region in eine andere treten Transportkosten auf, manche Ressourcen, wie etwa Grund und Boden, sind überhaupt räumlich immobil, persönliche Dienstleistungen erfordern die Anwesenheit des Anbieters und des Nachfragers am selben Ort

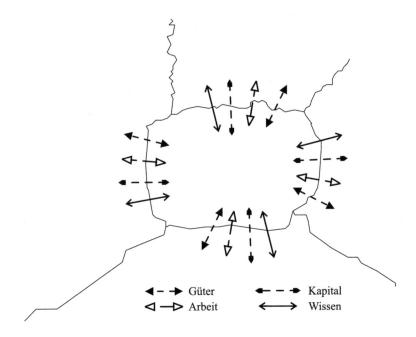

Abbildung 2.1: Wirtschaftlicher Austausch mit anderen Regionen

und erreichen daher oft nur ein kleines Einzugsgebiet. Diese Faktoren variieren zwischen den Gütern erheblich, was zur Herausbildung von Märkten mit unterschiedlicher Struktur und räumlicher Ausdehnung führt (Band 1, Kap. 7). Das Ergebnis sind räumlich unterschiedliche Ballungen von Aktivitäten, die durch ihre Agglomerationseffekte (Band 1, Kap. 5) neue Aktivitäten unterschiedlich stark anziehen oder abstoßen.

Die einzelnen Regionen weisen also durchaus unterschiedliche Standortvoraussetzungen für wirtschaftliche Aktivitäten auf. Die entsprechenden Prozesse haben wir ausführlich in Band 1 diskutiert, müssen dies also hier nicht wiederholen. Im Zusammenhang mit Regionalentwicklung sind die Standortvoraussetzungen und räumlichen Strukturen jedoch insofern von Bedeutung, als sie die Voraussetzungen für die Entwicklung des Gebietes darstellen. Regionen mit günstigen Standortvoraussetzungen und Strukturen werden sich besser entwickeln können als solche mit ungünstigen[4], wobei Strukturen, die für bestimmte Rahmenbedingungen günstig sind, sich für andere als ungünstig erweisen können[5]. Der Entwicklungsprozess seinerseits verändert die räumliche Struktur, sodass wir es also mit einer wechselseitigen Abhängigkeit von räumlicher

---

[4]Diese Zusammenhänge werden wir ausführlich in den nachfolgenden Kapiteln diskutieren.

[5]Als Beispiel dafür können etwa die alten Industriegebiete gelten, die aufgrund ihrer Ausrichtung auf Schwerindustrie jahrzehntelang prosperierten, deren spezialisierte Struktur aber ihre Anpassung an geänderte wirtschaftliche Bedingungen erheblich erschwerte (s. auch Kap. 1).

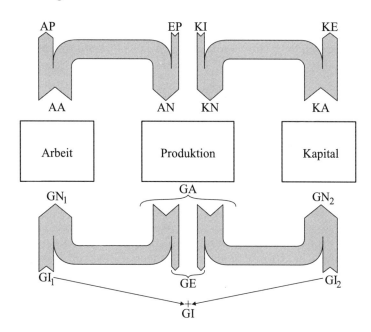

Abbildung 2.2: Wichtige Zusammenhänge der regionalen Wirtschaft (AP: Auspendler, EP: Einpendler, KI: Kapitalimport, KE: Kapitalexport, AA: Arbeitsangebot, AN: Arbeitsnachfrage, KN: Kapitalnachfrage, KA: Kapitalangebot, GN: Güternachfrage, GA: Güterangebot, GI: Güterimport, GE: Güterexport)

Struktur und regionaler Entwicklung zu tun haben.

Dass wir trotzdem in den folgenden Kapiteln weitgehend von der internen Struktur der Regionen abstrahieren, liegt an der Notwendigkeit von Vereinfachungen. Um die grundlegenden Elemente des wirtschaftlichen Entwicklungsprozesses herausarbeiten und verstehen zu können, müssen wir in anderen Bereichen die Betrachtungsweise möglichst einfach halten. Dies geschieht dadurch, dass wir die interne Struktur von Regionen ignorieren und sie als intern homogene Einheiten auffassen. Allerdings sollten wir uns im klaren sein, dass wir hier ziemlich radikal vereinfachen.

In Abb. 2.2 wird versucht, die wichtigsten Zusammenhänge der regionalen Wirtschaft darzustellen. Dabei werden nur die realen Ströme dargestellt. Ihnen entgegen fließen Zahlungsströme als Entgelte für die Bereitstellung von Gütern und Dienstleistungen sowie von Arbeit und Kapital.

Zentrales Element der Abbildung ist das Feld „Produktion". Es umfasst alle wirtschaftlichen Einrichtungen der Region, die Güter oder Dienstleistungen produzieren. Auf der gesamtregionalen Ebene werden dafür die Produktionsfaktoren „Arbeit" und „Kapital" (Inputs) eingesetzt, symbolisiert durch die auf das Feld „Produktion" weisenden Pfeile, Ergebnis der Produktion (Output) ist das Angebot an Gütern und Dienstleistungen, das durch die vom Feld ausgehenden Pfeile symbolisiert wird.

Der Zusammenhang zwischen Inputs und Output kann durch eine Produktionsfunktion beschrieben werden.

$$Y = F(K, L) \tag{2.1}$$

Sie ordnet jeder Einsatzmenge an Kapital (K) und Arbeit (L) die damit zu einem bestimmten Zeitpunkt maximal produzierbare Menge (Y) an Gütern und Dienstleistungen zu. Die Produktionsfunktion stellt eine technische Grenze dar, die durch den technologischen Wissensstand bestimmt wird. Mehr als die von der Produktionsfunktion beschriebene Menge kann mit einem gegebenen Bestand an Arbeit und Kapital nicht hergestellt werden. Weniger herzustellen, ist technisch möglich, wenn auch nicht ökonomisch sinnvoll, weil damit die eingesetzten Produktionsfaktoren nicht voll ausgenutzt werden.

Die ökonomische Theorie kennt verschiedene Typen von Produktionsfunktionen, die sich durch besondere Eigenschaften auszeichnen (s. etwa Moritz et al. 1994). In Kap. 4 und 6 werden wir auf einige davon eingehen.

Durch technischen Fortschritt, also eine Erhöhung des technischen Wissenstandes, wird die Produktionsfunktion „hinausgeschoben", sodass mit der gleichen Einsatzmenge an Produktionsfaktoren mehr Güter und Leistungen produziert werden können. Die eingesetzten Produktionsfaktoren werden dabei produktiver. Warum es zu systematischen Unterschieden zwischen Regionen in Bezug auf den technischen Fortschritt kommen kann, wird ausführlich in Kap. 7 dargestellt.

Da wir in (2.1) die Produktionsfunktion einer Region beschreiben, haben wir es in allen Bereichen mit hochaggregierten Faktoren zu tun. Eine Region produziert normalerweise nicht nur ein Gut, sondern eine Vielzahl davon. Hinter dem Y in (2.1) steht also ein ganzer Warenkorb an Gütern und Dienstleistungen. Die Zusammensetzung dieses Warenkorbs bestimmt auch die Effizienz der Produktion in der Region mit. Da sich die Wirtschaftsstruktur einer Region nicht ohne jede Verzögerung an geänderte Rahmenbedingungen anpasst, werden meist auch einige Güter und Dienstleistungen produziert, die in anderen Ländern oder Regionen effizienter hergestellt werden können, oder veraltete Produktionsverfahren verwendet. In diesen Produktionen und Sektoren werden Ressourcen gebunden, die in anderen Sparten besser zu verwenden wären. Der Abbau derartiger Bereiche und Aufbau geeigneterer führt die regionale Wirtschaft näher an die Produktionsfunktion heran, bedeutet also einen höheren Output bei gleich bleibendem Ressourceneinsatz.

Zugleich setzt eine effiziente Produktion bestimmte Rahmenbedingungen organisatorischer Art voraus, die in einzelnen Regionen mehr oder weniger vorliegen können. Dies betrifft verschiedene Verhaltensmuster, Normen und Werte genauso wie Kooperationsformen und Einrichtungen zur Unterstützung der Produktion, wie verschiedene Formen der Infrastruktur und öffentlicher Einrichtungen. Diese Institutionen machen vielfach eine Produktion erst möglich, weil sie die Basis für den räumlichen Güteraustausch und die Entwicklung von Märkten bilden, Unsicherheit reduzieren (z.B. rechtliche Institutionen) und ökonomische Beziehungen stabilisieren. Liegen diese Institutionen nicht in ausreichendem Umfang und in der notwendigen Form vor, so kann Produktion nicht effizient ablaufen, die Produktionsmenge der Region bleibt also unter dem von der Produktionsfunktion beschriebenen Wert. Allerdings können derartige Institutionen auch zum Hindernis für effiziente Produktion werden, wenn sie sich nicht rasch genug an veränderte Gegebenheiten anpassen. In diesem Fall behindert die Persistenz der Institutionen den Wandel der regionalen Wirtschaft (ausführlicher s. Kap. 8).

Damit stehen vier verschiedene Möglichkeiten offen, wie es zu einer Erhöhung der Produktionsmenge kommen kann:

1. durch mehr eingesetzte Arbeit,
2. durch mehr eingesetztes Kapital,
3. durch technischen Fortschritt und
4. durch das Eliminieren bestehender Ineffizienzen durch organisatorische oder institutionelle Änderungen, also dadurch, dass die tatsächliche Produktion näher an die von der Produktionsfunktion beschriebene maximale Produktionshöhe heranrückt.

Der Output des Produktionssektors stellt das Güterangebot der Region dar (in Abb. 2.2 mit GA bezeichnet). Dieses Güterangebot steht für die Endnachfrage zur Verfügung. Die Lieferungen von Gütern und Dienstleistungen eines Sektors der regionalen Wirtschaft an einen anderen (Input-Output-Verflechtungen) sind darin nicht enthalten. Entsprechend den Kriterien der ökonomischen Theorie werden sie als Teil des Produktionsprozesses angesehen und nicht extra ausgewiesen.[6] Die produzierten Güter und Leistungen können grundsätzlich für Konsum- oder für Investitionszwecke verwendet werden. Der erste Fall ist in Abb. 2.2 durch den Pfeil zum Feld „Arbeit", der zweite durch den Pfeil zum Feld „Kapital" symbolisiert.

Allerdings weist jeder dieser beiden Pfeile Zu- und Abflüsse auf, die die Verflechtungen mit den anderen Regionen und Ländern repräsentieren. Sie stellen die regionalen Güterexporte (GE) und Güterimporte (GI) dar, also Güter und Dienstleistungen, die an andere Gebiete abgegeben oder von diesen bezogen werden. Da die Exporte meist nicht gleich den Importen sind, unterscheidet sich damit das regionale Güterangebot (der Output der Produktion, GA) von der in der Region generierten Güternachfrage (GN). Dies betrifft nicht nur deren Umfang, sondern auch deren Struktur. Je nach Region werden manche Güter und Dienstleistungen (fast) zur Gänze importiert, andere (fast) zur Gänze exportiert. Manche Güter, die in der Region nachgefragt werden, werden großteils auch dort produziert, bei anderen wiederum ist ein umfangreicher Austausch mit anderen Regionen zu beobachten. Dies hängt von verschiedenen Faktoren ab, wie den Produktionsbedingungen in der Region, dem Standardisierungsgrad des Produktes, seiner Transportierbarkeit und Transportkostensensitivität, den bei der Produktion realisierbaren Skalenvorteilen, positiven

---

[6]Die Input-Output-Theorie geht auf diese Verflechtungen explizit ein (s. Abschn. 3.2).

und negativen Lokalisations- und Agglomerationseffekten des Produktes u.a.
Durch regionale Güterexporte und Güterimporte ist die Produktion räumlich
nicht an den Standort der Nachfrage gebunden, sodass eine räumliche Spezialisierung der Produktion ermöglicht wird, die sich in größerer gesamtwirtschaftlicher Effizienz auswirkt.

Die in der Region generierte Güternachfrage für Konsum und Investition hängt von einer Reihe von Faktoren ab. Auf der Seite des Konsums (private Haushalte, in Abb. 2.2 durch das Feld „Arbeit" symbolisiert) wird sie
vor allem vom verfügbaren Einkommen bestimmt, aber auch von Erwartungen über die zukünftige Entwicklung, die sich auf die Spareigung auswirken,
von Anspruchsniveaus, Normen und Traditionen. Die Investitionsnachfrage der
regionalen Unternehmen (in Abb 2.2 durch das Feld „Kapital" symbolisiert)
ist wiederum durch die verfügbare Liquidität und die Erwartungen in die Zukunft bestimmt. Weiters wirken sich auch die Konkurrenz- und die Innovations-
verhältnisse im entsprechenden Sektor aus. Sowohl bei den Haushalten als auch
bei den Unternehmen wirken sich natürlich auch Preise und Informationsstand
auf die in der Region generierte Güternachfrage aus.

Wie aus Abb. 2.2 zu ersehen ist, muss eine Erhöhung der in der Region
generierten Nachfrage nicht unbedingt die Produktion der Region stimulieren.
Sie kann sich auch in einer Zunahme der Importe erschöpfen, wodurch die
Nachfrageerhöhung in anderen Regionen wirksam wird. Andererseits kann die
regionale Produktion aber auch durch einen Anstieg des Güterexports angeregt
werden, wobei es durch die regionsinternen Verflechtungen der Wirtschaft zu
einem zusätzlichen Stimulus kommen kann (ausführlicher s. Kap. 3).

Den interregionalen Verflechtungen am Gütermarkt stehen ähnliche Aus-
tauschbeziehungen bei den Produktionsfaktoren gegenüber. Auch Arbeit und
Kapital können aus anderen Regionen zu- und in andere Regionen abfließen.
Wir haben also auch hier entsprechende Zu- und Abflüsse und müssen zwischen
Arbeitsangebot (AA in Abb. 2.2) und Kapitalangebot (KA) einerseits und Ar-
beitsnachfrage (AN) und Kapitalnachfrage (KN) andererseits unterscheiden.
Bei beiden Produktionsfaktoren gibt es außerdem einen regionsinternen Pro-
zess, der ihren Bestand im Zeitablauf verändert.

Bevor wir auf diese Zusammenhänge und Prozesse etwas näher eingehen,
muss aber noch betont werden, dass natürlich auch die Aggregate „Arbeit"
und „Kapital" in vielen verschiedenen Formen auftreten. Sie werden im Produktionsprozess unterschiedlich eingesetzt und sind – entgegen den üblichen
Annahmen der ökonomischen Theorie – nur schwer gegeneinander austausch-
bar.

Arbeitskräfte unterscheiden sich unter anderem nach

- Geschlecht,
- Alter,
- Ausbildung,
- Berufserfahrung,
- Rasse.

Je nachdem, welche Merkmale Arbeitnehmer nach diesen – und anderen – Kriterien aufweisen, werden sie am Arbeitsmarkt unterschiedlich behandelt. Frauen verdienen in den meisten Berufen noch immer deutlich weniger als Männer mit vergleichbarer Qualifikation, ältere Arbeitnehmer haben heute nur mehr geringe Chancen, nach Arbeitslosigkeit in den Arbeitsprozess zurückzukehren. Aber selbst bei veränderbaren Charakteristika wie Ausbildung und berufsspezifischen Kenntnissen sind Anpassungen nur mittelfristig und nur unter erheblichem Aufwand möglich. Akademikerarbeitslosigkeit und diverse Umschulungsprogramme haben gezeigt, wie spezifisch die Anforderungen des Arbeitsmarktes sind und wie schwer Arbeitskräften nachträglich diese Qualifikationen vermittelt werden können.

Für die Wirtschaft geht es also nicht nur um die Zahl der eingesetzten Arbeitskräfte und Arbeitsstunden, sondern um Arbeitsleistungen in sehr eng definierten Segmenten von Arbeitskräften mit ganz spezifischen Qualifikationen.[7] Diese Anforderungen variieren über Branchen, Unternehmensgröße, Unternehmenstyp, Position im Produktlebenszyklus u.a. Da diese Unternehmenscharakteristika über Regionen unterschiedlich verteilt sind, drückt sich die räumliche Spezialisierung der Wirtschaft auch in den Anforderungen aus, die an Arbeitskräfte gestellt werden. Dies wird noch durch die Tatsache verschärft, dass Ausbildung und Berufserfahrung zu den wichtigsten Anforderungen des Arbeitsmarktes zählen. Da Berufserfahrung direkt am Arbeitsplatz erworben wird und Ausbildungsentscheidungen von den Anforderungen der regionalen Wirtschaft mitgeprägt werden, verfestigen sie die regionale Differenzierung der Arbeitsmärkte.

Ähnliche Argumente lassen sich auch für den Faktor Kapital vorbringen. Auch die von der ökonomischen Theorie unterstellte perfekte Mobilität von Kapital stellt nur eine sehr grobe theoretische Annäherung an die Realität dar (Dornbusch und Fischer 1981). Nur selten lassen sich Maschinen, die für die Produktion eines bestimmten Gutes bestimmt sind, für andere Produktionen einsetzen. Erst mit der Entwicklung der Mikroelektronik sind flexiblere Typen von Maschinen möglich geworden (s. Kap. 8), doch sind der Mobilität auch hier enge Grenzen gesetzt. Auch Gebäude können nicht beliebig für andere Nutzungen adaptiert werden, ebenso wenig wie Lagerbestände eines Gutes beliebig in ein anderes verwandelt werden können.

Die Struktur des Kapitalstocks einer Region gehört damit zu einem ihrer wichtigsten Charakteristika. Häufig wird diese sogar zur Beschreibung einer Region verwendet, wenn etwa von einer „Textilregion", einer „Stahlregion" oder einer „Tourismusregion" gesprochen wird. Obwohl es auch Beispiele für radikale Veränderungen gibt – etwa Pittsburgh, Pennsylvania, in den USA –, erweist sich die Struktur des Kapitalstocks einer Region doch meist als sehr stabil. Diese Stabilität wird durch Lokalisierungseffekte (s. Band 1, Kap. 5) und die oben beschriebene Rückwirkung auf die Struktur der Arbeitskräfte verstärkt.

---

[7]Dabei sind die geforderten Qualifikationen für die Unternehmen meist nicht direkt erkennbar, sodass sie sich bei der Auswahl von Arbeitskräften oft an beobachtbare Indikatoren wie Geschlecht, Alter, formale Ausbildung, Rasse oder auch regionale Herkunft halten.

Dass auch die Produktionsfaktoren Arbeit und Kapital zwischen den Regionen ausgetauscht werden, haben wir bereits oben erwähnt. Damit kann sich das regionale Angebot an Arbeit und Kapital von der entsprechenden regionalen Nachfrage sowohl nach dem Gesamtumfang als auch nach der Struktur unterscheiden. Wegen der größeren relativen Bedeutung der interregionalen Verflechtung werden diese Unterschiede bei kleinen Regionen normalerweise ausgeprägter sein als bei großen.

Die interregionale Verschiebung von Kapital kann auf verschiedene Arten erfolgen. Etwa durch die Gründung von Zweigbetrieben in einer anderen Region, durch Betriebsverlagerungen über Regionsgrenzen hinweg oder durch die Neugründung eines Unternehmens in einer anderen Region. Aber auch Beteiligungen, Übernahmen und Joint Ventures über Regionsgrenzen hinweg fallen darunter.

Mit der Frage, an welchen Standorten Kapital angesiedelt, also investiert wird, haben wir uns im gesamten ersten Band, Standortentscheidung und Regionalstruktur, beschäftigt. Dort wurde der Prozess der Standortentscheidung und seine Einbettung in andere Unternehmensentscheidungen und in die räumliche Struktur einer Region ausführlich diskutiert. Wir wollen daher hier nicht mehr näher darauf eingehen. Im Zusammenhang mit Regionalentwicklung ist nur zu erwähnen, dass Regionsgrenzen überschreitende Investitionen einerseits Kanäle entstehen lassen, durch die wirtschaftliche Besonderheiten der anderen Region (etwa Veränderungen der Konjunktur) in die eigene Region übertragen werden, und dass andererseits mit der Investition auch Kontrolle einhergeht. Wichtige Unternehmensentscheidungen werden damit außerhalb der Region getroffen oder zumindest von regionsexternen Akteuren und Zielsetzungen mitbestimmt. Dieser Aspekt wurde in den siebziger und achtziger Jahren im Zusammenhang mit Zweigwerksgründungen in peripheren Regionen heftig diskutiert.

Eine Verschiebung von Arbeitskräften zwischen den Regionen erfolgt durch zwei Mechanismen: durch Pendelwanderung und durch Migration. Sie sind in Abb. 2.2 durch AP (für Auspendler) und EP (Einpendler) einerseits und durch AW (Auswanderer) und ZW (Zuwanderer) andererseits symbolisiert. Der Unterschied zwischen Pendelwanderung und Migration besteht darin, dass ein Pendler seinen Standort nur vorübergehend verlagert, um an einem anderen Ort oder in einer anderen Region zu arbeiten, bei Migration handelt es sich hingegen um die (nicht nur temporäre) Verlagerung des Wohnortes von einer Region in eine andere. Die Migration zwischen den Regionen eines Landes wird üblicherweise als interne Migration bezeichnet, im Unterschied zur internationalen Migration über Ländergrenzen hinweg.

Während also Migration am Wohnort anknüpft, ohne den Arbeitsort überhaupt zu betrachten, setzt Pendelwanderung unterschiedliche Wohn- und Arbeitsorte voraus. Diese beiden sozioökonomischen Phänomene können zueinander sowohl in komplementärer als auch in substitutiver Beziehung stehen. Gehen wir von einer Situation aus, wo Wohn- und Arbeitsregion zusammenfallen, so kann der Akteur in einer anderen Region Arbeit suchen, seinen Wohnort beibehalten und so zum Pendler werden, oder Wohn- und Arbeitsort verlagern, also wandern (substitutive Beziehung). Andererseits kann der Akteur aber auch den Arbeitsort beibehalten und in einer anderen Region einen Wohnstandort suchen. In diesem Fall migriert er und wird zugleich auch zum Pendler (komplementäre Beziehung). Dass diese Unterscheidung von nennenswerter Bedeutung ist, setzt natürlich voraus, dass die Regionen entsprechend klein sind. Je größer die Regionen abgegrenzt sind, umso mehr an Migration wird sich innerhalb der Regionen abspielen und umso geringer wird die Bedeutung von Pendelwanderung sein im Vergleich zum regionalen Bestand an Arbeitskräften.

Migration und Pendelwanderung stehen damit, zumindest bei ausreichend kleinräumiger Regionsabgrenzung, in einem komplexen Zusammenhang, der eine genaue Trennung von Einflussfaktoren nicht zulässt. Dennoch lassen sich einige allgemeine Aussagen über die Einflussfaktoren auf die interregionale Mobilität der Arbeit machen.

Da Pendelwanderung die unterschiedliche räumliche Verteilung von Arbeitskräften und Arbeitsplätzen überbrückt, ist sie relativ stark von ökonomischen Faktoren beeinflusst. Dies sind vor allem die Verfügbarkeit von Arbeitsplätzen in der Quell- und in der Zielregion, die entsprechenden Lohnniveaus und Aufstiegschancen sowie die Distanz zwischen den beiden Regionen. Da Pendler normalerweise[8] jeden Tag an ihren Wohnort zurückkehren, reicht Pendelwanderung meist nur über eine geringe Entfernung. Bei sonst gleichen Einflussfaktoren nimmt die Pendelbereitschaft mit der Entfernung rasch ab. Die Städte sind üblicherweise von einem Pendeleinzugsgebiet umgeben, aus dem sie Arbeitskräfte für die in der Stadt konzentrierten Arbeitsplätze anziehen (s. etwa Band 1, S. 5, Abb. 1.3).

Bei interner Migration lässt sich üblicherweise ein komplexeres Bündel an Einflussfaktoren beobachten. Distanz übt normalerweise auch einen starken Einfluss aus, allerdings nicht im selben Ausmaß wie bei der Pendelwanderung. Außer von ökonomischen ist Migration auch noch stark von sozialen, wohn-, lebensqualitäts- und informationsbezogenen Faktoren beeinflusst. Da hinter den Migrationsentscheidungen komplexe Arbeitsmarktprozesse (etwa Versetzungen oder Zugang zu Aufstiegschancen) stehen und soziale und familiäre Bindungen, fällt es in Untersuchungen zu Einflussfaktoren von interner Migration oft schwer, klare und eindeutige Zusammenhänge zu identifizieren. So können manche Untersuchungen beispielsweise keinen signifikanten Einfluss des Einkommens[9] nachweisen, wohl deshalb, weil das Durchschnittseinkommen der Region nur einen sehr schlechten Indikator für die Einkommensmöglichkeiten eines Migranten darstellt.

Sowohl was die Wanderungsbereitschaft als auch was die Einflussfaktoren betrifft, bestehen erhebliche Unterschiede zwischen verschiedenen Altersgruppen und Bildungsschichten (s. Kap. 5, Abb. 5.2). Zahlreiche Untersuchungen haben gezeigt, dass die Wanderungsbereitschaft von Menschen im Alter zwischen 20 und 30 wesentlich höher ist als jene von anderen Altersgruppen. Auch

---

[8]Üblicherweise unterscheidet man zwischen „Tagespendlern" und „Wochenpendlern".

[9]In dem Sinne, dass von Regionen mit niedrigem Einkommen in solche mit hohem Einkommen gewandert wird.

sind besser ausgebildete Personen räumlich wesentlich mobiler als weniger gebildete. Migration konzentriert sich also im wesentlichen auf gut ausgebildete
junge Menschen und erfasst nicht alle Menschen in ähnlicher Weise. Dies hat erhebliche Rückwirkungen auf die Bevölkerungsstruktur (und damit auch auf die
Struktur der Arbeitskräfte) einer Region, weil Abwanderungsregionen damit
zu relativ schlecht ausgebildeter und überalterter Bevölkerung tendieren.

Interregionaler Austausch durch Kapitaltransfer sowie Migration und Pendelwanderung ist nicht der einzige Prozess, durch den sich der Bestand an
Kapital und Arbeit einer Region verändert. Der interregionalen Verflechtung
stehen auch noch regionsinterne Wachstumsprozesse gegenüber. Im Bereich des
Faktors Kapital ist dies einerseits die regionsinterne Investition der regionalen
Wirtschaft, andererseits die Abschreibung, also die Rate, mit der Kapital verbraucht und außer Dienst gestellt wird. Im Bereich des Faktors Arbeit wird der
regionsinterne Wachstumsprozess durch die natürliche Bevölkerungsbewegung
beschrieben, die sich aus der Differenz der regionalen Geburtenrate und der
regionalen Sterberate ergibt.

Alle diese Prozesse hängen allerdings wiederum mit der jeweiligen regionalen Struktur zusammen und werden daher von dieser beeinflusst. Da die Investitionsbereitschaft von Unternehmern von den Erwartungen in die Zukunft
abhängt, werden die Investitionen in Regionen mit stagnierender oder rückläufiger Wirtschaftsentwicklung normalerweise niedriger ausfallen als in Regionen
mit boomender Wirtschaft. Die Höhe der Abschreibungen wird außerdem von
der Qualität und der Altersstruktur des Kapitalstocks abhängen. Ähnlich hängt
die natürliche Bevölkerungsbewegung auch von den Anteilen der Bevölkerung
im gebärfähigen Alter und der alten Bevölkerung ab. Da die oben angeführte
Altersselektivität der Migration in den Abwanderungsregionen zu einem konstanten Abfluss an junger Bevölkerung führt, hat sie auch einen negativen Einfluss auf die natürliche Bevölkerungsbewegung.

Das Bild des Zusammenhangs zwischen der Produktion von Gütern und
Dienstleistungen in einer Region, dem Güterexport und -import, dem regionalen Angebot an Arbeit und Kapital, deren regionsinternem Wachstumsprozess
und der Verflechtung mit anderen Regionen, das wir in diesem Abschnitt skizziert haben, ist zu komplex, um eine eingehendere Analyse zu erlauben. Dies gilt
insbesondere, wenn wir die interne Struktur all dieser Faktoren berücksichtigen.
Allerdings ist es uns hier in erster Linie darum gegangen, einen Rahmen aufzuspannen, in den die Argumente der nachfolgenden Theorien der Regionalentwicklung eingefügt werden können. Diese Theorien greifen einzelne Aspekte
dieses Zusammenhanges heraus und beleuchten sie besonders. Üblicherweise
geschieht dies unter starker Vereinfachung oder gar völliger Vernachlässigung
anderer Einflussfaktoren und Zusammenhänge. In diesem Sinne zeichnet jede
der nachfolgenden Theorien ein Element des Bildes genauer, sodass sie gemeinsam – hoffentlich – zu einem umfassenderen Verständnis des regionalen
Entwicklungsprozesses führen können.

2.4 Zusammenfassung

Bevor wir in den folgenden Kapiteln verschiedene Theorien der Regionalentwicklung vorstellen, haben wir in diesem Kapitel einige Grundlagen aufgearbeitet, die für die weitere Darstellung von besonderer Bedeutung sind. In Abschn. 2.1 gehen wir der Frage nach, was eigentlich unter einer „Region" zu verstehen ist und nach welchen Kriterien Regionen voneinander abgegrenzt werden können. Dabei zeigt sich, dass der Begriff „Region" sehr unscharf ist und für verschiedene räumliche Ebenen verwendet wird. Als „Regionen" werden sowohl Teilgebiete einzelner Staaten als auch Zusammenfassungen mehrerer Staaten oder von Teilgebieten mehrerer Staaten bezeichnet. Aber selbst wenn wir den Begriff „Region" auf Teilgebiete einzelner Staaten beschränken, können sich noch sehr unterschiedliche räumliche Einheiten ergeben. Dies sollte beim Vergleich von regionalökonomischen Untersuchungen immer berücksichtigt werden.

Zur Unterteilung eines Gebietes in Regionen können verschiedene Kriterien herangezogen werden. In Abschn. 2.1 haben wir zwei Kriterien, nämlich das „Funktionalitätskriterium" und das „Homogenitätskriterium", besprochen. Sie fassen räumliche Einheiten nach ihrer funktionalen Verflechtung oder nach ihrer Ähnlichkeit bezüglich bestimmter Merkmale zusammen. Die Wahl des Regionalisierungskriteriums und der für die Abgrenzung verwendeten Charakteristika sollte sich aus der zu untersuchenden Problemstellung ergeben.

Nach der Diskussion des Begriffs „Region" haben wir uns in Abschn. 2.2 dem zweiten zentralen Begriff dieses Buches zugewendet, dem der „Entwicklung". Auch dieser Begriff erweist sich bei genauerer Betrachtung als sehr vielschichtig. Er präsentiert sich als Konglomerat verschiedener wirtschaftlicher, sozialer, politischer usw. Aspekte, die je nach Wertvorstellung von verschiedenen Menschen unterschiedlich zusammengesetzt werden. Obwohl verschiedene Aspekte wie „Wachstum", „Gerechtigkeit" und „Unabhängigkeit" von vielen als Bestandteile von „Entwicklung" angesehen werden, ist es unmöglich, eine wertfreie Definition des Begriffes zu finden. Vielmehr ist es notwendig, seine Wertbeladenheit zu erkennen und die Bewertungen, die mit einer konkreten Anwendung des Entwicklungsbegriffs verbunden sind, explizit zu machen.

Eine sehr enge, aber deshalb nicht weniger wertbeladene Vorstellung von „Entwicklung" ist mit dem Begriff des „Wirtschaftswachstums" verbunden. Wir diskutieren in Abschn. 2.2 seine Stellung in der Entwicklungsdiskussion.

In Abschn. 2.3 haben wir Entwicklungsdeterminanten im Überblick diskutiert. Mit dieser Diskussion schaffen wir einen Rahmen, in den die Entwicklungstheorien der nachfolgenden Kapitel eingeordnet werden können. Ausgangspunkt der Überlegungen ist die aggregierte Produktionsfunktion, die es uns erlaubt, den Einfluss von Arbeit, Kapital, technischem Wissensstand und Organisationsform der Region zu diskutieren. Veränderungen dieser Einflussgrößen können sowohl aus der Region selbst als auch aus anderen Regionen kommen.

2.5 Übungsaufgaben und Kontrollfragen

1. *Erläutern Sie die verschiedenen Bedeutungen des Begriffs „Region". Nennen Sie Beispiele für die verschiedenen Arten von Regionen.*

2. *Nach welchen Kriterien können Regionen abgegrenzt werden? Inwiefern ist die Wahl einen Abgrenzungskriteriums von Bedeutung? Nennen Sie Beispiele für nach verschiedenen Kriterien abgegrenzte Regionen.*

3. *Diskutieren Sie den Begriff „Entwicklung". Warum sprechen wir dabei von einem „wertbeladenen Begriff"?*

4. *Diskutieren Sie die Beziehung zwischen Entwicklung und Wirtschaftswachstum.*

5. *Welche wirtschaftlichen und sozialen Faktoren werden häufig mit Entwicklung in Verbindung gebracht? Beschreiben Sie die Probleme bei der Anwendung dieser Faktoren.*

6. *Beschreiben Sie die möglichen Austauschbeziehungen zwischen Regionen. Gehen Sie dabei insbesondere auf deren Auswirkungen auf die regionale Wirtschaftskraft ein.*

7. *Durch welche Faktoren kann es zu einer Erhöhung der Produktionsmenge einer Region kommen? Welche dieser Faktoren können wie beeinflusst werden?*

Kapitel 3

Nachfrageorientierte Ansätze zur Erklärung von Regionalentwicklung

Wir beginnen unsere Darstellung regionaler Entwicklungstheorien mit zwei Ansätzen, die die Nachfrageseite der Wirtschaft besonders betonen. Es sind dies das Exportbasismodell und das regionale Input-Output-Modell. Beide Modelle stehen in enger Verwandtschaft zu parallelen Modellen der Volkswirtschaftslehre.

3.1 Exportbasistheorie

Als erste regionale Wachstums- und Entwicklungstheorie wollen wir die Exportbasistheorie besprechen. Ihre grundlegenden Überlegungen sind intuitiv leicht verständlich und begegnen uns auch in der wirtschaftspolitischen Diskussion immer wieder.

Das von der Exportbasistheorie beschriebene Phänomen ist bekannt: Wann immer die Nachfrage z.B. nach Eisen und Stahl am Weltmarkt zurückgeht, geraten von der Schwerindustrie dominierte Regionen wie früher das Ruhrgebiet oder Teile der Obersteiermark in die Krise. Die dominierenden Betriebe können ihre Produkte nicht mehr absetzen, entlassen Arbeitskräfte, versuchen die Lohnkosten zu drücken. Wegen der Unsicherheit und der stagnierenden Einkommen drehen die Arbeitskräfte den Euro lieber zweimal um, bevor sie ihn ausgeben. Meist spüren dies zuerst die Anbieter gehobener Konsumgüter, wie Auto-, Elektrogeräte- und Möbelhändler. Wegen des geringeren Absatzes müssen auch sie nach Einsparungsmöglichkeiten suchen, Ausgaben kürzen, Personal entlassen. Mit der Zeit breitet sich dieser Effekt durch alle Branchen der regionalen Wirtschaft aus, die Krise hat eine gesamte Region erfasst.

Natürlich ist auch der umgekehrte Effekt möglich und oft zu beobachten. Besondere Erfolge in einem dominanten Sektor breiten sich über die gleichen Mechanismen aus und lassen schließlich eine gesamte Region boomen.

Die Exportbasistheorie, die auf Arbeiten von Andrews (1953), Duesenberry (1950), North (1955) und anderen zurückgeht, versucht, diese Mechanismen modellhaft zu erfassen. Dabei wird unterstellt, dass die *wirtschaftliche Basis* einer Region von jenen Betrieben gebildet wird, die die Produkte der Region in andere Regionen und Volkswirtschaften exportieren. Sie bilden die *Exportbasis* der Region, oder den „*basic sector*", wie er in der englischsprachigen Literatur bezeichnet wird. Der nicht-exportierende Teil der Wirtschaft bildet den *lokalen Sektor*, den „*non-basic sector*", der in seiner Entwicklung vom „basic sector" abhängt. Diese Beziehung zwischen dem Exportsektor und dem lokalen Sektor der Wirtschaft führt dazu, dass ein Anstieg der Einkommen aus Exporten im lokalen Sektor einen Multiplikatoreffekt in Gang setzt, der schließlich dazu führt, dass der Einkommenszuwachs in der Region deutlich über dem Einkommenszuwachs des Exportsektors liegt. Im Prinzip basiert der Exportbasismultiplikator auf dem gleichen Konzept und dem gleichen Mechanismus wie der Keynessche Multiplikator, nur dass der Anstoß hier von den Exporten kommt und nicht von den Ausgaben des Staates[1].

Um das Prinzip des Exportbasismultiplikators darzustellen, verwenden wir ein sehr einfaches Modell (s. auch Buttler et al. 1977, Schätzl 1988): Unsere regionale Wirtschaft besteht aus zwei Sektoren, dem Exportsektor, der Einkommen in der Höhe von Y_X erwirtschaftet, und dem lokalen Sektor, dessen Einkommen wir mit Y_L bezeichnen. Das gesamte Einkommen der Region, Y, ergibt sich damit als

$$Y = Y_X + Y_L \ . \tag{3.1}$$

Da das Exporteinkommen von der Nachfrage der anderen Regionen und des Auslandes abhängt, betrachten wir es als exogen vorgegeben. Das Einkommen des lokalen Sektors hängt jedoch davon ab, wie hoch die Nachfrage in der Region ist und welcher Prozentsatz dieser Nachfrage in der Region verbleibt. Wir können diesen Zusammenhang in einfacher Form schreiben als

$$Y_L = (c - q)Y \ . \tag{3.2}$$

Dabei beschreibt c die marginale Konsumquote, also jenen Anteil an zusätzlichem Einkommen, den die Bewohner der Region für den Konsum ausgeben, und q die marginale Importquote, also jenen Teil davon, der für Importgüter aufgewendet wird. Je höher c ist, umso größer ist der Anteil des zusätzlichen Einkommens, der wiederum in die Wirtschaft (innerhalb und außerhalb der Region) zurückfließt. Je höher q, umso mehr fließt davon aus der Region ab, umso geringer ist daher der in der Region verbleibende Effekt.

Wie erwähnt wenden wir hier ein möglichst einfaches Modell an. Es berücksichtigt keine Investitionen, Staatsausgaben und sonstigen Kategorien der volkswirtschaftlichen Gesamtrechnung, die in realen Anwendungen zu berücksichtigen wären. Diese Erweiterungen würden allerdings nur die Darstellung verkomplizieren. Auf den grundlegenden Zusammenhang des Exportbasismultiplikators haben sie keinen Einfluss.

Die beiden Gleichungen (3.1) und (3.2) zusammen stellen einen Zusammenhang zwischen dem Exporteinkommen und dem Gesamteinkommen der Region her. Setzen wir (3.2) in (3.1) ein, so erhalten wir

$$Y = Y_X + (c - q)Y \ .$$

Bringen wir den zweiten Summanden auf der rechten Seite nach links und fassen Ausdrücke zusammen, so gibt dies

---

[1] Beide sind Teil der Endnachfrage der Wirtschaft.

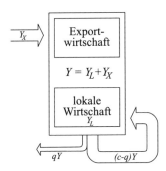

Abbildung 3.1: Die Entstehung des Exportbasismultiplikators

$$(1 - c + q)Y = Y_X \ .$$

Dividieren wir nun beide Seiten der Gleichung durch den Klammerausdruck auf der linken Seite, so stellen wir das Gesamteinkommen der Region als Funktion des Exporteinkommens dar:

$$Y = \frac{1}{1 - c + q} Y_X \ . \tag{3.3}$$

Der Ausdruck $1/(1-c+q)$ in (3.3) wird als Exportbasismultiplikator bezeichnet. Sein Wert ist umso höher, je größer c und je kleiner q ist, also je höher der Anteil des Einkommens ist, der wiederum in die Wirtschaft der Region zurückfließt.

Abbildung 3.1 stellt die Situation schematisch dar. Wir sehen die beiden Teile, „Exportwirtschaft" und „lokale Wirtschaft", deren jeweilige Einkommen (Y_X und Y_L) gemeinsam das Gesamteinkommen der Region (Y) ausmachen. Links oben ist, mit Y_X bezeichnet, der Zufluss an Exportnachfrage dargestellt. Er stellt die einzige exogene Größe in dem Modell dar und bestimmt daher das Endergebnis. Die Rückkoppelungsschleife im rechten unteren Teil der Abbildung stellt die Basis für den Exportbasismultiplikator dar. Dadurch, dass ein Teil des Regionaleinkommens, nämlich $(c-q)Y$, wieder in die lokale Wirtschaft zurückfließt, wirkt sich die Erhöhung des Exporteinkommens und die damit einhergehende Erhöhung des Gesamteinkommens der Region auch auf die lokale Wirtschaft aus. Der mit qY bezeichnete Pfeil stellt den Einkommensabfluss für regionale Importe dar.

Wir wollen diese Zusammenhänge an einem Zahlenbeispiel illustrieren. Nehmen wir an, die marginale Konsumquote in einer Region sei 0,7, die marginale Importquote 0,35. Dies ergibt einen Exportbasismultiplikator von 1,54. Für 1.000 Geldeinheiten an Gütern und Dienstleistungen, die die Wirtschaft der Region exportiert, produziert sie Güter und Dienstleistungen im Wert von 538,46 für den lokalen Bedarf, zusammen also Produkte und Dienste im Gegenwert

Tabelle 3.1: Zahlenbeispiel: Exportbasismultiplikator

c = 0,7

q = 0,35

Multiplikator = 1,54

Y_X	Y_R	Y
1.000	538,46	1.538,46
1.100	592,31	1.692,31
1.200	646,15	1.846,15

Tabelle 3.2: Entstehung des Exportbasismultiplikators durch den Einkommenskreislauf

t	ΔY	Y	t	ΔY	Y
1	1.000,00	1.000,00	8	0,64	1.538,12
2	350,00	1.350,00	9	0,23	1.538,34
3	122,50	1.472,50	10	0,08	1.538,42
4	42,88	1.515,38	11	0,03	1.538,45
5	15,01	1.530,38	12	0,01	1.538,46
6	5,25	1.535,63	13	0,00	1.538,46
7	1,84	1.537,47	14	0,00	1.538,46

von 1.538,46 Geldeinheiten. Tabelle 3.1 fasst das Zahlenbeispiel zusammen und zeigt die Ergebnisse für andere Zahlen.

Der vom Exportbasismultiplikator beschriebene Zusammenhang zwischen Exporterlös und Regionaleinkommen stellt allerdings den Endzustand eines Prozesses dar, der in der Wirtschaft der Region abläuft. Um einen besseren Einblick in die Logik der Exportbasistheorie zu gewinnen, wollen wir diesen Prozess etwas genauer betrachten. Dazu gehen wir von dem oben dargestellten Zahlenbeispiel aus, in dem die Wirtschaft für 1.000 Geldeinheiten exportiert.

Das Einkommen aus dem Export – 1.000 Geldeinheiten (GE) – steht den Bewohnern der Region als Regionaleinkommen zur Verfügung. Von diesen 1.000 GE gehen 700 GE in den Konsum (Konsumquote 0,7), 350 GE davon fließen allerdings direkt für die Anschaffung von Importgütern aus der Region ab. Die verbleibenden 350 GE werden für lokale Güter ausgegeben und erhöhen damit das Regionaleinkommen auf 1.350 GE. Dieses höhere Regionaleinkommen fließt wiederum zu 35% in die lokale Wirtschaft, was zu einem Anstieg des Regionaleinkommens um 122,5 GE auf 1.472,5 GE führt. Auch dieses zusätzliche Regionaleinkommen fließt wiederum zu 35% in die regionale Wirtschaft und so weiter und so fort. Tabelle 3.2 zeigt die Zuwächse und die entsprechenden Werte des Regionalprodukts für die ersten vierzehn Runden. Wie wir sehen, erreicht das Regionaleinkommen erst mit der zwölften Runde jenen Wert, den wir bei direkter Verwendung des Exportbasismultiplikators errechnen. Dies ist auch nur deshalb der Fall, weil wir auf zwei Kommastellen runden. Genau ge-

nommen muss dieser Rückkoppelungsprozess unendlich oft ablaufen, damit wir den über den Exportbasismultiplikator errechneten Wert erreichen.
Wir können den oben skizzierten Ablauf folgendermaßen darstellen:

$$Y = Y_X + Y_X(c-q) + Y_X(c-q)^2 + Y_X(c-q)^3 + \dots \qquad (3.4)$$

$$= Y_X[1 + (c-q) + (c-q)^2 + (c-q)^3 + \dots] \ . \qquad (3.5)$$

Das gesamte Einkommen der Region setzt sich zusammen aus dem Exporteinkommen plus dem davon induzierten Einkommensanstieg des lokalen Sektors plus dem davon induzierten Einkommensanstieg des lokalen Sektors und so weiter (Gl. (3.4)). Die Punkte am Ende der Gleichung zeigen an, dass dieser Ausdruck unendlich viele derartige Summanden enthält. In Tabelle 3.2 sind dies die Werte in der Spalte ΔY.

In Gl. (3.5) heben wir Y_X, das ja in allen Summanden enthalten ist, heraus und fassen die verbleibenden Termini zusammen. Der Ausdruck in eckiger Klammer ist jener Terminus, mit dem wir das Exporteinkommen multiplizieren müssen, um zum gesamten Regionaleinkommen zu gelangen. Nach unserer Behauptung sollte dieser Ausdruck gleich dem Exportbasismultiplikator sein. Bezeichnen wir diesen Ausdruck mit μ, so können wir schreiben:

$$\mu = 1 + (c-q) + (c-q)^2 + (c-q)^3 + \dots \qquad (3.6)$$

$$= 1 + (c-q)[1 + (c-q) + (c-q)^2 + \dots] \qquad (3.7)$$

$$= 1 + (c-q)\mu \ . \qquad (3.8)$$

Zu Gl. (3.7) gelangen wir, indem wir aus jedem außer dem ersten Summanden in (3.6) den Ausdruck $(c-q)$ herausheben und die verbleibenden Teile in der eckigen Klammer zusammenfassen. Die letzte Gleichung ergibt sich daraus, dass die Summe im Klammerausdruck in (3.7) wiederum bis unendlich läuft und damit ihrerseits gleich μ ist. Lösen wir (3.8) nach μ, so erhalten wir

$$\mu = \frac{1}{1 - c + q} \ ,$$

sehen also, dass μ tatsächlich der Exportbasismultiplikator ist.

Der Exportbasismultiplikator ist also das Ergebnis einer unendlichen Reihe von Wiederholungen des Rückflusses von Einkommen in die regionale Wirtschaft. Nur wenn dieser Prozess lang genug ablaufen kann, wird der Exportbasismultiplikator in seinem vollen Ausmaß wirksam. Wir können Gl. (3.4) nämlich auch so interpretieren, dass sich das regionale Einkommen, Y, aus dem Exporteinkommen der laufenden Periode plus dem Erstrundeneffekt des Exporteinkommens der Vorperiode plus dem Zweitrundeneffekt der vorletzten Periode plus dem Drittrundeneffekt der vorvorletzten Periode und so weiter zusammensetzt. Damit wird es allerdings wichtig, ob eine Veränderung des Exporteinkommens nur einmalig auftritt oder von Dauer ist. Im ersten Fall

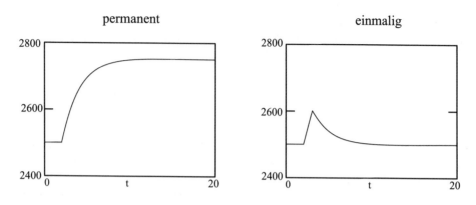

Abbildung 3.2: Permanenter und einmaliger Anstieg des Exporteinkommens

beeinflusst sie nur einen Summanden in (3.4), und der Effekt wandert im Lauf der Zeit durch die Gleichung. Im anderen Fall breitet sich die Veränderung im Lauf der Zeit auf alle Summanden aus. Der Unterschied zwischen einer permanenten und einer einmaligen Erhöhung des Exporteinkommens in unserem Rechenbeispiel ist in Abb. 3.2 zu sehen. Bei einer permanenten Erhöhung des Exporteinkommens von 1.000 auf 1.100 GE (linker Teil der Abb.) steigt das Regionaleinkommen mit abnehmenden Zuwächsen an, bis es den vom Exportbasismultiplikator beschriebenen Wert erreicht. Bei einer einmaligen Erhöhung des Exporteinkommens steigt das Regionaleinkommen in der ersten Periode zwar genauso an, anschließend fällt es aber dann langsam auf den ursprünglichen Wert zurück.

Die Exportbasistheorie siedelt den Motor für die Entwicklung einer Region außerhalb der Region an. Zugleich konzentriert sie sich auf die Nachfrageseite der Wirtschaft. Der regionalen Wirtschaft und der regionalen Nachfrage kommt nur die Aufgabe zu, auf die Exportnachfrage entsprechend zu reagieren.

Die Exportbasistheorie lässt damit eine Reihe wichtiger Einflussfaktoren unberücksichtigt. Die wichtigsten davon sind:

- Die Exportnachfrage selbst wird nicht erklärt.
- Das Modell setzt voraus, dass die regionale Wirtschaft ihre Produktionsmenge den Nachfrageänderungen anpassen kann.
- Das Modell vernachlässigt Preis- und daraus folgende Nachfrageänderungen sowie Veränderungen in der Wirtschaftsstruktur.

Die Exportbasistheorie gibt keinerlei Erklärung dafür, wie die Exportnachfrage eigentlich entsteht. Sie wird als gegeben vorausgesetzt. Damit bleibt der wichtigste Einflussfaktor des Modells unerklärt. Da die Exportnachfrage einer Region sich aus den entsprechenden Importen anderer Regionen zusammensetzt, müsste sie nach den Vorstellungen der Exportbasistheorie wiederum auf deren Exporteinkommen zurückgehen. Verbinden wir also diese Regionen zu einem geschlossenen System untereinander verflochtener Regionen, so bleibt kein

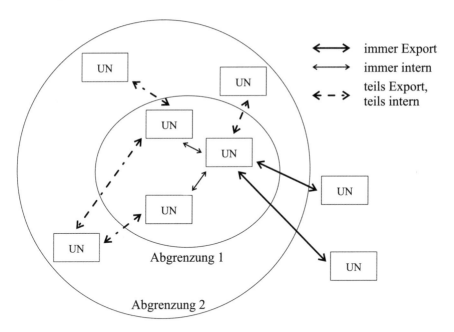

Abbildung 3.3: Die Abhängigkeit des Exporteinkommens von der Regionsabgrenzung

Platz für externe Nachfrage, und die Exportbasistheorie kann das wirtschaftliche Wachstum dieses Systems von Regionen nicht erklären.

Ein weiterer, eng damit verbundener Einwand gegen die Exportbasistheorie ist der, dass ihre grundlegende Einflussgröße, nämlich die Exportnachfrage, davon abhängt, wie wir die Regionen abgrenzen. Ein und dieselbe Lieferverflechtung kann bei der einen Art der Regionsabgrenzung als regionaler Export erscheinen, bei einer anderen als regionsinterne Verflechtung. Abbildung 3.3 zeigt dies schematisch. Je nachdem, wie wir die Region abgrenzen, ändern sich aber die zentralen Parameter des Modells.

Die Exportbasistheorie berücksichtigt nicht, dass die regionale Wirtschaft nur über eine beschränkte Produktionskapazität verfügt und daher beim Versuch, die Nachfrage zu befriedigen, an diese Kapazitätsgrenze stoßen kann. Die Exportbasistheorie unterstellt damit implizit, dass die regionale Wirtschaft über ausreichend freie Produktionskapazitäten verfügt. Ist dies nicht der Fall, so werden die Preise steigen, und die Exportnachfrage wird zu Inflation anstatt Wirtschaftswachstum führen. Eine Regionalpolitik, die am Konzept des Exportbasismultiplikators aufbaut, wird früher oder später an diese Grenze stoßen, ist daher nicht auf Dauer erfolgversprechend.

Die Exportbasistheorie stellt die wichtigsten Beziehungen einer Regionalwirtschaft mit anderen Regionen dar. Ist die Region auf den Export einer bestimmten Produktgruppe spezialisiert, so werden Veränderungen in der Nachfrage nach diesen Produkten auf das wirtschaftliche Wohlergehen der gesamten regionalen Wirtschaft durchschlagen. Dies wird umso stärker der Fall sein, je intensiver der entsprechende Sektor der Wirtschaft mit der übrigen regionalen Wirtschaft verflochten ist. Dabei darf aber nicht übersehen werden, dass wichtige Aspekte des Exportmarktes von der Exportbasistheorie nicht berücksichtigt werden. Dies betrifft vor allem die Preise der Exportgüter und die damit verbundenen Fragen der Konkurrenzfähigkeit der Region auf den Exportmärkten. Da sie die Exportnachfrage als exogen gegeben betrachtet und damit die Funktionsweise der Exportmärkte außer Betracht lässt, kann die Exportbasistheorie keine Aussagen darüber machen, wie sich Veränderungen auf den Exportmärkten auf die Region auswirken werden. Verlust an Konkurrenzfähigkeit, das Auftreten neuer Konkurrenten, die Auswirkungen neuer Produkte, Innovationen und Preisänderungen bei Konkurrenzprodukten am Exportmarkt u. dgl. haben in der Exportbasistheorie keinen Platz. Ebenso wenig kann sie Aussagen machen über entsprechende Strukturveränderungen in der Region selbst. Da die Exportbasistheorie von einer gegebenen Wirtschaftsstruktur ausgeht, haben Innovationen und eine Veränderung der Wirtschaftsstruktur in diesem Konzept keinen Platz.

Die Exportbasistheorie eignet sich damit vor allem für kurzfristige Prognosen über die wirtschaftliche Entwicklung relativ kleiner Regionen. Die Kurzfristigkeit ergibt sich daraus, dass das Exportbasiskonzept von einer gegebenen Struktur ausgeht. Für längerfristige Vorhersagen, wo Veränderungen der Wirtschaftsstruktur von besonderer Bedeutung sind, ist sie daher nicht geeignet. Für Aussagen über kleine Regionen – etwa Stadtregionen – ist die Exportbasistheorie deshalb besonders geeignet, weil in diesem Fall der Einfluss der außerregionalen Faktoren im Vergleich zu den innerregionalen relativ groß ist. Die Schwäche der Exportbasistheorie, innerregionale Entwicklungsfaktoren nicht zu berücksichtigen, fällt bei kleinen Regionen nicht besonders ins Gewicht.

Da die Exportbasistheorie auf der Unterscheidung zwischen dem „basic"- und dem „non-basic"-Sektor aufbaut, stehen empirische Anwendungen der Theorie vor dem methodischen Problem, diese beiden Teilbereiche der regionalen Wirtschaft zu identifizieren. Wie oben bereits erwähnt, hängt die Antwort auf die Frage, ob eine bestimmte wirtschaftliche Aktivität dem Exportsektor oder dem lokalen Sektor zuzuordnen ist, auch von der Regionsabgrenzung ab. Außerdem gibt es in einer Region wohl selten Betriebe – und schon gar nicht Sektoren –, die ausschließlich exportieren und nicht auch den lokalen Markt versorgen. Damit verläuft die Grenze zwischen dem „basic"- und dem „non-basic"-Sektor quer durch die Betriebe, sodass eine klare Abgrenzung zwischen den beiden Sektoren meist nicht möglich ist. Da Lieferungen, die Regionsgrenzen überschreiten, im Unterschied zu den die Ländergrenzen überschreitenden Lieferungen üblicherweise keinen besonderen Verwaltungsaufwand verursachen, werden sie normalerweise nicht gesondert erfasst. Dies bringt mit sich, dass für die Anwendung des Exportbasismodells entweder umfangreiche Erhebungen der Lieferverflechtungen der Betriebe notwendig sind, oder man von Schätzungen zweifelhafter Qualität ausgehen muss. In praktischen Anwendungen des Exportbasismodells wird daher vielfach anstelle von Einkommen von Beschäftigtenzahlen – Exportbeschäftigte, für den lokalen Bedarf Beschäftigte – ausgegangen. Diese sind zwar meist leichter zu erheben, doch bleiben bei dieser Vorgehensweise Unterschiede in der Arbeitsproduktivität unberücksichtigt.

Trotz dieser Einwände stellt die Exportbasistheorie einige wichtige ökonomische Zusammenhänge dar, die von erheblicher praktischer Bedeutung sind. Sie zeigt die potentiell hohe Bedeutung bestimmter „Leitsektoren" einer regionalen Wirtschaft auf, die besonders bei stark spezialisierten Regionen sehr wichtig sein können. Außerdem zeigt die Exportbasistheorie auch, dass die einzelnen Sektoren der regionalen Wirtschaft untereinander in Beziehung stehen und dass Veränderungen in den Leitsektoren sich letztlich auf die gesamte Wirtschaft der Region auswirken.

3.2 Regionale Input-Output-Analyse

Das Modell der Exportbasistheorie, das wir im letzten Abschnitt dargestellt haben, ist seiner Struktur nach eng mit dem Modell der Input-Output-Theorie (IO-Theorie) verwandt. Das Exportbasismodell kann sogar als Sonderfall des Input-Output-Modells dargestellt werden. Allerdings enthält das Input-Output-Modell eine Menge an zusätzlichen Aspekten und bildet auch ökonomische Zusammenhänge ab, die weit über die Strukturen des einfachen Exportbasismodells hinausgehen.

Während die Exportbasistheorie auf den Rückkoppelungsprozessen über den Einkommenskreislauf aufbaut, rückt die IO-Theorie die Interdependenzen *zwischen* den einzelnen Sektoren der Wirtschaft in den Vordergrund. Bevor wir allerdings auf die regionalökonomischen Aspekte der IO-Theorie eingehen können, müssen wir einige ihrer grundlegenden Elemente und Konzepte erläutern.

Ausgangspunkt jedes IO-Modells ist die IO-Tabelle, eine detaillierte Beschreibung der Struktur der Wirtschaft eines Landes oder einer Region und ihrer Interdependenzen und Beziehungen zu Nachfragern und Anbietern. Tabelle 3.3 stellt die grundlegende Struktur einer IO-Tabelle dar. Sie ist in zumindest drei Teile unterteilbar, nämlich die *Verflechtungsmatrix* (V), die *Matrix der Endnachfrage* (Y) und die *Matrix der Primärinputs* (E). Jede beschreibt – unterteilt nach Sektoren sowie Endnachfrage- und Primärinputkategorien – die Lieferverflechtungen der Wirtschaft in einem bestimmten Jahr. Da große IO-Tabellen in dreihundert und mehr Sektoren unterteilt sind und auch die Endnachfrage und die Primärinputs in viele Teile differenzieren, weisen die drei Matrizen eine entsprechend große Dimension[2] auf und beschreiben die wirtschaftlichen Verflechtungen damit auf sehr detaillierte Weise.

Tabelle 3.4 zeigt eine sehr einfache, hypothetische IO-Tabelle mit drei Sektoren („Landwirtschaft" – L –, „Schwerindustrie" – S – und „Maschinen" – M)

---

[2]Die aktuelle IO-Tabelle für Österreich unterteilt beispielsweise in 177 Sektoren, 13 Endnachfragekategorien und 12 Primärinputs.

Tabelle 3.3: Struktur einer Input-Output-Tabelle

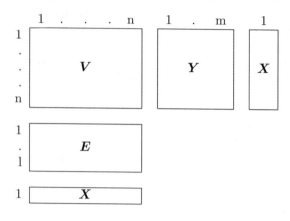

Tabelle 3.4: Beispiel einer Input-Output-Tabelle

	L	S	M	Y	X
L	200	20	20	400	640
S	20	230	500	50	800
M	300	320	130	50	800
I	120	230	150		
X	640	800	800		

und jeweils nur einer Endnachfrage- und Primärinputkategorie.

Betrachten wir zum Beispiel die Zeile der „Schwerindustrie" und die Spalte des „Maschinenbaus". Das Element der Verflechtungsmatrix am Schnittpunkt dieser beiden Sektoren gibt nun an, um welchen Wert die Schwerindustrie (Zeile) Güter an die Maschinenbauindustrie (Spalte) geliefert hat, nämlich um 500 Geldeinheiten. Die Verflechtungsmatrix beschreibt diese Lieferungen für alle möglichen Kombinationen von Sektoren, inklusive der Lieferungen jedes Sektors an sich selbst (Elemente der Hauptdiagonale).

Betrachten wir die Zeile der Schwerindustrie, so können wir innerhalb der Verflechtungsmatrix ablesen, in welchem Umfang dieser Sektor seine Produkte an die anderen Sektoren der Wirtschaft ausgeliefert hat. Allerdings wird die Schwerindustrie nicht nur an andere Sektoren der Wirtschaft unserer Region ausliefern, sondern einen Teil seiner Produkte auch z.B. an private Nachfrager, staatliche Investoren oder Abnehmer in anderen Regionen liefern. Diese Abnehmer gelten als Endnachfrager, die entsprechenden Lieferungen scheinen daher in der Matrix der Endnachfrage auf. In einer stärker differenzierten IO-Tabelle könnten wir etwa die Exportspalte der Endnachfragematrix herausgreifen und in deren Schnittpunkt mit der Zeile der Schwerindustrie ablesen, um welchen Wert dieser Sektor Produkte nach außerhalb der Region verkauft hat. Auf gleiche Art könnten wir in dieser Zeile auch ablesen, in welchem Wert die Schwerindustrie an andere Endnachfrager geliefert hat.

Betrachten wir die gesamte Zeile – Verflechtungsmatrix und Matrix der Endnachfrage – der Schwerindustrie, so können wir daraus die Lieferstruktur dieses Sektors ablesen. Wir sehen, welche anderen Sektoren und Endnachfragekategorien seine Hauptabnehmer sind, an wen der Sektor nicht liefert etc. Nachdem der Sektor nur liefern kann, was er auch erzeugt hat, können wir den Wert der gesamten Jahresproduktion des Sektors – genannt: *Bruttoproduktionswert* (X) – einfach als Summe aller Werte der Zeile errechnen.

Betrachten wir nun die Spalte für die Maschinenbauindustrie. Wir haben bereits festgestellt, dass das Element am Schnittpunkt mit der Zeile der Schwerindustrie angibt, um welchen Wert die Schwerindustrie an den Maschinenbau liefert. Aus der Sicht der Maschinenbauindustrie betrachtet, beschreibt dieses Element, um welchen Wert der Maschinenbau Güter von der Schwerindustrie bezieht. Über die gesamte Spalte der Verflechtungsmatrix betrachtet sehen wir also, von welchen anderen Sektoren der Maschinenbau Produkte in welchem Wert benötigt, um seine Maschinen produzieren zu können. Wir sehen, von welchen anderen Sektoren der Maschinenbau besonders abhängig ist und von welchen nicht.

Genauso wenig wie die Schwerindustrie nur an andere Sektoren der Wirtschaft liefert, kommt der Maschinenbau nur mit den Vorleistungen anderer Sektoren aus. Er benötigt auch die Arbeitsleistungen der privaten Haushalte, staatliche Leistungen, Importgüter u.a., um Maschinen zu produzieren. Alle diese Leistungen werden als *Primärinputs* bezeichnet und in der Matrix der Primärinputs zusammen gefasst. Über die gesamte Maschinenbauspalte betrachtet sehen wir also, welche Inputs dieser Sektor benötigt, um seine Outputs zu produzieren. Die Spalte beschreibt also die Produktionstechnologie der Maschinenbauindustrie, quasi das „Kochrezept", nach dem der Sektor Maschinen herstellt. Wegen der Konsistenzbedingungen der IO-Theorie ergibt die Summe aller Elemente der Spalte eines Sektors wiederum dessen Bruttoproduktionswert.

Bezeichnen wir die Elemente der Verflechtungsmatrix mit v, der Endnachfragematrix mit y, der Primärinputs mit e und den Bruttoproduktionswert mit x, so lassen sich folgende grundlegende Beziehungen aufstellen:

$$x_i = \sum_j v_{ij} + \sum_k y_{ik}$$
$$x_j = \sum_i v_{ij} + \sum_l e_{lj}$$

In Matrixnotation[3]:

$$X = VI + YI \qquad (3.9)$$
$$X' = I'V + I'E$$

Anhand der Zahlen in Tabelle 3.4 können die dargestellten Beziehungen nachgerechnet werden.

Obwohl es sich bei der IO-Tabelle um eine relativ einfache, wenn auch sehr detaillierte Beschreibung der Struktur der Wirtschaft handelt, bildet sie den Ausgangspunkt für ein umfangreiches Analyseinstrument. Dieser Analyseteil der IO-Theorie wird als Input-Output-Analyse (IO-Analyse) bezeichnet.

Wie wir oben gesehen haben, beschreiben die einzelnen Spalten der IO-Tabelle, wie die einzelnen Sektoren die Primärinputs und Outputs anderer Sektoren einsetzen, um ihre eigenen Produkte herzustellen. Unterstellen wir, dass die verschiedenen Inputs immer in den gleichen Verhältnissen eingesetzt werden, so können wir aus den Spalten leicht ermitteln, wie viel der einzelnen Inputs für die Produktion einer Outputeinheit eines Sektors notwendig ist. Dazu dividieren wir einfach jedes Element der Spalte durch den Bruttoproduktionswert der Spalte:

$$a_{ij} = v_{ij}/x_j \qquad \text{bzw.} \qquad b_{ij} = e_{ij}/x_j \ .$$

Dabei bezeichnen wir mit a die Verflechtungskoeffizienten, mit b die Primärinputkoeffizienten. Diese Koeffizienten zeigen, wie viel an Inputs vom eigenen und von den anderen Sektoren sowie an Primärinputs notwendig ist, damit der entsprechende Sektor eine Einheit seines Endprodukts produzieren kann. Führen wir diese Berechnung für jeden Sektor durch, so erhalten wir eine Matrix von *Inputkoeffizienten*. Sie setzt sich wiederum aus dem Verflechtungsteil und dem Primärinputteil der IO-Tabelle zusammen. Die sich aus unserem Beispiel ergebenden Koeffizienten sind in Tabelle 3.5 zu sehen. Die Verflechtungskoeffizienten fassen wir zur Matrix A zusammen, die Primärinputkoeffizienten zur Matrix B.

Der Wert 0,47 in der dritten Zeile und ersten Spalte der Matrix zeigt also, dass der Sektor „Landwirtschaft" vom Sektor „Maschinen" Inputs im Wert von fast 0,5 Geldeinheiten benötigt, damit er eine Wert-Einheit seines Produktes herstellen kann. Zugleich benötigt die „Landwirtschaft" für diese Aufgabe Primärinputs von rund 0,19 Geldeinheiten. Die übrigen Koeffizienten in Tabelle 3.5 sind auf die gleiche Art zu interpretieren.

Allerdings beschreibt dieser Wert nur den so genannten *direkten* Effekt. Damit der Sektor „Maschinen" an die „Landwirtschaft" die benötigte Menge an Produkten liefern kann, muss er sie erst einmal produzieren. Dazu benötigt der

---

[3]Für die mathematische Darstellung des IO-Modells sind Matrixnotation und Matrizenrechnung von besonderer Bedeutung. Einführende Darstellungen finden sich etwa in Bosch (1989) und Hackl und Katzenbeisser (1995).

Tabelle 3.5: Inputkoeffizienten: Beispiel

	L	S	M
L	0,31	0,03	0,03
S	0,03	0,29	0,63
M	0,47	0,40	0,16
E	0,19	0,29	0,19

Sektor seinerseits Vorleistungen, in erster Linie von der Schwerindustrie (0,625 pro produzierter Einheit), aber auch von sich selbst und in geringem Umfang von der Landwirtschaft. Damit die „Landwirtschaft" eine Wert-Einheit produzieren kann, muss also nicht nur die „Maschinenindustrie" für 0,47 Geldeinheiten mehr produzieren (und die übrigen Sektoren entsprechend der Tabelle), sondern in einer zweiten Runde die „Landwirtschaft" um 0,01 (= 0,47 * 0,025), die „Eisenindustrie" um 0,29 (= 0,47 * 0,625) und der „Maschinenbau" um 0,08 (= 0,47 * 0,16) Geldeinheiten mehr produzieren. Ähnlich wie beim Exportbasismultiplikator lässt sich dieses Argument beliebig oft fortsetzen. Der Gesamteffekt einer Änderung ergibt sich als Summe der Effekte der einzelnen Runden.

Da die Verbindungen zwischen den Sektoren, wie sie sich in der Verflechtungsmatrix ausdrücken, nur die Reaktionen der einzelnen Sektoren aufeinander darstellen, kann eine Änderung nur von der Endnachfrage ausgehen. Der oben beschriebene Mechanismus beschreibt damit auch die Antwort auf die Frage:

„Wie viel müssen die einzelnen Sektoren insgesamt produzieren, damit eine bestimmte Menge an Gütern an die Endnachfrage ausgeliefert werden kann?"

Die Antwort auf diese Frage lässt sich dadurch ermitteln, dass man den oben beschriebenen Mechanismus möglichst viele Runden lang nachvollzieht und die Erfordernisse der einzelnen Runden addiert. Einfacher und eleganter erhalten wir sie, indem wir folgende Matrixgleichung lösen:

$$X = AX + Y \qquad (3.10)$$

Dies ist im Prinzip die gleiche Beziehung, die wir bereits in Gl. (3.9) dargestellt haben. Hier haben wir nur die Zeilensumme über die Verflechtungsmatrix (VI in (3.9)) als Produkt der Matrix der Verflechtungskoeffizienten (A) und des Vektors der Bruttoproduktionswerte (X) dargestellt. Zur Vereinfachung der Notation betrachten wir die Endnachfrage als Vektor und ersparen uns damit die Multiplikation mit dem Einheitsvektor wie in (3.9).

Bringen wir die beiden Summanden in (3.10), die X enthalten, auf eine Seite, so erhalten wir:

$$X - AX = Y \quad \text{bzw.}$$
$$(I - A)X = Y \tag{3.11}$$

Nach den Rechenregeln der Matrizenrechnung[4] ergibt sich daraus:

$$X = (I - A)^{-1}Y \ . \tag{3.12}$$

Der Ausdruck $(I - A)^{-1}$ wird nach dem Entwickler der Input-Output-Analyse als *Leontieff-Inverse* bezeichnet. Ihre Werte geben an, wie viel der Zeilen-Sektor aufgrund von direkten *und indirekten* Effekten mehr produzieren muss, damit der Spalten-Sektor eine Einheit seines Produktes an die Endnachfrage liefern kann. Für unsere hypothetische IO-Tabelle ergeben sich dabei die in Tabelle 3.6 dargestellten Zahlen.

In der Leontieff-Inversen sehen wir, wie stark die einzelnen Sektoren untereinander verflochten sind und auf Nachfrageänderungen reagieren. In unserem Beispiel zeigt sich, dass eine Erhöhung der Nachfrage nach Maschinen nicht nur beim Machinenbau eine starke Nachfrageerhöhung nach sich zieht – nämlich um 2,2 Einheiten –, sondern auch bei der Schwerindustrie (1,9 Einheiten). Die Landwirtschaft hingegen bleibt in unserem hypothetischen Beispiel von diesem Nachfragezuwachs weitgehend unberührt. Sie muss die Produktion nur um 0,15 Einheiten ausweiten. Ganz anders stellt sich die Situation im Falle einer Nachfrageerhöhung nach landwirtschaftlichen Produkten dar. Wie wir in der ersten Spalte von Tabelle 3.6 sehen, verursacht diese bei allen drei Sektoren einen Produktionsanstieg von ungefähr dem gleichen Umfang.

Interessiert uns der Produktionsanstieg insgesamt, den eine Nachfrageerhöhung bei einem der Sektoren auslöst, so müssen wir die Werte in den einzelnen Spalten der Leontieff-Inversen addieren. Tabelle 3.7 zeigt, dass in unserem Beispiel eine Nachfrageerhöhung bei der Landwirtschaft den größten gesamtwirtschaftlichen Effekt verursacht. Ein Wirtschaftspolitiker, der das Ziel verfolgt, durch eine Erhöhung der staatlichen Nachfrage die Wirtschaft anzukurbeln, wäre in unserer hypothetischen Wirtschaft also gut beraten, die Budgetmittel für landwirtschaftliche Produkte auszugeben. Damit erzielt er den höchsten gewünschten Effekt.

Zielt der Wirtschaftspolitiker allerdings darauf ab, die Beschäftigung zu erhöhen, so stellt sich das Problem in etwas anderer Form. Arbeitskräfte werden von den Sektoren in unterschiedlichem Umfang eingesetzt; in welchem, drückt sich in der entsprechenden Zeile der Matrix der Primärinputkoeffizienten aus. Um zu ermitteln, wie sich der Einsatz von Primärinputs bei einer Erhöhung der

---

[4]Das I in (3.11) und (3.12) stellt die Einheitsmatrix dar, eine Matrix mit der gleichen Anzahl an Zeilen und Spalten wie die Matrix A und mit Einsen in der Hauptdiagonale und Nullen sonst. Das hoch gestellte -1 in (3.12) beschreibt die Invertierung dieser Matrix. Diese Operation entspricht in ihrer Funktion der Division beim Rechnen mit Zahlenwerten. Genaueres zu Matrixoperationen kann den Lehrbüchern der Mathematik für Wirtschaftswissenschafter (z.B. Bosch 1989, Hackl und Katzenbeisser 1995) entnommen werden.

Tabelle 3.6: Leontieff-Inverse: Beispiel

	L	S	M
L	1,5637	0,1396	0,1508
S	1,4292	2,5439	1,9414
M	1,5627	1,2931	2,2057

Tabelle 3.7: Gesamteffekte: Beispiel

L	S	M
4,5556	3,9766	4,2979

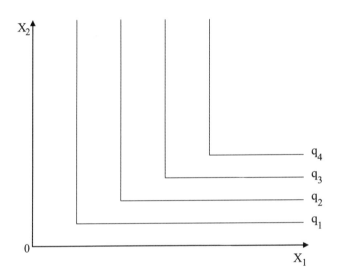

Abbildung 3.4: Isoquanten einer limitationalen Produktionsfunktion

Nachfrage der Sektoren um eine Einheit verändert, müssen wir die Leontieff-Inverse noch mit der Matrix der Primärinputkoeffizienten prämultiplizieren:

$$\Delta E = B(I - A)^{-1} \ .$$

Die Matrix ΔE beschreibt, wie stark die einzelnen Primärinputs (Zeilen) stärker beansprucht werden, wenn sich die Nachfrage nach dem Produkt eines Sektors (Spalten) erhöht. In unserem Zahlenbeispiel ergeben sich dabei zufällig für die drei Sektoren fast identische Werte (1,008; 1,010; 1,011).

Wie zu sehen ist, lassen sich mit Hilfe der Input-Output-Analyse viele verschiedene ökonomische Fragen beantworten. Ausgangspunkt für alle diese Antworten ist die Annahme einer konstanten Koeffizientenmatrix. Das bedeutet, dass die Vorprodukte und Primärinputs in den einzelnen Sektoren unabhängig von der Produktionshöhe immer in den gleichen Verhältnissen eingesetzt werden. Das impliziert eine besondere Form einer Produktionsfunktion, nämlich eine *limitationale Produktionsfunktion*, deren Isoquanten die in Abb. 3.4 dargestellte Form aufweisen. Diese Produktionsfunktion hat die Eigenschaft, dass es unabhängig von den Preisen der Produktionsfaktoren und Vorprodukte für jede Produktionshöhe immer nur eine effiziente Kombination an Produktionsfaktoren und Vorprodukten gibt; den Eckpunkt der entsprechenden Isoquanten. Bei allen anderen Punkten auf der Isoquanten wird die gleiche Produktionsmenge mit höherem Ressourceneinsatz erzeugt. Sie sind also dem Eckpunkt der Isoquanten ökonomisch unterlegen.

Die Annahme einer limitationalen Produktionsfunktion stellt einen wesentlichen Schwachpunkt des IO-Modells dar. Da diese Funktion keinen Platz für eine Veränderung der Einsatzverhältnisse der Faktoren und Vorprodukte lässt, kann das IO-Modell keine Substitutionseffekte und keine endogenen Strukturverschiebungen[5] beschreiben. Das Modell erlaubt auch nicht die Berücksichtigung von Agglomerations- und Skaleneffekten.

Diese Tendenz, von einer gegebenen Struktur auszugehen, sowie der dem Modell innewohnende Multiplikatormechanismus weisen das IO-Modell als engen Verwandten des Exportbasismodells aus. Wie bereits erwähnt, können die Mechanismen des Exportbasismodells sogar als IO-Modell dargestellt werden (Romanoff 1974, Hewings 1985), sodass sich das Exportbasismodell als Spezialfall des IO-Modells präsentiert.

Trotz der formalen Beziehung zwischen dem Exportbasismodell und dem allgemeineren IO-Modell bestehen allerdings Unterschiede darin, wie wir den Multiplikatoreffekt begründet haben: beim Exportbasismodell haben wir mit den Einkommen der Beschäftigten des Exportsektors und deren höheren Ausgaben für Produkte des lokalen Sektors argumentiert, während sich der Multiplikator beim IO-Modell aus der Abhängigkeit des Exportsektors von den Vorprodukten des lokalen Sektors ergibt. Beim Exportbasismodell basiert der Multiplikatoreffekt also auf dem Einkommenskreislauf, beim IO-Modell auf der Intermediärverflechtung.

Da die beiden Elemente des Einkommenskreislaufs, die Faktoreinkommen und die private Nachfrage, beim IO-Modell in der oben skizzierten Art in der Matrix der Primärinputs und in der Endnachfragematrix aufscheinen, stehen sie untereinander nicht in Verbindung. Allerdings ist es relativ leicht, den Einkommenskreislauf in das IO-Modell zu integrieren. Dazu müssen wir nur die Haushalte als eigenen Industriezweig auffassen und die entsprechende Zeile und Spalte der Primärinputs und der Endnachfrage als zusätzliche Zeile und Spalte in die Verflechtungsmatrix übertragen. In vielen IO-Modellen wird diese modifizierte Form verwendet, deren Multiplikator neben der Intermediärverflechtung auch den Einkommenskreislauf berücksichtigt.

---

[5]Natürlich gibt es Modelle, bei denen die Werte der Koeffizientenmatrix den veränderten wirtschaftlichen Gegebenheiten angepasst werden. Diese Anpassung muss allerdings außerhalb des eigentlichen IO-Modells erfolgen.

Bisher haben wir das IO-Modell in seiner grundlegenden Form diskutiert, wie es auch auf gesamtwirtschaftlicher Ebene verwendet wird. Dies war für das grundlegende Verständnis dieses Ansatzes notwendig. Nun wollen wir uns allerdings jenen Aspekten zuwenden, die bei einer regionalen Anwendung des IO-Modells auftreten. Sie fallen im wesentlichen in zwei Kategorien:

1. die Fragen der Datenerhebung, die im Zusammenhang mit der Konstruktion einer regionalen IO-Tabelle auftreten, und
2. die Art der Berücksichtigung der Verflechtungen zwischen den Regionen.

Bei der Konstruktion einer regionalen IO-Tabelle geht man meistens von einer bestehenden nationalen Tabelle aus. Sie wird anhand bestehender Informationen über die regionale Wirtschaftsstruktur und zusätzlicher Annahmen auf die regionale Ebene „heruntergerechnet". Dabei treten natürlich jede Menge an Detailproblemen auf, mit denen wir uns hier nicht beschäftigen wollen. Häufig sind auch zusätzliche Datenerhebungen auf regionaler Ebene notwendig, was die Erstellung einer regionalen Tabelle erheblich verteuert.

Bei der Anwendung des IO-Modells auf regionaler Ebene müssen natürlich auch die grundlegenden Annahmen des Modells auf diese räumliche Ebene übertragen werden. Dies betrifft vor allem die Annahme fixer Inputkoeffizienten, die in einem kleineren Wirtschaftsraum wesentlich problematischer ist. Sie besagt nämlich nun, dass ein Sektor die Vorprodukte von den anderen Sektoren *der Region* in fixen Relationen bezieht. Damit dürfte es also nicht passieren, dass Unternehmen in systematischer Weise regionale Lieferanten durch solche von außerhalb der Region – oder umgekehrt – ersetzen. Sonst würde diese grundlegende Annahme verletzt. Bei einer regionalen Anwendung des IO-Modells wird man sich also mit derartigen Problemen eher auseinander setzen müssen.

Besondere Aufmerksamkeit bei regionalen IO-Modellen gebührt natürlich den regionalen Importen und Exporten. Je nach der Art, wie diese regionalen Verflechtungen berücksichtigt werden, ergeben sich recht unterschiedliche Arten von Modellen.

Bei gesamtwirtschaftlichen IO-Modellen werden Importe und Exporte meistens nur als eine Zeile in der Matrix der Primärinputs (Importe) und eine Spalte in der Endnachfragematrix (Exporte) berücksichtigt. Bei regionalen Modellen ist dies unbefriedigend, weil sich die regionalen Importe und Exporte ja aus zwei Komponenten mit unterschiedlichen Einflussfaktoren zusammensetzen, nämlich

1. aus den Lieferungen aus den und in die anderen Regionen der Volkswirtschaft, die normalerweise keinen besonderen Restriktionen unterliegen, und
2. aus den Lieferungen aus dem und in das Ausland, also dem Anteil der Region an den nationalen Exporten und Importen, die den nationalen Zoll-, Einfuhr- und Kontingentbestimmungen unterliegen.

Zugleich ist die Datenbasis für diese beiden Komponenten der regionalen Exporte und Importe sehr verschieden, sodass sich die Qualität der Informationen oft erheblich unterscheidet. Aus diesen Gründen werden in regionalen IO-Modellen diese beiden Komponenten häufig getrennt behandelt. Die Modelle weisen also *zwei* Import- und *zwei* Exportvektoren auf, einen für den interregionalen und einen für den internationalen Teil.

Bei IO-Modellen für eine Region vermittelt diese Trennung nur ein klareres Bild darüber, woher Nachfrageimpulse kommen. Die grundlegende Struktur des Modells verändert sich damit aber nicht. Liegen allerdings IO-Modelle für *mehrere* Regionen vor, so eröffnet sich mit dieser Trennung die Möglichkeit, die Modelle zu einem *multiregionalen* oder *interregionalen IO-Modell* zu verknüpfen. Dabei wird berücksichtigt, dass die interregionalen Importe einer Region in einer anderen Region als interregionale Exporte aufscheinen müssen. Erhöht sich die Nachfrage nach interregionalen Importen in einer Region, so muss diese Nachfrage aus anderen Regionen exportiert werden. Die erhöhte Exportnachfrage der anderen Regionen kurbelt über den IO-Multiplikator die Produktion an, die ihrerseits wieder zu erhöhter Nachfrage nach (internationalen und interregionalen) Importen führen wird. Mit derartigen Modellen, die die IO-Modelle für mehrere Regionen verknüpfen, ist es also möglich, die indirekten, über die Regionsgrenzen hinausgehenden Effekte einer Nachfrageänderung mitzuerfassen.

Der Unterschied zwischen multiregionalen und interregionalen IO-Modellen besteht darin, wie sie diese Verbindung zwischen den Regionen modellieren. Bei einem multiregionalen IO-Modell (z.B. Leontieff und Strout 1963, Polenske 1972, Kim et al. 1983) wird die Verbindung zwischen den einzelnen regionalen IO-Modellen außerhalb des Schemas der Input-Output-Analyse modelliert. Die Importnachfragen der einzelnen Regionen werden so behandelt, als flössen sie in eine Warenbörse, wo sie zwar nach Sektoren, aber nicht nach ihrer regionalen Herkunft differenziert werden. In dieser Börse wird der Bedarf auf die einzelnen Regionen aufgeteilt, wo er als Exportnachfrage wirksam wird. Wegen der zwischengeschalteten Börse ist eine Zuordnung zur Quellregion nicht mehr möglich.

Abbildung 3.5 stellt die Struktur des multiregionalen IO-Modells schematisch dar. Für jede Region gibt es ein IO-Modell, das die Exporte und Importe in die interregionale und die internationale Komponente trennt. Die Nachfrage nach interregionalen Importen der einzelnen Regionen, symbolisiert durch die schraffierte Zeile in der Primärinputmatrix E, wird in die „Börse" eingebracht, wo sie aggregiert und nach irgendeinem Schema wieder auf die Regionen aufgeteilt wird. Das Ergebnis wird in jeder der Regionen als interregionale Exportnachfrage – schraffierte Spalten in der Endnachfragematrix Y – wirksam.

Multiregionale IO-Modelle unterscheiden sich vor allem dadurch, wie sie den Übergang zwischen interregionalen Exporten und Importen in der „Börse" modellieren. Da sie mit dem formalen Konzept des IO-Modells am besten zusammenpassen, werden auch für diesen Schritt normalerweise Übergangsraten errechnet. Diese berücksichtigen Faktoren wie die Bedeutung der Sektoren in den einzelnen Regionen, die Entfernung zwischen den Regionen, die Preisverhältnisse u. dgl. Bei der Konstruktion der Übergangsraten muss natürlich

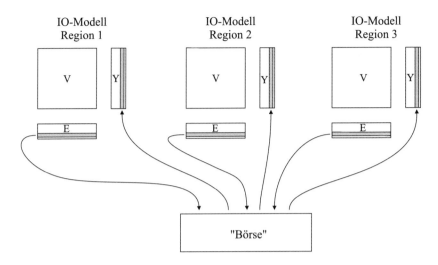

Abbildung 3.5: Struktur des multiregionalen IO-Modells

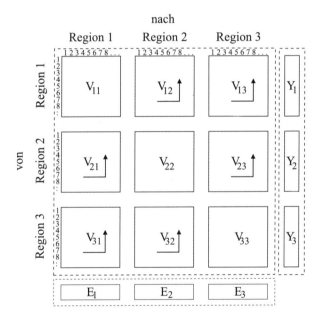

Abbildung 3.6: Struktur des interregionalen IO-Modells

sichergestellt werden, dass zwischen den Regionen gleich viel importiert wie exportiert wird.

Während bei multiregionalen IO-Modellen die IO-Modelle für einzelne Regionen durch einen Güterflussmechanismus verbunden werden, wird bei interregionalen IO-Modellen auch der interregionale Handel dem Konzept des IO-Modells entsprechend behandelt. Die Güterflüsse zwischen den Sektoren der einzelnen Regionen werden nach Quell- und Zielregion *und* nach Quell- und Zielsektor differenziert erfasst und dargestellt.

Abbildung 3.6 stellt diesen Modelltyp schematisch dar. Die mit V_{ii} bezeichneten Felder entlang der Hauptdiagonale stellen die Verflechtungsmatrizen dar, wie sie sich aus den IO-Modellen für die einzelnen Regionen ergeben. Die mit den Pfeilen und mit V_{ij} markierten Felder abseits der Hauptdiagonale beinhalten die nach Quell- und Zielsektoren differenzierten interregionalen Güterströme zwischen Region i und Region j. Das Feld in der fünften Zeile und achten Spalte der Matrix V_{21} enthält also den Wert der Lieferung von Sektor 5 in Region 2 an den Sektor 8 in Region 1. Da diese Matrizen in die gleiche Zahl von Sektoren untergliedert sind, haben sie die gleiche Dimension wie die Verflechtungsmatrizen.

Zusammen weisen die Matrizen V in Abb. 3.6 alle Verflechtungen zwischen den Sektoren und Regionen aus. Gemeinsam ergeben sie daher die Verflechtungsmatrix des interregionalen IO-Modells. Auf gleiche Weise können wir auch die Primärinput- und die Endnachfragematrizen der einzelnen Regionen zusammenfassen. Dies soll durch den strichlierten Rahmen ausgedrückt werden. Das interregionale IO-Modell hat damit die bekannte Struktur des IO-Modells mit einer Verflechtungs-, einer Primärinput- und einer Endnachfragematrix. Obwohl sie in die in Abb. 3.6 dargestellten regionalen Komponenten partitioniert sind, werden sie analytisch nicht anders behandelt, als oben für eine Volkswirtschaft und eine regionale Wirtschaft diskutiert. Dadurch, dass die interregionalen Güterströme direkt in der Verflechtungsmatrix berücksichtigt werden, gehen die oben erwähnten indirekten Effekte nun direkt in die Berechnung des IO-Multiplikators ein. Änderungen bei der Nachfrage in einer Region pflanzen sich in die anderen Regionen fort und wirken bei entsprechender Struktur der IO-Tabelle auch wieder auf die Ausgangsregion zurück.

Das größte Problem bei der Konstruktion interregionaler IO-Modelle ist der enorme Informationsbedarf. Um die IO-Tabelle mit den entsprechenden Werten zu füllen, müssen die Verflechtungen zwischen allen Sektoren und Regionen ermittelt werden. Dies geht erheblich über die Informationserfordernisse eines multiregionalen IO-Modells hinaus. Ein weiteres Problem besteht darin, dass die Annahme konstanter Koeffizienten nun neben den Sektoren auch auf die Regionen angewandt werden muss. Während sich diese Annahme bei der intersektoralen Verflechtung mit einer limitationalen Produktionsfunktion begründen lässt, gibt es kein vernünftiges Argument dafür, dass ein Sektor die Vorprodukte eines anderen Sektors in fixen Proportionen von den verschiedenen Regionen beziehen sollte. Während es dem Maschinenbau schwer fallen dürfte, die Vorleistungen der Schwerindustrie durch jene der Landwirtschaft zu substituieren, gelingt es ihm sicher leicht, Eisen und Stahl aus der eigenen Region durch den aus der Nachbarregion zu ersetzen. Durch dieses Argument wird allerdings eine grundlegende Annahme des IO-Modells in Frage gestellt, auf der die gesamte Analyse beruht. Bei empirischen Anwendungen eines interregionalen IO-Modells wird man versuchen, diesem Problem durch entsprechende

Anpassung einzelner Koeffizienten Rechnung zu tragen.

In allen seinen Ausprägungen baut das IO-Modell auf einer detaillierten Beschreibung der Interdependenzen der Wirtschaft auf und liefert in empirischen Anwendungen daher eine Fülle an Informationen. Doch trotz der verschiedenen möglichen Strukturen und der Vielzahl an Zusammenhängen, die in einem IO-Modell berücksichtigt werden, gehen ebenso wie beim Exportbasismodell alle Veränderungen auf Änderungen der Nachfrage zurück. Nur Veränderungen in der Nachfrage spiegeln sich in diesen Modellen wider. Änderungen der Wirtschaftsstruktur, der Produktionstechnologie, der Menge oder Qualität der Produktionsfaktoren u. dgl. bleiben sowohl im Exportbasismodell als auch im IO-Modell unberücksichtigt.

3.3 Zusammenfassung

Gegenstand dieses Kapitels waren nachfrageorientierte Ansätze zur Erklärung von Regionalentwicklung, also Modelle, die die Auswirkungen einer Veränderung der Nachfrage nach Gütern und Dienstleistungen auf die wirtschaftliche Stellung einer Region untersuchen. Wir haben zwei derartige Modelle etwas genauer dargestellt, nämlich das Modell der Exportbasistheorie und eine regionale Variante der Input-Output-Analyse.

Abschnitt 3.1 ist der Exportbasistheorie gewidmet. Sie sieht im Güter- und Dienstleistungsexport einer Region den Motor für ihre wirtschaftliche Prosperität. Jener Teil der Wirtschaft, der für den regionalen Export produziert, der „basic sector" der Region, bringt zusätzliches Einkommen in die Region, das zum Teil als Nachfrage nach Gütern des lokalen Sektors, des „non-basic sector", wirksam wird. Der ausgelöste Produktionsanstieg führt zu weiterem zusätzlichem Einkommen, das wiederum zusätzliche Nachfrage nach sich zieht. Auf diese Art kommt ein Multiplikatoreffekt in Gang, sodass die Erhöhung des Regionaleinkommens stärker ausfällt als der sie auslösende Anstieg der Exporttätigkeit.

Die Exportbasistheorie gibt eine sehr einfache, kurzfristige Erklärung der wirtschaftlichen Entwicklung. Sie kann bei kleinen Regionen, deren regionaler Exportanteil naturgemäß sehr hoch ist, einen relativ guten Erklärungsbeitrag liefern. Bei großen Regionen, oder wenn es darum geht, längfristige Entwicklungen zu erklären, stößt die Exportbasistheorie an ihre Grenzen.

Abschnitt 3.2 stellt die regionale Input-Output-Analyse dar. Sie ergänzt die normale IO-Analyse, die auf einer detaillierten Beschreibung der Wirtschaftssektoren einer Volkswirtschaft und ihrer Verflechtung aufbaut, um derartige Zusammenhänge auf regionaler Ebene. Da für das Verständnis der regionalen Erweiterung grundlegende Kenntnisse des normalen IO-Modells erforderlich sind, ist ein Gutteil des Abschnitts der Beschreibung der Grundstruktur dieses Modells gewidmet. Erst nach dieser Beschreibung können wir die regionalen Erweiterungen darstellen.

Das IO-Modell geht zwar von einer wesentlich komplexeren Unterteilung der Wirtschaftsstruktur aus als das Exportbasismodell, in ihrer grundlegenden Logik sind einander die beiden Modelle allerdings sehr ähnlich. Im IO-Modell wird die wirtschaftliche Entwicklung von Veränderungen der Endnachfrage getrieben, zu der auch die Exportnachfrage gezählt wird. Da jeder Sektor zur Produktion seiner Güter und Dienste typischerweise Vorleistungen anderer Sektoren benötigt, setzen sich die von der Endnachfrage ausgehenden Impulse durch die gesamte Wirtschaft fort, und es entsteht wiederum ein Multiplikatoreffekt. In der Standardversion des IO-Modells entsteht dieser allerdings nicht durch den Einkommenskreislauf, sondern durch die Vorleistungsverflechtung der Wirtschaft.

Die regionalen Erweiterungen, nämlich das multiregionale und das interregionale IO-Modell, verwenden das IO-Schema, um die interne Struktur der Wirtschaft einer oder mehrerer Regionen zu beschreiben. Deren Verflechtung drückt sich in den regionalen Exporten und Importen aus. Das multiregionale IO-Modell sammelt die Nachfrage der einzelnen regionalen Modelle und teilt sie in einem speziellen Modellteil auf die Importe der Regionen auf. Im interregionalen IO-Modell werden die interregionalen Lieferverflechtungen wie Vorleistungen behandelt, wodurch ein großes IO-Modell entsteht, das neben der sektoralen auch noch eine regionale Gliederung aufweist.

Trotz der gewaltigen Datenerfordernisse von IO-Modellen weisen sie ähnliche Schwächen auf wie das Exportbasismodell. Auch sie eignen sich nur für die Analyse kurzfristiger Wirkungen von Nachfrageänderungen, weil sie zwar die bestehende Wirtschaftsstruktur sehr genau beschreiben, aber deren Konstanz unterstellen.

3.4 Übungsaufgaben und Kontrollfragen

1. *Erläutern Sie den Exportbasismultiplikator und beschreiben Sie, wie er entsteht.*

2. *Welche theoretische Schwächen weist das Exportbasiskonzept auf?*

3. *Diskutieren Sie Parallelen und Unterschiede zwischen Exportbasis- und Input-Output-Modell.*

4. *Beschreiben Sie den Unterschied zwischen einem interregionalen und einem multiregionalen IO-Modell.*

5. *Interpretieren Sie die Koeffizienten in Tabelle 3.6.*

Kapitel 4

Neoklassische Theorie

Die neoklassische Theorie der Regionalentwicklung verwendet die grundlegenden Strukturen der neoklassischen ökonomischen Theorie und wendet sie auf die Fragen der Regionalentwicklung an. Sie fügt sich damit widerspruchsfrei in das umfassende Theoriegebäude der neoklassischen Ökonomik ein und erlaubt es uns damit auch, umfassendere theoretische Zusammenhänge zu untersuchen, als dies bei anderen Regionalentwicklungstheorien der Fall ist.

Die Grundidee der Neoklassik ist denkbar einfach: Treten in einer Wirtschaft irgendwo Knappheiten auf, so kommt es zu Preisunterschieden, die Möglichkeiten für Investitionen, gewinnbringenden Handel oder nutzenerhöhende Verlagerungen von Produktionsfaktoren signalisieren. Da die Wirtschaftssubjekte solche Möglichkeiten nicht ungenutzt lassen, reagieren sie auf die Preisunterschiede so lange, bis diese und die sie verursachenden Knappheiten wieder ausgeglichen sind.

Dieser Mechanismus, der die gesamte neoklassische Ökonomik durchzieht, kann nur dann funktionieren, wenn ihre grundlegenden Annahmen erfüllt sind. Diese Annahmen[1] sind:

1. *Die Wirtschaftssubjekte trachten danach, ihren Nutzen zu maximieren.* Für die Unternehmen ist dies gleichbedeutend mit Gewinnmaximierung. Die Unternehmen und Haushalte der neoklassischen Welt werden also nutzenerhöhende Möglichkeiten, die sich ihnen bieten, sofort nützen.
2. *Die Wirtschaftssubjekte sind über alle relevanten Preise perfekt informiert.* Damit wird – in der Theorie – sichergestellt, dass die Wirtschaftssubjekte die sich ihnen bietenden Möglichkeiten auch erkennen.
3. *Alle Preise sind flexibel.* Sie passen sich unmittelbar der Situation auf dem jeweiligen Markt an, signalisieren also Knappheiten. Dies gilt auch für die Löhne auf dem Arbeitsmarkt.
4. *Auf allen Märkten herrscht atomistische Konkurrenz.* Es stehen einander immer so viele Anbieter und Nachfrager gegenüber, dass keiner den Marktpreis beeinflussen kann.

Eine unmittelbare Konsequenz aus diesen Annahmen ist, dass auf allen Märkten Gleichgewicht herrscht, sich Angebot und Nachfrage also ausgleichen. Wäre dies nicht der Fall, so würde sofort der entsprechende Preis steigen oder fallen, bis ein Marktgleichgewicht erreicht ist. Dies gilt auch für den Arbeitsmarkt; in

---

[1] Wir betrachten hier eine „Lehrbuchversion" der neoklassischen Theorie. In der wissenschaftlichen Literatur existieren zahlreiche Beiträge, die versuchen, einzelne dieser Annahmen abzuschwächen oder gar zu vermeiden.

einer neoklassischen Wirtschaft gibt es also keine unfreiwillige Arbeitslosigkeit. Eine weitere Konsequenz ist die, dass die Produktionsfaktoren nach dem Wert ihres Grenzproduktes entlohnt werden. Jede Arbeits- und Kapitaleinheit erhält also so viel an Lohn bzw. Kapitalzins, wie die letzte davon eingesetzte Einheit zur Produktion beiträgt. Auf weitere Implikationen dieser Annahmen werden wir etwas später eingehen.

Nachfolgend werden wir verschiedene Aspekte der neoklassischen Theorie aus der Sicht der Regionalentwicklung diskutieren. In Abschn. 4.1 stellen wir das Grundmodell der neoklassischen Wachstumstheorie dar und interpretieren es als Wachstumsmodell für eine Region. Im Mittelpunkt steht dabei der endogene Wachstumsprozess durch Kapitalakkumulation. Wenn wir dieses Modell auf mehrere identische Regionen anwenden, diese also unverbunden nebeneinander stellen, so kommt es trotzdem, wie sich zeigt, zu einem Ausgleich von Wachstum und Kapitalintensität zwischen den Regionen.

In Abschn. 4.2 und 4.3 betrachten wir die Verbindungen zwischen den Regionen, einmal über die Mobilität von Produktionsfaktoren (Abschn. 4.2), dann über den interregionalen Handel (Abschn. 4.3). Beide Mechanismen unterstützen die Ausgleichstendenzen des in Abschn. 4.1 dargestellten Grundmodells der neoklassischen Wachstumstheorie.

4.1 Wachstum in einer Region – das Grundmodell der neoklassischen Wachstumstheorie

Das Grundmodell der neoklassischen Wachstumstheorie, wie wir es hier verwenden wollen, geht auf Solow (1956) zurück. Ausgangspunkt ist die aggregierte Produktionsfunktion, die wir bereits in Kap. 2 kennen gelernt haben,

$$Y = F(K, L) \ .$$

Diese Funktion gibt an, welche Menge an Gütern Y mit den vorhandenen Mengen an Kapital K und Arbeitseinsatz L mit der derzeitigen Produktionsweise maximal produziert werden kann.

Die neoklassische Theorie nimmt üblicherweise an, dass die Produktionsfunktion bezüglich des Arbeits- und Kapitaleinsatzes konstante Skalenerträge aufweist. Das heißt, dass allein die Größe einer Produktionseinheit oder Region keinen wirtschaftlichen Vorteil ergibt.[2]

Während Skalenerträge sich auf gleichzeitige proportionale Veränderung von Kapital *und* Arbeit beziehen, ergeben marginale Änderungen nur eines Produktionsfaktors das Grenzprodukt dieses Faktors. Hier nimmt die neoklassische Theorie an, dass das Grenzprodukt positiv ist, aber mit zunehmender Menge des eingesetzten Faktors abnimmt.[3]

Eine häufig verwendete Funktion, die diesen Annahmen entspricht, ist die Cobb–Douglas-Produktionsfunktion:

---

[2]Formal betrachtet heißen konstante Skalenerträge, dass für jedes $k > 0$ gilt, $F(kK, kL) = kF(K, L)$.

[3]Formal: $\partial Y/\partial K > 0$, $\partial Y/\partial L > 0$ und $\partial^2 Y/\partial K^2 < 0$, $\partial^2 Y/\partial L^2 < 0$.

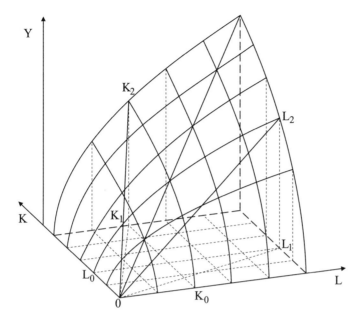

Abbildung 4.1: Eine den Annahmen entsprechende (Cobb–Douglas-)Produktionsfunktion

$$Y = K^\alpha L^{1-\alpha} \ .$$

Abbildung 4.1 stellt diese Funktion graphisch dar. Dabei ist zu beachten, dass wir einerseits aus dem Ursprung des Koordinatensystems Gerade auf die Oberfläche der Funktion legen können (z.B. 0, L_1, L_2 und 0, K_1, K_2) und dass wir bei Schnitten parallel zu den von der K- bzw. L- und der Y-Achse aufgespannten Koordinatenebenen (z.B. K_0, K_1, K_2 und L_0, L_1, L_2) immer Kurven mit positiver, aber abnehmender Steigung erhalten. Die erste Eigenschaft ergibt sich aus der Annahme konstanter Skalenerträge, die zweite aus jener des abnehmenden Grenzprodukts der Produktionsfaktoren.

Technischer Fortschritt wird in der neoklassischen Theorie als exogen gegeben angesehen. Er wird außerhalb des Wirtschaftssystems bestimmt, fällt also „wie Manna vom Himmel". Formal drückt sich dies dadurch aus, dass der Stand des technischen Wissens im Grundmodell der neoklassischen Wachstumstheorie als Funktion der Zeit spezifiziert wird.[4] Natürlich ist diese Art der Einbeziehung des technischen Fortschritts recht unbefriedigend. Sie stellt einen wesentlichen Kritikpunkt an der neoklassischen Theorie dar. Einige neuere theoretische

---

[4]Es gibt verschiedene Möglichkeiten, technischen Fortschritt in die formale Darstellung des Modells zu integrieren. In manchen Fällen haben sie verschiedene Implikationen und führen im Detail zu unterschiedlichen Schlussfolgerungen. Für unsere Darstellung sind diese Unterschiede allerdings nicht von Bedeutung.

Konzepte haben sich gerade auf den technischen Fortschritt konzentriert und versucht herauszuarbeiten, welche Einflussfaktoren für sein Entstehen wichtig sind. Wir werden auf diese Konzepte in Kap. 6 und 7 genauer eingehen.

Da alle Wirtschaftssubjekte perfekt informiert sind und trachten, ihren Gewinn oder Nutzen zu maximieren, schöpfen sie immer alle Möglichkeiten aus, produzieren also immer den von der Produktionsfunktion angegebenen Wert. Daher gibt es in der neoklassischen Theorie nur drei Faktoren, die zu einer Erhöhung des Output, also zu Wachstum führen können:

1. eine Erhöhung des Kapitaleinsatzes,
2. eine Erhöhung des Arbeitseinsatzes und
3. technischer Fortschritt.

Nachdem wir die Rolle des technischen Fortschritts in der neoklassischen Theorie bereits kurz angesprochen haben (s. auch Kap. 6), wollen wir uns nun auf die beiden anderen Faktoren konzentrieren. Da das Grenzprodukt beider Produktionsfaktoren positiv ist, steigt das Produktionsniveau sowohl bei einer Erhöhung von K als auch bei einer von L. Ändert sich allerdings nur ein Faktor, beispielsweise der Arbeitseinsatz, so ist zu bedenken, dass sich damit das Einsatzverhältnis der beiden Produktionsfaktoren verschiebt. Wie oben angeführt, nimmt die neoklassische Theorie an, dass bei Erhöhung nur eines Faktors das Grenzprodukt dieses Faktors sinkt. Das heißt, dass, wenn nur die eingesetzte Arbeitsmenge zunimmt, der Kapitaleinsatz aber unverändert bleibt, die Arbeitskräfte pro Arbeitsstunde weniger Lohn erhalten. Geht die Erhöhung der Arbeitsleistung ausschließlich auf einen Zuwachs der Zahl der Arbeitskräfte zurück, sodass also die Arbeitsleistung pro Arbeitskraft unverändert ist, so geht das Wachstum an Wirtschaftsleistung mit einem Rückgang des Pro-Kopf-Einkommens einher.

Das konträre Ergebnis erhalten wir, wenn sich nur der Kapitaleinsatz erhöht, L jedoch unverändert bleibt. In diesem Fall erhöht sich die Kapitalintensität des einzelnen Arbeitsplatzes (d.h. K/L) und das Grenzprodukt des Faktors Arbeit steigt. Nachdem die Produktionsfaktoren gemäß den Annahmen der neoklassischen Theorie entsprechend dem Wert ihres Grenzprodukts entlohnt werden, können sich die einzelnen Arbeitskräfte über höhere Löhne freuen.

Im Grundmodell der neoklassischen Wachstumstheorie wird nicht nur das technische Wissen als exogen determiniert angesehen, sondern auch das Angebot an Arbeit. Nur der Kapitalbestand wird innerhalb des Modells, also endogen, bestimmt. Um die Darstellung möglichst einfach zu halten, gehen wir von konstantem technischem Wissen und konstantem Arbeitsangebot aus und konzentrieren uns auf den Prozess der Kapitalakkumulation. Um den Kapitalbestand zu erhöhen, muss die Wirtschaft investieren. Investiert werden kann aber nur, was zuerst produziert und nicht konsumiert, sondern gespart wurde. Gehen wir von einer konstanten Sparquote s aus, so ergeben sich die Investitionen als fixer Prozentsatz der Produktionshöhe.

Allerdings erhöhen nicht alle Investitionen den Kapitalbestand der Wirtschaft. Investitionen sind auch dazu notwendig, um jenen Teil des Kapital-

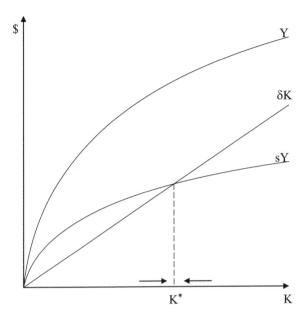

Abbildung 4.2: Gleichgewicht des Kapitalbestandes

bestandes zu ersetzen, der in einer bestimmten Periode veraltet und damit unbrauchbar wird. Wie viel Kapital in einer Periode abzuschreiben ist, hängt von vielen Faktoren ab, etwa davon, welche neuen Investitionsgüter auf den Markt gekommen sind, ob sie für die Produktionsweise eines Unternehmens eingesetzt werden können u. dgl. Im Modell nimmt man üblicherweise eine konstante Abschreibungsrate δ an, das heißt also, dass in jeder Periode ein bestimmter Prozentsatz des vorhandenen Kapitalbestandes abgeschrieben wird. Für die Nettoinvestition, I, gilt daher:

$$I = sY - \delta K \ . \qquad\qquad (4.1)$$

Erhöht sich nun, so wie oben diskutiert, der Kapitalbestand unserer Wirtschaft (bei konstantem Arbeitseinsatz und ohne technischen Fortschritt), so geht mit der Zunahme des Kapitalbestandes auch ein Anstieg der Abschreibungen einher. Da das Grenzprodukt der zusätzlichen Kapitaleinheit mit dem Anstieg des Kapitalbestandes allerdings abnimmt, flacht sich einerseits der Anstieg der Produktionshöhe, andererseits wegen der fixen Sparquote aber auch jener der Ersparnisse ab. Damit wächst zwar mit zunehmendem Kapitalbestand der Bedarf an Ersatzinvestitionen, wegen des beschränkten Sparkapitals können aber die Investitionen damit ab einem bestimmten Punkt nicht mithalten. Damit ist ein Punkt erreicht, ab dem der Kapitalbestand und damit das Pro-Kopf-Einkommen der Arbeitskräfte nicht mehr weiter wachsen kann.

Dieser Zusammenhang ist in Abb. 4.2 dargestellt. Dabei sind auf der horizontalen Achse die Höhe des Kapitalbestandes und auf der vertikalen Ach-

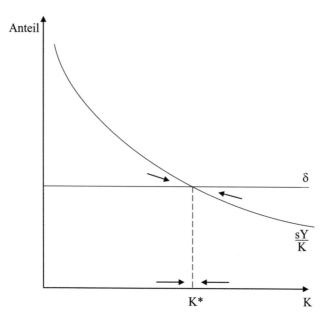

Abbildung 4.3: Gleichgewicht des Kapitalbestandes – Ratendarstellung

se Produktion, Sparen und Abschreibungen aufgetragen. Die Funktion Y repräsentiert den Schnitt durch die Produktionsfunktion bei gegebenem Arbeitseinsatz und technischem Wissen. Wegen der oben diskutierten Annahme des abnehmenden Grenzprodukts weist diese Funktion abnehmende Steigung auf. Die Funktion sY repräsentiert jenen Teil der Produktion, der gespart und damit auch investiert wird. Da sie sich aus der Funktion Y einfach durch Multiplikation mit der konstanten Sparquote s ergibt, weist auch die Funktion sY abnehmende Steigung auf. Die Funktion δK andererseits gibt die Höhe der Abschreibung bei verschiedenen Werten von K an. Wegen der konstant angenommenen Abschreibungsrate repräsentiert sie eine Gerade durch den Ursprung mit Steigung δ. Beim Punkt K^* kommt der Kapitalzuwachs zum Stillstand. An diesem Punkt wird gerade so viel investiert (Funktion sY), dass die Abschreibungen (Funktion δK) ersetzt werden. Der Netto-Kapitalzuwachs ist damit gleich null. Aus (4.1) ist leicht herzuleiten, dass an diesem Punkt

$$\frac{K}{Y} = \frac{s}{\delta}$$

gelten muss. An diesem Gleichgewichtspunkt muss also der Kapitalanteil an der Produktion gleich dem Verhältnis zwischen Sparquote und Abschreibungsrate sein.

   Es ist auch leicht zu sehen, dass die Wirtschaft bei zufälligen Abweichungen von K^* automatisch wieder zu diesem Punkt zurückkehrt. Bei einem kleineren Kapitalbestand als K^* übersteigen die Investitionen die Abschreibungen, sodass der Kapitalbestand wächst. Liegt der Kapitalbestand über K^*, so reichen die Investitionen nicht mehr aus, um die Abschreibungen zu ersetzen, sodass der Kapitalbestand sinkt. Wirtschaften mit einem Kapitalbestand unter K^* wachsen also, und zwar tendenziell umso stärker, je weiter sie unter diesem Gleichgewichtspunkt liegen. Wirtschaften mit einem Kapitalbestand über K^* schrumpfen hingegen, weil die Bevölkerung weniger spart als für Ersatzinvestitionen notwendig ist.

Zusätzlichen Einblick in diesen Zusammenhang liefert Abb. 4.3. Sie stellt die beiden Kurven sY und δK aus Abb. 4.2 *relativ zum Kapitalbestand* dar. Die Kurve δ zeigt uns, welcher Anteil des Kapitalbestandes in einer Periode veraltet – dieser Anteil ist annahmegemäß konstant. Die Kurve sY/K gibt an, um wie viel Prozent der Kapitalbestand durch Investition erhöht werden kann. Wegen der fallenden Grenzproduktivität nimmt dieser Anteil mit wachsendem Kapitalbestand ab. Der Gleichgewichts-Kapitalbestand K^* ist wiederum durch den Schnittpunkt der beiden Kurven gegeben. Der Vorteil der Abb. 4.3 gegenüber der Abb. 4.2 liegt darin, dass sich in Letzterer die – positive oder negative – Wachstumsrate des Kapitalbestandes leichter ablesen lässt; nämlich als vertikale Differenz zwischen den beiden Kurven. Analog zu Abb. 4.2 nimmt links von K^* der Kapitalbestand zu, rechts von K^* ab.

Dieser Mechanismus impliziert eine Ausgleichstendenz des neoklassischen Modells. Zwei identisch ausgestattete Regionen[5], von denen eine aus irgendwelchen Gründen einen von K^* abweichenden Kapitalbestand aufweist, werden durch diesen Prozess der endogenen Bestimmung des Kapitalbestandes wieder einander angeglichen. Dies obwohl die beiden Regionen völlig unverbunden nebeneinander stehen. Das Grundmodell der neoklassischen Wachstumstheorie geht von geschlossenen räumlichen Einheiten aus, es werden also weder Güter noch Produktionsfaktoren zwischen Regionen ausgetauscht. Der Ausgleich ergibt sich einfach aus dem regionsinternen Mechanismus, dass nämlich in einer Region mit relativ niedrigem Kapitalbestand dieser rascher wächst als in einer Region mit relativ hohem Kapitalbestand. Dadurch tendiert jede Region auf jenen Punkt zu, der durch den Gleichgewichtskapitalbestand K^* beschrieben wird, und zwar umso rascher, je weiter sie davon entfernt ist.

Wenn es keinen technischen Fortschritt gibt, so kann Kapitalzuwachs alleine keinen dauerhaften Wachstumsprozess in der Wirtschaft bewirken. Er kommt wegen des fallenden Grenzprodukts des Kapitals und der steigenden Abschreibungen zum Stillstand. Verbessert sich allerdings die Produktionstechnologie der Wirtschaft, so schiebt der technische Fortschritt die Produktionsfunktion – und damit auch die Funktion sY – kontinuierlich nach oben bzw. den K^* bestimmenden Schnittpunkt der beiden Kurven in Abb. 4.2 nach rechts. Mit dem technischen Fortschritt wachsen auch Kapitaleinsatz, Arbeitsproduktivität und Pro-Kopf-Einkommen. Dieser Wachstumsprozess wird nun nicht mehr von internen Faktoren des Modells zum Stillstand gebracht.[6] Er kann kontinuierlich

---

[5]Diese Regionen weisen also identische Kurven sY und δK auf.

[6]Allerdings wird der Wachstumsprozess von einem Mechanismus angetrieben, der *außerhalb* des Modells liegt. Streng genommen kann damit das neoklassische Wachstumsmodell

ablaufen.

Lange Zeit wurde dieses Ergebnis in der Ökonomik und insbesondere in der Wirtschaftspolitik unkritisch verallgemeinert. Dabei wurde allerdings übersehen, dass es auf den stark vereinfachenden und sehr restriktiven Annahmen des neoklassischen Modells basiert und sich außerdem nur auf jene Faktoren beziehen kann, die im Modell enthalten sind. Seit den frühen siebziger Jahren wissen wir allerdings, dass auch dieser Entwicklungsprozess durch knappe natürliche Ressourcen und durch Rückwirkungen über das ökologische System beschränkt werden kann. Diese Mechanismen sind nicht Gegenstand unserer Diskussion und seien daher nur am Rande angeführt. Der interessierte Leser sei auf Wicke (1982) und Kneese und Sweeney (1982a,b, 1993) verwiesen.

4.2   Wachstumsausgleich durch Faktorwanderung

Bisher haben wir uns in unserer Diskussion des neoklassischen Modells nur mit dem Wachstumsprozess innerhalb einer Volkswirtschaft, also etwa einer Region, beschäftigt. Zu welchen Ergebnissen führt das neoklassische Modell im Fall von mehreren Regionen? Welche Beziehungen ergeben sich zwischen diesen, und wie wirkt sich das Wachstum einer Region auf die anderen Regionen aus? Mit diesen Fragen wollen wir uns in diesem und dem nächsten Abschnitt beschäftigen. In diesem Abschnitt konzentrieren wir uns dabei auf die Seite der Produktionsfaktoren, im nächsten Abschnitt wollen wir diese Fragen dann von der Seite des Gütermarktes aus betrachten.

In dem einfachen neoklassischen Modell haben wir zwei Produktionsfaktoren unterschieden: Arbeit und Kapital. Wegen der grundlegenden Annahmen der Neoklassik werden beide Produktionsfaktoren nach dem Wert ihres Grenzprodukts entschädigt. Im Falle des Faktors Arbeit ist dies der Lohnsatz, im Fall des Kapitals der Kapitalzins. Da alle Wirtschaftssubjekte danach trachten, ihren Nutzen zu maximieren, fließen Arbeit und Kapital immer in jene Nutzung, die ihnen den höchsten Lohnsatz oder Kapitalzins bietet.[7]

Zusätzlich zu den oben angeführten Annahmen wollen wir nun auch unterstellen, dass die Produktionsfaktoren zwischen den Regionen vollkommen mobil sind.[8] Vollkommene Mobilität zwischen den Regionen bedeutet, dass keine Transportkosten anfallen, wenn die Produktionsfaktoren von einer Region in eine andere verfrachtet werden. Damit ignoriert dieses einfache Modell der Neoklassik nicht nur die räumliche Dimension innerhalb der Regionen, sondern eliminiert durch ihre Annahmen auch die Distanzen zwischen den Regionen aus dem Modell.

Um zu sehen, wie sich diese Annahmen auf den Entwicklungsprozess beider Regionen auswirken, nehmen wir zwei Regionen (Region 1 und 2) an, die die

---

den Wachstumsprozess nicht erklären. Ausführlicher werden wir auf diesen Punkt in Kap. 6 eingehen.

[7] Also in jene Nutzung, in der sie am produktivsten sind.

[8] Die Güter nehmen wir weiterhin als immobil an. Es gibt also keinen Handel zwischen den Regionen.

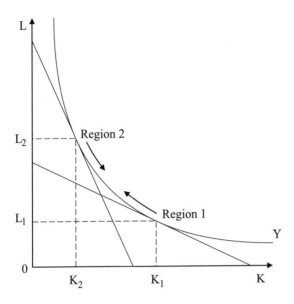

Abbildung 4.4: Faktorwanderung bei interregionalen Unterschieden

gleiche Produktionstechnologie verwenden, wobei aber aufgrund einer exogenen Störung eine Region – sagen wir Region 1 – kapitalintensiver produziert als die andere (Abb. 4.4). Da also Region 1 relativ mehr Kapital einsetzt als Arbeitskräfte, wird in dieser Region der Lohnsatz über jenem in Region 2 liegen, der Kapitalzins darunter. Dies ergibt sich daraus, dass das Grenzprodukt des Kapitals aufgrund des höheren Kapitaleinsatzes niedriger sein muss als in Region 2, jenes des Faktors Arbeit aus dem gleichen Grund höher. Damit besteht nun allerdings ein Anreiz für die Arbeitskräfte, von Region 2 in Region 1 zu wandern. Da sich das Kapital am Kapitalzins orientiert, wird es in umgekehrter Richtung, nämlich von Region 1 in die Region 2, wandern.

Diese Wanderungsbewegungen führen aber nun dazu, dass sich die Einsatzverhältnisse von Kapital und Arbeit in den beiden Regionen verschieben. Region 1, die ursprünglich kapitalintensivere, wird weniger kapitalintensiv (Kapital wandert ab, Arbeitskräfte wandern zu), Region 2 mehr (Kapital wandert zu, Arbeitskräfte wandern ab). Damit beginnen sich die Kapitalintensitäten der beiden Regionen anzugleichen. Dieser Prozess kommt erst zum Stillstand, wenn keine Unterschiede in Lohnhöhe und Kapitalzins mehr zwischen den beiden Regionen bestehen. Die ungehinderte Faktorwanderung führt also im neoklassischen Modell zu einem Ausgleich von Lohn- und Zinsunterschieden zwischen den Regionen.

Abbildung 4.5 stellt diesen Prozess graphisch dar. Auf der X-Achse tragen wir die Kapitalintensität (K/L) auf. Auf der Y-Achse messen wir nach oben das Grenzprodukt des Kapitals, nach unten das Grenzprodukt der Arbeit. Die beiden Kurven zeigen, welche Werte bei unterschiedlicher Kapitalintensität er-

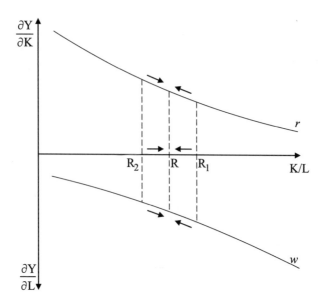

Abbildung 4.5: Ausgleich der Kapitalintensität durch Faktorwanderung

reicht werden. Da die Produktionsfaktoren nach dem Wert ihres Grenzprodukts entlohnt werden, bezeichnen wir die Kurven mit w und r für den Lohnsatz bzw. den Kapitalzins. Die oben diskutierten beiden Regionen sind durch die Punkte R_1 und R_2 repräsentiert. Auf den beiden Kurven sehen wir die Unterschiede in Lohnhöhe und Kapitalzins. Wegen der davon ausgelösten Faktorwanderung bewegen sich R_1 und R_2 aufeinander zu, bis sie sich in einem Punkt – z.B. R – treffen. An diesem Punkt weisen beide Regionen die gleiche Kapitalintensität auf und entlohnen Arbeit und Kapital gleich.

Diese Vorstellung des Ausgleichs durch Faktorwanderung lässt sich in folgendem, auf Borts und Stein (1964) basierenden Satz von Gleichungen veranschaulichen (s. auch Richardson 1969, 1973; Buttler et al. 1977; Schätzl 1988);

$$\Delta K_i \;=\; s_i Y_i + \sum_j K_{ji} \;, \qquad\qquad (4.2)$$

$$\Delta L_i \;=\; N_i + \sum_j M_{ji} \;, \qquad\qquad (4.3)$$

$$K_{ji} \;=\; k(r_i - r_j) \qquad \text{mit} \quad k(0) = 0, \; k' > 0 \;, \qquad (4.4)$$

$$M_{ji} \;=\; m(w_i - w_j) \qquad \text{mit} \quad m(0) = 0, \; m' > 0 \;. \qquad (4.5)$$

Dabei bezeichnet ΔK_i die Veränderung des Kapitals in Region i, ΔL_i jene der Arbeit, N_i ist die natürliche Bevölkerungsveränderung[9] in Region i. Mit K_{ji} und M_{ji} wird der Nettostrom an Kapital bzw. Arbeit von Region j nach Region

---

[9]Zur Vereinfachung unterstellen wir, dass die gesamte Bevölkerung in den Arbeitspro-

i bezeichnet. Die Größen r und w stellen Kapitalzins und Lohnsatz dar, die ja entsprechend den Annahmen des Modells gleich den Wert-Grenzprodukten von Arbeit und Kapital sind.

Gleichungen (4.2) und (4.3) sind Identitäten, die die bereits in Kap. 2 beschriebenen Verflechtungen zwischen den Regionen darstellen. Arbeit oder Kapital kann entweder aus der Region selbst kommen (N_i bzw. $s_i Y_i$) oder aus anderen Regionen zu- oder in diese abfließen. Die Summenausdrücke in (4.2) und (4.3) beschreiben also die Netto-Verflechtung der Region i mit allen anderen Regionen. Erleidet die Region i einen Netto-Abfluss von Kapital oder Arbeitskräften, so ist die entsprechende Summe negativ.

Gleichungen (4.4) und (4.5) sind Verhaltensgleichungen und repräsentieren die Annahme, dass Faktorwanderungen durch Unterschiede in deren Entlohnung ausgelöst werden und dass die Faktoren dorthin wandern, wo sie besser entlohnt werden. Die angeführten Eigenschaften bedeuten,

1. dass die Faktorwanderung bei ausgeglichenen Faktorpreisen zum Erliegen kommt ($k(0) = m(0) = 0$) und
2. dass bei positiver Differenz der Faktorpreise ($r_i > r_j$ bzw. $w_i > w_j$) Faktoren zu-, bei negativer Differenz abwandern ($k' > 0$, $m' > 0$).

Insgesamt ergeben diese Gleichungen wiederum den bereits in Abb. 4.5 dargestellten Prozess: Ist ein Produktionsfaktor in einer Region knapp, so wird er dort entsprechend seinem höheren Wert-Grenzprodukt höher entlohnt als in anderen Regionen. Dies löst einen Netto-Zustrom dieses Produktionsfaktors aus, wodurch der Bestand dieses Faktors stärker wächst und die Knappheit eliminiert wird.

Dieser Ausgleichsprozess durch Faktorwanderung läuft zusätzlich zu dem in Abschn. 4.1 beschriebenen Ausgleichsprozess durch Kapitalakkumulation ab und verstärkt diesen. Dadurch dass Kapital in die relativ arbeitsintensivere Region fließt, wird das ohnehin stärkere Kapitalwachstum dort weiter beschleunigt. Der umgekehrte Mechanismus bremst die Kapitalakkumulation in der kapitalintensiveren Region zusätzlich ein.

4.3 Wachstumsausgleich durch interregionalen Handel

Nachdem wir im vorangegangenen Abschnitt der Frage nachgegangen sind, wie sich Faktorwanderung auf das regionale Wachstum auswirkt, wollen wir nun die Auswirkungen von interregionalem Handel untersuchen. Dabei knüpfen wir an der außenhandelstheoretischen Analyse von Heckscher und Ohlin (1991) an. Während wir in Abschn. 4.2 davon ausgegangen sind, dass zwischen den Regionen kein Handel getrieben wird, unterstellen wir nun, dass sie keine Produktionsfaktoren austauschen. Wir nehmen also an, dass Güter vollkommen mobil, Produktionsfaktoren hingegen vollkommen immobil sind. Dies entspricht zwar

---

zess integriert ist. Genau genommen muss es sich natürlich immer um die Bevölkerung im erwerbsfähigen Alter handeln.

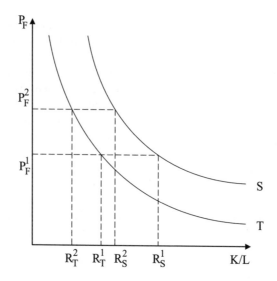

Abbildung 4.6: Auswirkungen des Handels: Ausgangssituation

ebenso wenig der Realität wie die Annahmen in Abschn. 4.2, beide Bündel von Annahmen sind aber notwendig, um die Effekte sauber untersuchen zu können.

Wie im vorangegangenen Abschnitt gehen wir wiederum von zwei Regionen aus (Region 1 und 2), die die gleiche Produktionstechnologie verwenden, sich aber in der Ausstattung mit Arbeit und Kapital unterscheiden. Region 1 verfüge über relativ mehr Kapital, Region 2 über relativ mehr Arbeit. Um die Auswirkungen interregionalen Handels herauszuarbeiten, benötigen wir zwei Güter, wobei eines – nennen wir es „Textilien" – arbeitsintensiv produziert wird, das andere – sagen wir „Stahl" – kapitalintensiv (s. auch Armstrong und Taylor 1993).

Wir gehen von der Situation aus, in der kein Handel betrieben wird. Diese Ausgangssituation ist in Abb. 4.6 dargestellt. Auf der X-Achse haben wir die Kapitalintensität (K/L) aufgetragen, auf der Y-Achse den Preis von Kapital relativ zu dem für Arbeit $(P_F = P_K/P_L)$. Nachdem Region 1 über mehr Kapital verfügt, wird der relative Preis von Kapital (P_F^1) dort niedriger sein als in Region 2 (P_F^2).

Da sich die Produktionstechnologien zwischen den Regionen nicht unterscheiden, können die Industrien in beiden Regionen auf gleiche Weise Arbeit gegen Kapital und umgekehrt substituieren. Dies drückt sich in Abb. 4.6 in den beiden Kurven T (für die Textilindustrie) und S (für die Stahlindustrie) aus. Sie geben an, mit welcher Kapitalintensität die beiden Industrien bei den verschiedenen Faktorpreisverhältnissen produzieren. Da die Stahlindustrie annahmegemäß kapitalintensiver ist, wird sie bei einem gegebenen relativen Preis für Kapital immer kapitalintensiver produzieren als die Textilindustrie. Die Kurve S liegt daher rechts von T.

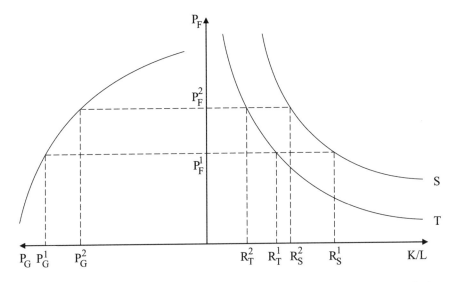

Abbildung 4.7: Auswirkungen des Handels: Faktor- und Güterpreisrelationen

Da Kapital in Region 1 leichter verfügbar und damit billiger ist als in Region 2, wird jede der beiden Industrien in Region 1 relativ mehr Kapital einsetzen (d.h. kapitalintensiver produzieren) als die entsprechende Industrie in Region 2. R_T^1 liegt also rechts von R_T^2 und R_S^1 rechts von R_S^2. In beiden Regionen liegt allerdings die Kapitalintensität der Stahlindustrie über jener der Textilindustrie ($R_S^1 > R_T^1$ und $R_S^2 > R_T^2$).

Die unterschiedlichen Faktorpreise und die Unterschiede in der Faktorintensität der beiden Sektoren wirken sich auf die Güterpreise in den beiden Regionen aus. Da die Textilindustrie in Region 1 mehr von dem dort knappen Faktor Arbeit benötigt als die Stahlindustrie, können Textilien dort nur relativ teuer produziert werden. Gleiches gilt für die Stahlindustrie in Region 2. In Region 1 wird daher der Preis für Textilien relativ zum Stahlpreis hoch sein, in Region 2 niedrig. Abbildung 4.7 erweitert Abb. 4.6 um diesen Aspekt. Wir tragen auf der X-Achse nach links den Preis von Textilien relativ zum Stahlpreis auf ($P_G = P_T/P_S$). Die Kurve G transferiert das auf der Y-Achse aufgetragene Faktorpreisverhältnis in das Güterpreisverhältnis P_G.

Lassen wir in dieser Situation interregionalen Handel zu, so werden Textilien von Region 2 nach Region 1 verkauft werden, Stahl hingegen von Region 1 nach Region 2. Wie wir weiter unten zeigen werden, sind für diese Handelsströme nicht die absoluten, sondern die relativen Preise relevant. Durch diese Güterströme kann sich nun aber jede Region auf jenes Produkt spezialisieren, für das sie besser ausgestattet ist: die mit mehr Kapital ausgestattete Region 1 auf die Produktion von Stahl, die an Arbeitskräften reichere Region 2 auf Textilien. In beiden Regionen wird dadurch der billigere Produktionsfaktor intensiver, der teurere hingegen weniger intensiv genutzt. Dies führt allerdings

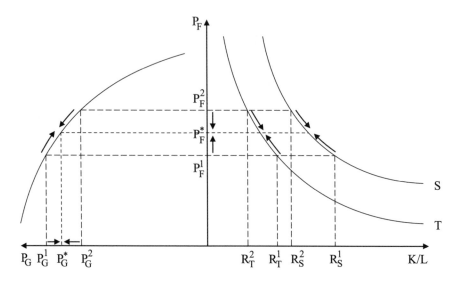

Abbildung 4.8: Ausgleich der Güter- und Faktorpreisrelationen durch Handel

dazu, dass sich die relativen Faktorpreise P_F^1 und P_F^2 aufeinander zubewegen. In Region 1 wird der Preis für Kapital steigen, jener für Arbeit sinken, wodurch P_F^1 ansteigt. In Region 2 entwickeln sich die Preise in umgekehrter Richtung, P_F^2 sinkt dadurch. Damit kommt es einerseits zu einer Angleichung der relativen Güterpreise, andererseits auch zu einem Ausgleich der Kapitalintensitäten zwischen den Regionen in jedem der beiden Sektoren. In Abb. 4.8 ist diese Entwicklung durch die Pfeile angezeigt. In einer neoklassischen Welt wird sie so lange ablaufen, bis die Gleichgewichtspreise P_F^* und P_G^* erreicht sind. Interregionaler Handel führt also zu einem Ausgleich der relativen Faktorpreise, selbst wenn die Produktionsfaktoren nicht zwischen den Regionen wandern.

Fließen durch den interregionalen Handel billige Textilien aus Region 2 nach Region 1, so bedeutet das für die Textilindustrie in Region 1 eine übermächtige Konkurrenz. Die Textilindustrie in Region 1 wird Märkte verlieren und Arbeitskräfte freisetzen.[10] Weder die Textilunternehmer noch ihre Beschäftigten werden über die neue Konkurrenz sehr erfreut sein. Sie werden die Öffentlichkeit auf ihre missliche Lage aufmerksam machen und vielleicht versuchen, den Staat zu protektionistischen Maßnahmen zu bewegen. Dadurch kann der Eindruck entstehen, als wäre der interregionale Handel für die Wirtschaft der Region von Nachteil. Den Problemen der Textilindustrie in Region 1 stehen allerdings die zusätzlichen Exporte der Stahlindustrie der Region entgegen. Um die Auswirkungen des interregionalen Handels auf die Region insgesamt einzuschätzen, sind alle seine Auswirkungen zu berücksichtigen.

Durch den interregionalen Handel ergibt sich für die Regionen die Möglich-

---

[10]Die Option, Produktionskapazitäten in die Region 2 zu verlagern, haben wir durch die Annahme ausgeschlossen, dass Produktionsfaktoren vollkommen immobil sind.

Tabelle 4.1: Beispiel: Für die Produktion einer Einheit aufzuwendende Arbeitsstunden

	Region 1	Region 2
Textil	2	10
Stahl	10	20

keit, sich auf die Produktion jenes Gutes zu spezialisieren, das sie im Vergleich zum anderen billiger herstellen kann. Damit können die insgesamt von beiden Regionen benötigten Güter billiger produziert werden, weil nicht mehr in jeder der Regionen ein Teil der vorhandenen Ressourcen für die Produktion jenes Gutes aufgewendet werden muss, für das die Region nicht entsprechend ausgestattet ist.

Die grundlegende Erkenntnis der Theorie von Heckscher und Ohlin kann leicht auf mehr Ressourcen als nur Arbeit und Kapital ausgedehnt werden. Rohstoffe und andere natürliche Ressourcen sind ein nahe liegendes Beispiel. Diese Ressourcen sind üblicherweise an einen Standort gebunden, sodass der räumliche Transfer durch interregionalen Handel besonders wichtig ist. Eine andere Möglichkeit der Weiterentwicklung liegt darin, Arbeit und/oder Kapital nicht als vollkommen homogen aufzufassen, sondern in Klassen zu unterteilen. Beim Faktor Arbeit ist etwa eine Untergliederung in verschiedene Qualifikationsstufen wie „hoch qualifiziert", „qualifiziert", „unqualifiziert" möglich und in empirischen Untersuchungen auch häufig anzutreffen.

Oben haben wir erwähnt, dass für interregionalen Handel nicht absolute, sondern relative Preisvorteile von Bedeutung sind. Das heißt, es kommt im Fall von zwei Gütern nur darauf an, welches Gut die Region *im Vergleich* zum anderen Gut billiger produzieren kann, nicht darauf, ob das Gut im Vergleich zur anderen Region billiger erzeugt wird. Wenn also eine Region bei beiden Gütern teurer ist, so kann sie trotzdem aus dem interregionalen Handel Vorteile ziehen, wenn sie sich auf die Produktion jenes Gutes konzentriert, das sie relativ billiger erzeugen kann. Dieses auf Ricardo zurückgehende Prinzip ist am einfachsten an einem Beispiel zu illustrieren: Nehmen wir wiederum zwei Regionen – Region 1 und Region 2 – an, die Textilien und Stahl produzieren. Um die Darstellung möglichst einfach zu halten, unterstellen wir, dass es nur einen Produktionsfaktor – Arbeit – gibt. Zur Herstellung einer Einheit Textilien oder Stahl in den beiden Regionen seien in der Ausgangssituation (ohne Handel) die in Tabelle 4.1 angegebenen Arbeitsstunden notwendig. Wie wir sehen, produziert Region 1 beide Güter mit weniger Arbeitseinsatz als Region 1. Sie hat also bei beiden Gütern einen absoluten Vorteil gegenüber Region 2.

Zu bedenken ist, dass wir für beide Regionen die Annahmen des neoklassischen Modells unterstellen. Wegen der damit angenommenen Flexibilität der Preise gibt es in keiner der Regionen unausgelastete Ressourcen. Außerdem ergeben sich alle Preise, sowohl auf den Gütermärkten wie auch auf dem Faktor-

Region 1 Region 2

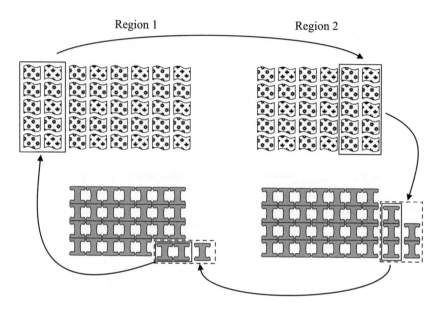

Abbildung 4.9: Produktionserhöhung durch Nutzung komparativer Vorteile

markt, unter den Bedingungen der vollkommenen Konkurrenz. Die in Tabelle 4.1 dargestellten Unterschiede drücken damit Unterschiede in der Produktionstechnologie aus und nicht etwa Marktverzerrungen und Monopolgewinne einzelner Produzenten.

Die Tatsache, dass die Wirtschaft der Region 1 bei beiden Gütern wesentlich produktiver ist als jene der Region 2, ist für die ökonomische Einschätzung des Handels nicht relevant. Dafür von Bedeutung ist nur, dass die Produktion von Stahl in Region 1 fünfmal so viel Ressourcen benötigt als die von Textilien, während das Verhältnis in Region 2 bei 1 zu 2 liegt. Das bedeutet, dass die Region 1, will sie eine zusätzliche Einheit Stahl produzieren, zehn Arbeitsstunden von der Textil- zur Stahlindustrie verlagern, also auf 5 Einheiten Textilien verzichten muss. Region 2 hingegen muss für eine zusätzliche Einheit Stahl nur auf zwei Einheiten Textilien verzichten. Die Opportunitätskosten des Stahls liegen damit in Region 1 bei 5 Einheiten Textilien, in Region 2 nur bei zwei. Damit ist Region 2 relativ effizienter in der Stahlproduktion, während Region 1 die Ressourcen in der Textilindustrie relativ effizienter einsetzt.

Nehmen wir an, Region 2 entscheidet sich dafür, ihre komparativen Vorteile in der Stahlproduktion zu nutzen. Sie will Stahl für den Export produzieren und dafür Textilien aus Region 1 importieren. Um beispielsweise fünf Einheiten Stahl mehr erzeugen zu können, muss die Wirtschaft von Region 2 die Produktion von zehn Einheiten Textilien aufgeben. Diese importiert sie aus Region 1, die allerdings die zusätzlichen zehn Einheiten Textil nur dann erzeugen kann, wenn sie auf die Produktion von zwei Einheiten Stahl verzichtet. Dies wird der Region allerdings relativ leicht fallen, da Region 2 ohnedies fünf Einheiten

Stahl für den Export bereitliegen hat. Importiert sie daher etwa drei Einheiten
Stahl aus Region 2 als Kompensation für die Lieferung der gewünschten zehn
Einheiten Textil,[11] so verfügen beide Regionen über die gleiche Menge Textilien wie vor dem Beginn des Handels, Region 1 hat aber eine, Region 2 zwei
Einheiten Stahl mehr zur Verfügung. Wie wir sehen, sind nun *beide* Regionen
besser gestellt als ohne Handel. Abbildung 4.9 stellt dieses Beispiel graphisch
dar.

Bleiben die Opportunitätskosten und damit die komparativen Vorteile bestehen, so können beide Regionen die Spezialisierung weiter treiben und damit ihren Wohlstand steigern. Allerdings werden sich durch die Verschiebung
zwischen den Sektoren innerhalb der Regionen auch die Opportunitätskosten
verschieben und langsam angleichen. Erst wenn in beiden Regionen die Aus-
tauschverhältnisse zwischen Textilien und Stahl gleich sind, verschwindet der
Anreiz für eine weitere Spezialisierung und Ausdehnung des interregionalen
Handels.

4.4 Einschätzung der neoklassischen Theorie

Die neoklassische Theorie ist ein faszinierendes Gedankengebäude von klarer
Struktur und beachtlicher logischer Konsistenz. Sie durchzieht alle Teilbereiche
der Ökonomik. Wir haben hier von diesem Gedankengebäude nur einen sehr
kleinen, für unsere Fragestellung relevanten Teil dargestellt.

Die Querverbindungen zu anderen Teilen der Ökonomik ermöglichen es der
neoklassischen Theorie der Regionalentwicklung, auch auf Fragen einzugehen,
die außerhalb ihres eigentlichen Themenbereichs liegen. So kann sie etwa durch
die Einbeziehung wohlfahrtstheoretischer Aspekte Aussagen über die Effizienz
einer regionalpolitischen Maßnahme treffen oder regionalökonomische Zusammenhänge in allgemeine Gleichgewichtsmodelle integrieren.[12] Mangels Einbindung in eine übergreifende ökonomische Theorie ist derartiges mit konkurrierenden Theorien der Regionalentwicklung nicht möglich.

Allerdings ist dieses umfassende, konsistente Gedankengebäude der neoklassischen Theorie nur aufgrund einiger stark vereinfachender Annahmen möglich.
Die wichtigsten Annahmen haben wir bereits am Anfang dieses Kapitels dargestellt. Die grundlegenden Aussagen der neoklassischen Theorie leiten sich
logisch aus diesen Annahmen ab.[13] Hier wollen wir uns kurz mit zwei dieser
Annahmen kritisch auseinander setzen: der Mobilitätsannahme und der Annahme perfekter Information.

Annahmen über die Mobilität tauchen in der neoklassischen Theorie in mehreren Facetten auf. Einerseits als Vorstellung, dass die betrachteten Produkti-

---

[11]Weil etwa die Weltmarktpreise für Stahl und Textilien im Verhältnis 3:10 zueinander
liegen.

[12]In den letzten Jahren haben berechenbare allgemeine Gleichgewichtsmodelle auch in der
Regionalökonomik zunehmend an Bedeutung gewonnen (s. etwa Harrigan et al. 1992, Buckley
1992)

[13]Das bedeutet, dass, wenn wir bereit sind, die Annahmen der neoklassischen Theorie zu
akzeptieren, wir auch ihre Ergebnisse akzeptieren müssen.

onsfaktoren Arbeit und Kapital in sich homogen sind, dass also eine Arbeitskraft durch jede andere und eine Kapitaleinheit durch die andere ersetzt werden kann. Damit werden unterschiedliche Qualifikationen von Arbeitskräften, Unterschiede in ihrer Schulbildung und Berufserfahrung, Unterschiede in ihrer Zugehörigkeit zu verschiedenen sozialen Gruppen u.a. vernachlässigt.[14] Die Theorie berücksichtigt nicht, dass gerade am Arbeitsmarkt Entscheidungen – etwa über die Ausbildung oder die Berufswahl – oft nur mit hohen finanziellen und sozialen Kosten revidiert werden können.[15] Institutionelle Gegebenheiten, die etwa den Arbeitsmarkt in verschiedene Teilarbeitsmärkte segmentieren, zwischen denen ein Wechsel kaum möglich ist, werden von der neoklassischen Theorie negiert oder bestenfalls als vorübergehende Störungen anerkannt.

Aber auch für den Produktionsfaktor Kapital lassen sich ähnliche Argumente anführen. Zwar ist Finanzkapital sehr flexibel, doch ist es einmal in Sachkapital investiert, so kann es üblicherweise nicht mehr in eine andere Nutzung transferiert werden. Auch über reine Markttransaktionen hinausgehende Beziehungen zwischen Unternehmen – etwa längerfristige Lieferverpflichtungen, organisatorische Abhängigkeiten, unterschiedliche Macht – vertragen sich nicht mit den Mobilitätsvorstellungen der Neoklassik.

In räumlicher Hinsicht haben wir in Abschn. 4.2 und 4.3 Annahmen über die interregionale Mobilität von Gütern und Produktionsfaktoren getroffen. Dabei haben wir angenommen, dass sie zwischen den Regionen vollkommen mobil sind, dass also Güter und Dienstleistungen oder Produktionsfaktoren ohne jede Friktion zwischen den Regionen transferiert werden können. In dieser einfachen Modellversion fällt damit aber ein wesentliches Charakteristikum des Raumes weg, nämlich, dass seine Überwindung Kosten verursacht. Da die Regionen selbst immer als ausdehnungslose Punktregionen behandelt werden, wird mit derartigen Mobilitätsannahmen genau genommen der Raum aus der neoklassischen Theorie der Regionalentwicklung eliminiert. Wir haben es daher mit dem eigenartigen Phänomen einer Regionalentwicklungstheorie ohne räumliche Dimension zu tun.

In dieser Schärfe ist dieser Kritikpunkt natürlich nur im Zusammenhang mit den sehr vereinfachenden Annahmen gerechtfertigt, die wir in Abschn. 4.2 und 4.3 getroffen haben. Tendenziell trifft er aber auch auf komplexere Modellvarianten zu. Sie berücksichtigen zwar die Transportkosten und integrieren damit die Kosten der Raumüberwindung, ignorieren dabei aber typischerweise, dass dadurch Märkte räumlich segmentiert werden, wodurch es zu räumlichen Monopolen oder Oligopolen kommen kann. Diese stehen aber in Widerspruch zur Annahme atomistischer Konkurrenz.

Die Annahme perfekter Information besagt, dass die Wirtschaftssubjekte

---

[14]Es gibt zwar Varianten der neoklassischen Theorie, die sich mit den Entscheidungen über Humankapitalinvestitionen beschäftigen, doch gehen diese aufgrund der Annahme perfekter Information üblicherweise davon aus, dass die Ergebnisse dieser Entscheidungen perfekt antizipiert werden. Damit werden Unterschiede zwischen Arbeitskräften typischerweise als freiwillig und nutzenmaximierend betrachtet.

[15]Man denke etwa an die Schwierigkeiten älterer Arbeitnehmer, einen neuen Arbeitsplatz zu finden.

über alle relevanten ökonomischen Tatbestände (insb. Preise) genau informiert sind. Dies betrifft nicht nur die ökonomischen Tatbestände in ihrem unmittelbaren Umfeld, sondern auch alle zukünftigen und die in anderen Regionen. In der neoklassischen Welt „wissen" also die Arbeitskräfte genau, um wie viel mehr sie in einer anderen Region verdienen können – egal wie weit entfernt diese ist –, und auch, wie sich ihre Einkommen in den einzelnen Regionen in Zukunft entwickeln werden.

Woher dieses Wissen kommt, bleibt unklar. Es muss den Wirtschaftssubjekten irgendwie als Eingebung zufliegen. Denn müssten sie sich um diese Informationen bemühen und Zeit und Ressourcen aufwenden, um sie zu bekommen, so würden sie nie den Zustand perfekter Information erreichen. Als rational handelnde Individuen würden sie nur so lange Information sammeln, wie der zu erwartende Grenznutzen der Information über deren Grenzkosten liegt. Da der Grenznutzen der Information, wenn wir uns dem Zustand perfekter Information nähern, gegen null tendiert,[16] kann dieser Zustand nur erreicht werden, wenn auch die Grenzkosten der Information gleich null sind.

Die Annahme perfekter Information eliminiert einen weiteren wesentlichen Aspekt räumlicher Differenzierung. Aufgrund dieser Annahme bestehen in der neoklassischen Welt keine Informationsunterschiede zwischen nahen und weiter entfernten Regionen. Egal, wie weit entfernt eine Region auch ist, das Wirtschaftssubjekt kennt – annahmegemäß – alle ihre relevanten Wirtschaftsdaten und kann auch deren zukünftige Entwicklung präzise einschätzen. Dementsprechend schwer tut sich die neoklassische Theorie auch dabei, den starken Entfernungseinfluss beispielsweise im Wanderungsverhalten zu erklären (s. etwa Maier 1985).

Trotz dieser Einwände sollte die Bedeutung der neoklassischen Theorie nicht unterschätzt werden. Ihr wesentlicher Beitrag besteht darin, dass sie von der Entscheidungsfreiheit der Menschen ausgeht und erkennt, dass die Menschen mit ihrem Handeln ihre subjektiven Ziele verfolgen. Da die Lebensumstände der Menschen und die Rahmenbedingungen, in denen sie Entscheidungen zu treffen haben, wesentlich komplexer sind als von der neoklassischen Theorie aufgrund ihrer vereinfachenden Annahmen zugestanden wird, werden ihre theoretischen Voraussagen – z.B. der perfekte Ausgleich der Faktorpreise durch Faktorwanderung – nicht vollkommen zutreffen. Bei besonders großen Unterschieden zwischen den Regionen werden die von der neoklassischen Theorie beschriebenen Kräfte allerdings derart stark auftreten, dass sich die Unterschiede wieder annähern oder zumindest nicht weiter vergrößern.

Für die regionale Wirtschaftspolitik hat das neoklassische Modell einige weitreichende Konsequenzen. Treffen die Annahmen des neoklassischen Modells zu, so tendiert die Wirtschaft auch ohne wirtschaftspolitische Eingriffe auf eine ausgeglichene Entwicklung zu. Unterschiede zwischen den Regionen – etwa im Einkommen – können auf Dauer nur dann bestehen, wenn sie von entgegengesetzten Unterschieden – etwa in der Umweltqualität – kompensiert

---

[16]Bei fast perfekter Information können wir die Situation bereits so gut einschätzen, dass eine zusätzliche Informationseinheit kaum mehr etwas an ökonomischem Wert hat.

werden. Versucht die Wirtschaftspolitik nun, die Einkommensunterschiede auszugleichen, so schafft sie damit nur *mehr* Ungleichheit zwischen den Regionen,
weil sie die kompensierenden Unterschiede in der Lebensqualität nicht erkennt.

Nach neoklassischer Vorstellung besteht die Aufgabe der regionalen Wirtschaftspolitik darin, für das Zutreffen der Annahmen der Neoklassik zu sorgen.
Sie soll die Mobilität von Arbeit und Kapital erhöhen, Mobilitätsschranken wie
administrative Hindernisse oder Markteintrittsbarrieren abbauen und den Informationsfluss zwischen den Regionen verbessern. Wenn sich die Wirtschaftspolitik darüber hinaus nicht in den Wirtschaftsprozess einmischt, so werden sich
Wachstumsunterschiede zwischen den Regionen ausgleichen, und die Regionen
werden einen ausgeglichenen Wachstumspfad einschlagen. Außerdem tendiert
eine neoklassische Wirtschaft, wie bereits in Band 1, S. 115ff. diskutiert, unter bestimmten Voraussetzungen automatisch zu einem Pareto-optimalen Zustand[17]. Die (regionale) Wirtschaftspolitik, so die neoklassische Vorstellung,
kann diese Entwicklung auf einen optimalen Zustand hin nur stören und führt
so zu Wohlfahrtsverlusten. Sie sollte sich daher über das Sicherstellen der Voraussetzungen hinaus nicht in das Wirtschaftsleben einmischen.

Allerdings haben wir auch bereits in Band 1 (S. 115ff.) dargelegt, dass gerade aus regionaler Sicht die Möglichkeit, dass die Voraussetzungen der Neoklassik zutreffen, skeptisch zu beurteilen ist. Aufgrund der Tatsache, dass wirtschaftliche Aktivitäten an bestimmten Standorten entfaltet werden, wo sie
zwangsläufig mit anderen Aktivitäten in Wechselwirkung treten, entstehen positive und negative externe Effekte. Trotz einer großen Zahl von Anbietern
können räumliche Monopole auftreten, die den Wirtschaftreibenden ermöglichen, in gewissem Umfang die Preise zu beeinflussen. Darüber hinaus erfordert
gerade die Überwindung des Raumes Infrastruktureinrichtungen (z.B. Straßen,
Telekommunikationsnetze), die in gewissem Umfang den Charakter öffentlicher
Güter tragen. Alles dies sind Phänomene, die den Voraussetzungen der Neoklassik widersprechen und daher auch deren wirtschaftspolitische Konsequenzen in
Frage stellen.

4.5 Zusammenfassung

Die neoklassische Theorie der Regionalentwicklung baut auf dem Standardmo-
dell der neoklassischen Wirtschaftstheorie und ihren grundlegenden Annahmen
auf. Kern der neoklassischen Sichtweise ist die Vorstellung, dass Knappheiten
zu Veränderungen von Preisen führen, auf die die Wirtschaftssubjekte reagieren, wodurch die Knappheiten wiederum beseitigt werden. Dieser Mechanismus
zum Gleichgewicht ist in verschiedensten Formen in der neoklassischen Theorie
zu finden.

In Abschn. 4.1 dieses Kapitels stellen wir das Grundmodell der neoklassischen Wachstumstheorie dar, das das Wachstum in einer geschlossenen Region

---

[17]Das ist ein Zustand, in dem kein Wirtschaftssubjekt besser gestellt werden kann, ohne
dass ein anderes Wirtschaftssubjekt schlechter gestellt wird (s. etwa Gravelle und Rees 1981,
S. 474ff.)

betrachtet. Zentraler Mechanismus des Modells ist der Prozess der Kapitalakkumulation, bei dem durch Sparen und Investieren Kapital angesammelt wird, wodurch die produzierte Menge an Gütern und Dienstleistungen wächst. Dieser Prozess kann allerdings nicht unbegrenzt ablaufen, sondern kommt zum Stillstand, wenn die Investitionen nur mehr ausreichen, die Abschreibungen zu ersetzen. Nur durch exogenen technischen Fortschritt kann weiter Wachstum ermöglicht werden.

Obwohl das Grundmodell der neoklassischen Wachstumstheorie nur eine Region betrachtet, lassen sich daraus trotzdem Aussagen für den Ausgleich zwischen Regionen ableiten. Es lässt sich nämlich zeigen, dass eine Region umso schneller Kapital ansammelt und damit wächst, je geringer ihre Kapitalausstattung ist. Durch dieses schnellere Wachstum kommt es im Zeitablauf zum Ausgleich zwischen den Regionen.

Da Regionen natürlich nicht völlig voneinander isoliert sind, untersuchen wir in Abschn. 4.2 und 4.3 die Auswirkungen der interregionalen Mobilität von Produktionsfaktoren und Gütern. Dadurch, dass Lohnsatz und Kapitalzins gemäß den Annahmen der Neoklassik sich aus dem Wert-Grenzprodukt von Arbeit und Kapital ergeben, müssen Regionen, in denen ein Produktionsfaktor relativ knapp ist, höhere Preise für diesen Faktor aufweisen. Bei mobilen Produktionsfaktoren (Abschn. 4.2) kommt es in der Folge zu Wanderung dieses Faktors von jener Region, die damit besser ausgestattet ist, in jene, wo der Faktor knapp ist. Dieser Prozess gleicht die Ausstattungs- und die Entlohnungsunterschiede zwischen den Regionen aus.

Sind nur die Güter zwischen den Regionen mobil (Abschn. 4.3), so kommt es bei Ausstattungsunterschieden zwischen den Regionen zu Spezialisierung auf die Produktion jener Güter, für die die Region besser ausgestattet ist. Dadurch, dass jede Region ihre komparativen Vorteile nützt, kann die gesamte Volkswirtschaft mit den vorhandenen Ressourcen mehr produzieren. Handel erweist sich damit als vorteilhaft für alle beteiligten Regionen.

Das neoklassische Modell zeichnet sich durch formale Klarheit und logische Geschlossenheit aus, baut aber auf einigen problematischen Annahmen auf. Einige dieser Annahmen diskutieren wir in Abschn. 4.4. Gerade aus räumlicher Sicht erweisen sich die neoklassischen Annahmen als recht problematisch. Fragwürdig sind auch die Vorstellungen über den Innovationsprozess und der Umgang mit dem Raum.

4.6 Übungsaufgaben und Kontrollfragen

1. Diskutieren Sie die grundlegenden Annahmen der neoklassischen Theorie der Regionalentwicklung. Welche dieser Annahmen halten Sie für besonders problematisch?

2. Erläutern Sie, wie es im neoklassischen Modell auch ohne Handel und ohne Faktormobilität zu einem Ausgleich zwischen Regionen kommen kann.

3. Beschreiben Sie die Rolle des technischen Fortschritts im neoklassischen Modell.

4. Diskutieren Sie Gl. (4.2) bis (4.5).

5. Diskutieren Sie Abb. 4.6 bis 4.8.

6. Beschreiben Sie, wie es im neoklassischen Modell durch Handel zu einem Ausgleich der Faktorentlohnung kommen kann.

7. Worin liegen die Stärken, worin die Schwächen der neoklassischen Theorie der Regionalentwicklung?

8. Beschreiben Sie eine Regionalpolitik, die sich am neoklassischen Modell orientiert. Geben Sie Beispiele für regionalpolitische Maßnahmen, die nach neoklassischer Vorstellung zulässig oder nicht zulässig sind.

Kapitel 5

Polarisationstheorie

Die Aussagen der neoklassischen Theorie, wie wir sie in Kap. 4 dargestellt haben, sind nie widerspruchslos akzeptiert worden. Vor allem zwei Punkte sind immer wieder auf Kritik gestoßen:

1. die der Neoklassik inhärente Tendenz zum Gleichgewicht und
2. ihre Implikation, dass Wirtschaftspolitik sich darauf beschränken sollte, die Funktionsfähigkeit des Marktmechanismus zu gewährleisten, darüber hinaus aber nicht in den Wirtschaftsprozess eingreifen sollte.

Der Gleichgewichtstendenz der Neoklassik steht die Erfahrung gegenüber, dass im Wirtschaftsleben prosperierende und stagnierende Bereiche nebeneinander auftreten, seien es nun verschiedene Regionen, Länder oder Sektoren, zwischen denen oft erhebliche Einkommens- und Preisunterschiede bestehen. Insbesondere die Auseinandersetzung mit den Entwicklungsproblemen der Dritten Welt, aber auch die Erfahrung mit langfristig benachteiligten Gebieten wie den Grenzregionen in Mitteleuropa oder den Appalachen in den USA oder mit Problemsektoren wie Landwirtschaft, Schwerindustrie oder Schiffsbau haben Zweifel an der Ausgleichsfunktion des Marktes genährt, wie sie von der neoklassischen Theorie herausgestrichen wird.

Die wirtschaftspolitischen Aussagen der Neoklassik werden vor diesem Hintergrund als zynischer Versuch gesehen, die Verantwortung für wirtschaftliche Probleme auf die Betroffenen abzuwälzen. Arbeitslosigkeit ist nach neoklassischer Vorstellung nicht darin begründet, dass es zu wenig Arbeitsplätze gibt, sondern darin, dass die Arbeiter nicht bereit sind, von ihren zu hohen Lohnvorstellungen abzurücken. Einkommensunterschiede zwischen Regionen ergeben sich entweder aus der zu niedrigen Mobilität der Menschen in den einkommensschwachen Gebieten, die nicht bereit sind abzuwandern, oder werden von diesen freiwillig, im Ausgleich gegen niedrigere Preise – etwa von Wohnungen und Grundstücken – und höhere Lebensqualität in Kauf genommen.

5.1 Grundzüge der Polarisationstheorie

Aus dieser Auseinandersetzung mit der Neoklassik ist die Polarisationstheorie entstanden. Allerdings handelt es sich dabei nicht wirklich um eine geschlossene, in sich konsistente Theorie im eigentlichen Sinn des Wortes, sondern vielmehr um eine im Lauf der Zeit entstandene Ansammlung von entwicklungsbezogenen Argumenten mit einigen gemeinsamen Charakteristika.

Im Gegensatz zur Neoklassik, die ihre Aussagen aus einem Satz von Annahmen deduktiv ableitet, wurden die polarisationstheoretischen Argumente

induktiv gewonnen. Sie sind das Ergebnis detaillierter empirischer Untersuchungen, von Fallstudien oder der einschlägigen Erfahrung des Forschers und
spiegeln daher in gewissem Umfang die realen Umstände wider, unter denen sie
gewonnen wurden. Damit erscheinen sie zwar weniger abstrakt als die Annahmen und Konstrukte der Neoklassik, sind aber einer rigorosen Formulierung
und Ableitung von Implikationen und Konsequenzen nur schwer zugänglich.
Erst in den letzten Jahren wurden einige polarisationstheoretische Argumente
aufgegriffen und im Rahmen der endogenen Wachstumstheorie und der „New
Economic Geography" (s. Band 1, Kap. 5) in das formale Gerüst der neoklassischen Ökonomik integriert. Wir werden auf die endogene Wachstumstheorie
in Kap. 6 eingehen.

Wie schon der Name andeutet, stellen die Polarisationsansätze der Gleich-
gewichts- und Konvergenztendenz der Neoklassik die Vorstellung ungleichge-
wichtiger und divergierender Entwicklungspfade entgegen. Der Entwicklungsprozess führt ihrer Ansicht nach nicht zu einem Ausgleich, sondern eher zu einer Verstärkung von Unterschieden. Dies wird mit einer Reihe von Argumenten
begründet, die trotz Unterschieden im Detail einige grundlegende Gemeinsamkeiten aufweisen:

- Produktionsfaktoren werden als heterogen und zumindest teilweise immobil angesehen. Dadurch können sie nicht vollständig substituiert werden,
  wodurch eine Tendenz zum Ausgleich von Faktorpreisen behindert wird.
- Die Märkte sind nicht durch vollständige Konkurrenz, sondern durch Monopole, Oligopole und Externalitäten geprägt.
- Informationen, insbesondere solche über technische und organisatorische
  Neuerungen, sind nicht automatisch überall frei verfügbar, sondern breiten sich im Raum und durch das Wirtschaftssystem aus.

Die Vertreter der Polarisationstheorie sind vielfach auch nicht bereit, die Wirtschaft und ihre Entwicklung isoliert zu betrachten. Vielmehr sehen sie sie eingebunden in ein soziales und politisches Umfeld, das mit der Wirtschaft in
Beziehung steht. Die Entwicklung der Wirtschaft, der Gesellschaft und der Politik stehen damit in Verbindung und beeinflussen einander wechselseitig.

Polarisationsargumente wurden sowohl für eine divergierende Entwicklung
zwischen Sektoren als auch zwischen Regionen entwickelt. Obwohl für uns hier
natürlich vor allem die regionale Polarisation von Interesse ist, wollen wir kurz
auf die wichtigsten Argumente der sektoralen Polarisation eingehen, weil diese
eine wichtige konzeptuelle Basis für die Entwicklung regionaler Polarisationsargumente bildeten und auch für deren Verständnis von Bedeutung sind.

5.1.1 Sektorale Polarisation

François Perroux argumentiert in einer Reihe von Aufsätzen (z.B. Perroux 1950,
1955, 1961), dass wirtschaftliches Wachstum nicht gleichmäßig erfolgt, sondern
seinen Ursprung in einer so genannten „motorischen Einheit" hat. Dies ist ein
Sektor der Wirtschaft, der überdurchschnittlich stark wächst und durch seine

starke Verflechtung mit anderen Sektoren diese beeinflusst. Auf diese Art treibt die motorische Einheit die Entwicklung der gesamten Wirtschaft voran.

Die motorische Einheit unterscheidet sich von den anderen Sektoren der Wirtschaft durch

- ihre bedeutende Größe,
- ihre starke Dominanz gegenüber anderen Sektoren,
- ihre starke Verflechtung mit anderen Sektoren und
- ihr starkes Wachstum.

Nur wenn diese Voraussetzungen erfüllt sind, kann die motorische Einheit Impulse in nennenswertem Umfang generieren und auf die übrige Wirtschaft übertragen.

Die Impulse der motorischen Einheit entstehen vor allem auf zwei Arten: durch die Realisierung interner und externer Ersparnisse, d.h. positiver interner und externer Effekte, und durch Innovationen. Bestehen positive interne oder externe Effekte, so führt das Wachstum der motorischen Einheit zu niedrigeren Stückkosten und damit automatisch zu einer Stärkung ihrer ohnedies schon starken Position. Durch die zunehmende Marktmacht und wachsende – auch politische – Bedeutung kann sie ihre Dominanz gegenüber anderen Sektoren der Wirtschaft ausbauen. Durch die Expansion der motorischen Einheit erhöht sich deren Bedarf an Inputfaktoren und an Vorprodukten, wodurch sie den Wachstumsimpuls auf andere Teile der Wirtschaft überträgt.

In der Größe und Dominanz der motorischen Einheit sieht Perroux auch einen wesentlichen Faktor für deren Fähigkeit zur Innovation. Durch Produkt- und Prozessinnovationen verbessert die motorische Einheit allerdings auch ihren Vorsprung gegenüber den anderen Teilen der Wirtschaft. Dieser Vorsprung schlägt sich im Sinne Schumpeters in einer Monopolrente – also einem höheren Gewinn – nieder, die es der motorischen Einheit wiederum erleichtert, weitere Innovationen zu finanzieren. Auf diese Art trägt auch der Innovationsprozess dazu bei, die Dominanz der motorischen Einheit zu festigen.

Auf die übrige Wirtschaft übt die motorische Einheit nicht nur positive, als „Anstoßeffekte" bezeichnete Wirkungen aus, sondern auch negative „Bremseffekte". Diese entstehen etwa dadurch, dass die motorische Einheit den anderen Sektoren aufgrund ihrer Dominanz Produktionsfaktoren entzieht, ihre Marktmacht zu deren Nachteil durchsetzt oder deren Innovationsfähigkeit hemmt. Ähnliche Paare von positiven und negativen Auswirkungen auf die Umgebung sind auch bei den Vertretern der regionalen Polarisation zu finden.

5.1.2 Regionale Polarisation

Während Perroux ausschließlich in einem sektoralen Zusammenhang argumentiert, streichen die Vertreter der regionalen Polarisation vor allem die Unterschiede *zwischen Regionen* hervor und diskutieren die Mechanismen, die zu regionaler Polarisation führen. Klassische Vertreter dieses Zweiges der Polarisationstheorie sind Gunnar Myrdal und Alfred O. Hirschman.

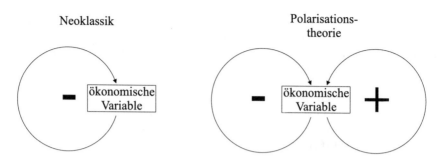

Abbildung 5.1: Rückkoppelungsschleifen der Neoklassik und der Polarisationstheorie

Was den Wachstumsprozess innerhalb einer räumlichen Einheit (Region, Land,
Ländergruppe) betrifft, so vertreten Hirschman (1958) und Myrdal (1957) sehr
ähnliche Vorstellungen wie Perroux. Durch Skalenerträge, externe Effekte und
monopolistische oder oligopolistische Strukturen verbessern zufällige Wachstumsimpulse die Chancen für zukünftiges Wachstum oder verschlechtern zufällige Wachstumshemmnisse die Chancen für die Zukunft. Durch intersektorale
Verflechtungen im Sinne des Input-Output-Modells und durch Externalitäten
breiten sich (positive wie negative) Impulse auf andere Sektoren der räumlichen
Einheit aus. Besondere Bedeutung als Entwicklungsimpulsen kommt dabei den
Innovationen zu, die einer Region einen Entwicklungsvorsprung vor anderen
Regionen verschaffen können.

Myrdal stellt den Ausgleichsprozessen der Neoklassik, die Entwicklungsimpulse räumlich und sektoral verteilen und zufällige Unterschiede ausgleichen,
seine Vorstellung von einem *zirkulär verursachten kumulativen Prozess* entgegen. Während in der neoklassischen Vorstellung eine Abweichung vom Gleichgewicht Prozesse auslöst, die die abweichende wirtschaftliche Größe wiederum
auf ihren Gleichgewichtswert zurückführt, argumentiert Myrdal mit Zusammenhängen, die auf die ursprüngliche Abweichung so zurückwirken, dass sie
verstärkt wird. Der Prozess wirkt somit – im Sinne eines Teufelskreises – nicht
ausgleichend, sondern verstärkend. Impulse in positiver oder negativer Richtung *kumulieren* daher im Laufe der Zeit zu ausgeprägten und stabilen Entwicklungsunterschieden. Im Systemzusammenhang betrachtet, unterstellt die
Neoklassik also negative Rückkoppelung – der Rückkoppelungseffekt wirkt dem
ursprünglichen Impuls entgegen –, während Myrdal die Möglichkeit positiver
Rückkoppelung betont.

Myrdal behauptet jedoch nicht, dass es *ausschließlich* positive Rückkoppelungseffekte gäbe. Vielmehr sieht er ein Nebeneinander positiver und negativer
Rückkoppelungseffekte und tritt damit der Ansicht der Neoklassik entgegen,
die nur *negative* Rückkoppelungseffekte betrachtet (Abb. 5.1). Die Antwort auf
die Frage, ob sich Entwicklungsunterschiede im Lauf der Zeit nun verstärken
oder verringern, hängt also davon ab, ob die positiven oder die negativen

Rückkoppelungseffekte überwiegen.

Um dieses Argument etwas anschaulicher zu machen, wollen wir es anhand eines einfachen Beispiels illustrieren. Stellen wir uns vor, in einer Region wird eine große Textilfabrik geschlossen und es werden tausend Arbeitskräfte freigesetzt. Ökonomisch betrachtet, sehen wir Ungleichgewichte auf dem Arbeitsmarkt – durch die Arbeitslosen – und auf dem Gütermarkt – durch den Produktionsausfall der Fabrik. Nach neoklassischer Vorstellung wird durch die Arbeitslosigkeit der Lohnsatz sinken, wodurch die Nachfrage nach Arbeitskräften und der Preis von Textilien steigen. Durch den höheren Textilpreis werden andere Produzenten mehr produzieren und auch mehr Arbeitskräfte nachfragen. Die freigesetzten Textilarbeiter werden also zum Teil in den anderen Textilbetrieben Arbeit finden, zum Teil in anderen Branchen, die aufgrund des gefallenen Lohnsatzes mehr Arbeiter einstellen. Auch das regionale Gleichgewicht wird wieder hergestellt werden, weil einerseits freigewordene Arbeitskräfte aus der betroffenen Region ab-, andererseits aber auch Betriebe wegen der günstigen Arbeitskräfte und vielleicht auch niedriger Bodenpreise in die Region zuwandern werden.

Alle die angeführten Mechanismen arbeiten also darauf hin, das Überangebot an Arbeitskräften und die Übernachfrage nach Textilprodukten durch negative Rückkoppelung zu eliminieren. Ein Polarisationstheoretiker wie Myrdal würde hingegen argumentieren, dass durch den Einkommensausfall der Arbeitslosen die Nachfrage in der Region sinken wird, wodurch neben den Zulieferern der Textilfabrik auch Dienstleistungsbetriebe, Nahversorgungsunternehmen u. dgl. mit sinkender Nachfrage konfrontiert sein werden. Auch sie werden Arbeitskräfte freisetzen. Einige der Arbeitskräfte werden aus der Region abwandern, wodurch sich die Nachfrage weiter verringern wird. Die Steuereinnahmen der lokalen Verwaltung werden sinken, sodass die lokalen Behörden nicht mehr im notwendigen Ausmaß in die lokale Infrastruktur investieren können. Verfall wird sich breit machen. Das Image, eine rückständige Region zu sein, wird sich negativ auf die Investitionsbereitschaft von Unternehmen auswirken. Da Investitionsentscheidungen unter großer Unsicherheit getroffen werden, kann dieser Effekt nur teilweise vom günstigen Niveau der Löhne und Bodenpreise kompensiert werden. Da außerdem die qualifizierten jungen Arbeitskräfte bereits aus der Region abgewandert sind, macht sich trotz Arbeitslosigkeit ein Mangel an qualifizierten Arbeitskräften bemerkbar. Die Region kann, wenn überhaupt, nur Betriebe mit niedrigen Qualifikationserfordernissen anziehen. Die Region wird vom Innovationsprozess abgekoppelt und weiter zurückfallen.

Der negative Impuls der Betriebsschließung führt also durch derartige zirkuläre Zusammenhänge zu einem kumulativen Verfallsprozess in der Region. Die skizzierten Zusammenhänge wirken so, dass der ursprüngliche Impuls verstärkt wird. Es besteht also eine positive Rückkoppelung.

Die durch die zirkulär kumulativen Prozesse entstehenden Entwicklungsunterschiede zwischen Regionen werden auch, wie im obigen Beispiel schon angedeutet, durch die Interaktionen zwischen den Regionen nicht ausgeglichen. Der wichtigste Grund liegt darin, dass die Produktionsfaktoren heterogen sind und

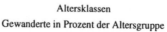

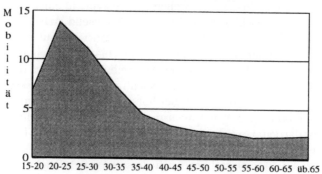

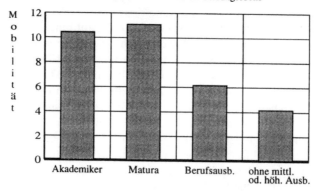

Abbildung 5.2: Mobilitätsunterschiede nach Alter und Bildung (nach Maier 1983)

die einzelnen Teile auf die Anreize zum interregionalen Transfer unterschiedlich reagieren. Bei den Arbeitskräften steht dabei das Argument der *Selektivität* der Migration im Vordergrund. Es ist eine bekannte Tatsache, dass die Mobilität[1] von Arbeitskräften mit Alter, Bildungsniveau und anderen sozioökonomischen Charakteristika variiert. Arbeitskräfte mit höherer Bildung sind normalerweise wesentlich eher bereit zu wandern. Mit Bezug auf das Alter betrachtet, ist die Mobilität in der Altersgruppe zwischen 20 und 30 am höchsten und nimmt dann stark ab (s. Abb. 5.2)[2].

---

[1]Unter Mobilität ist in diesem Zusammenhang die Bereitschaft zu interregionaler Wanderung gemeint. Üblicherweise wird sie als Anteil der in einem bestimmten Zeitraum gewanderten Personen an einer sozioökonomischen Gruppe – z.B. gewanderte Akademiker/Gesamtzahl der Akademiker – gemessen.

[2]Obwohl Abb. 5.2 auf Daten für Österreich 1966–1971 basiert, sind die dargestellten

Damit wirken sich aber Wanderungsimpulse nicht nur auf die Zahl, sondern auch auf die *Struktur* der Arbeitskräfte aus. Eine Abwanderungsregion wird daher durch eine überalterte, relativ schlecht ausgebildete Bevölkerung charakterisiert sein. Es fehlen ihr damit gerade jene Bevölkerungsgruppen, die für Innovationen und neue Initiativen notwendig wären.

Auch Kapitalmobilität und interregionaler Handel verstärken nach Myrdals Ansicht eher die interregionalen Unterschiede. Agglomerationsvorteile und das Wachstum der Nachfrage in den prosperierenden Regionen versprechen hohe zukünftige Gewinne und führen zu Investitionen. Durch diese steigt die regionale Nachfrage, was zu weiteren Investitionen führt. Da positive Skalenerträge unterstellt werden, kann dieser Prozess andauern. Trotz der wegen des höheren Einkommens höheren Sparneigung in der prosperierenden Region wird zu wenig gespart, um den Kapitalbedarf für die Investitionen zu befriedigen. Es fließt daher Sparkapital aus den stagnierenden Regionen ab in die prosperierenden Regionen. Kapital fließt also nach den Argumenten der Polarisationstheorie in die entgegengesetzte Richtung, als von der Neoklassik postuliert.

Da bei freiem Handel die schwache Wirtschaft der stagnierenden Regionen schutzlos der Konkurrenz durch die Wirtschaft der prosperierenden Region ausgeliefert ist, wirkt auch Handel eher verstärkend auf Entwicklungsunterschiede. Die Industrie des Zentrums ist durch starken internen Wettbewerb konkurrenzerprobt und lukriert aufgrund größerer Betriebe Skalenerträge. Ihr kann die oft handwerklich und gewerblich strukturierte Industrie der stagnierenden Regionen wenig entgegensetzen. Die Folge ist, laut Myrdal, ein Auseinanderdriften in eine industriell strukturierte prosperierende Region und eine landwirtschaftlich strukturierte stagnierende. Der Gegensatz zwischen einer prosperierenden und einer stagnierenden Region wird in der theoretischen Diskussion häufig mit dem Begriffspaar „Zentrum" und „Peripherie" beschrieben.

5.1.3 Ausbreitungs- und Entzugseffekte

Sowohl Myrdal als auch Hirschman fassen die Interaktionen zwischen den Regionen in zwei gegenläufigen Effekten zusammen. Myrdal spricht von *Ausbreitungs-* („spread") und *Entzugseffekten* („backwash effects"), Hirschman nennt sie *Sickereffekte* („trickling-down effects") und *Polarisationseffekte* („polarization effects"). Sie bezeichnen sehr ähnliche Mechanismen und sind eng mit den „Anstoß-" und „Bremseffekten" von Perroux verwandt.

Unter den Ausbreitungs- oder Sickereffekten werden alle jene Mechanismen zusammen gefasst, die zur räumlichen Ausbreitung von Entwicklungsimpulsen führen. Sie tragen einen positiven Anstoß in die Nachbarregionen und breiten ihn so räumlich aus. Die Entzugs- oder Polarisationseffekte hingegen umfassen alle Effekte, durch die sich ein positiver Entwicklungsimpuls negativ auf seine Umgebung auswirkt; etwa den oben erläuterten Entzug qualifizierter Arbeitskräfte, von innovativem Potential, negative Umwelteinflüsse, oder die

---

Verläufe typisch für diese Zusammenhänge. Sie wurden in zahlreichen Studien in ähnlicher Form nachgewiesen (s. etwa Armstrong und Taylor 1993).

verschärfte Konkurrenz durch die Unternehmen des Zentrums.

Ob es in einem System von Regionen im Zuge des Entwicklungsprozesses zu einem Ausgleich oder zu zunehmender Polarisierung kommt, hängt nun davon ab, ob die Ausbreitungs- oder die Entzugseffekte überwiegen. Während Hirschman eher optimistisch meint, dass langfristig die Ausgleichseffekte überwiegen, ist Myrdal, vor allem was die ärmsten Länder und Regionen betrifft, pessimistischer. Er meint, dass das relative Gewicht der beiden Effekte von Faktoren wie dem Standard der Verkehrs- und Telekommunikationsinfrastruktur, dem Ausbildungsniveau, dem unternehmerischen Potential u.a. abhängt, also von Faktoren, die mit dem Entwicklungsniveau zusammenhängen. Myrdals These lässt sich also zusammenfassen in der Aussage, dass in einem marktwirtschaftlichen System „dem freien Spiel der Kräfte eine Tendenz in Richtung auf regionale Ungleichheiten inhärent ist", die außerdem „stärker wird, je ärmer das Land ist" (Myrdal 1974, S. 44).

5.1.4   Polarisation und Entwicklung

Entwicklung ist nach diesen Vorstellungen untrennbar mit Ungleichheit verbunden. Dies deshalb, weil Entwicklung ungleichmäßig, auf wenige Regionen konzentriert, auftritt (Hirschman 1958, S. 183ff) und durch die mit dem Prozess verbundenen Entzugseffekte die Entwicklung der anderen Regionen gehemmt wird. Aufgrund der dabei ausgelösten negativen zirkulär-kumulativen Prozesse ist Unterentwicklung zugleich ihre eigene Ursache und Auswirkung, oder, wie es Nurske (1953, S. 5) für die Entwicklungsländer formuliert hat, „a country is poor because it is poor".

Da der Marktmechanismus nicht zu einem Ausgleich, sondern zu einer Verschärfung von Entwicklungsunterschieden führt, ist nach Ansicht der Vertreter des Polarisationsansatzes die staatliche Politik aufgerufen, einen Ausgleich herbeizuführen und die Kluft zwischen den Regionen (und Ländern) nicht allzu weit werden zu lassen. Da die neoklassische Zielvorstellung eines Pareto-optimalen Zustandes wegen der Vielzahl an externen Effekten, Monopolen und öffentlichen Gütern ohnedies keine Relevanz hat, kann der Staat auch durchaus in den Marktmechanismus eingreifen. Myrdal schlägt für Entwicklungsländer zumindest für einige Zeit staatliche Wirtschaftsplanung[3] als adäquates Instrument vor, durch das ein positiver zirkulär-kumulativer Prozess etabliert werden könnte, der das Land aus der Unterentwicklung herausführt.

Ziel der regionalen Wirtschaftspolitik muss es nach Ansicht der Polarisationstheoretiker sein, den Polarisationskräften entgegenzuwirken und eine Angleichung der Entwicklungsunterschiede anzustreben. Dazu müssen einerseits Ausgleichseffekte gestärkt und Entzugseffekte abgeschwächt werden, andererseits gilt es, negative zirkulär-kumulative Effekte zu brechen. Dazu können etwa Maßnahmen zur Förderung des Kapitaltransfers in entwicklungsschwache Re-

---

[3]Bei der Einschätzung dieser Empfehlung muss berücksichtigt werden, dass sie Mitte der fünfziger Jahre gemacht wurde. Heute wissen wir, dass die meisten derartigen Versuche inzwischen gescheitert sind.

gionen oder zur Eindämmung der Abwanderung aus diesen Regionen eingesetzt werden. Die negativen Auswirkungen des freien Handels könnten durch selektive Handelsbarrieren abgefangen werden. Der Staat kann durch Investitionen in entwicklungsschwachen Regionen einerseits die Ausbreitungs- gegenüber den Entzugseffekten stärken (insb. durch Investitionen in Verkehrs- und Kommunikationsinfrastruktur), andererseits aber auch die Nachfrage stimulieren, um so einen positiven zirkulär-kumulativen Prozess in Gang zu setzen.

Wie wir sehen, unterscheiden sich die am Polarisationsansatz anknüpfenden wirtschaftspolitischen Vorstellungen erheblich von denen der Neoklassik. Zum Teil stehen beider Politikempfehlungen einander diametral gegenüber. Dies ergibt sich aus den unterschiedlichen Vorstellungen über die Wirkungsweise von Märkten und aus Unterschieden in den Ansichten über die Aufgaben der Wirtschaftspolitik. Während sich die Neoklassik auf das Effizienzziel konzentriert und Fragen der Verteilung weitgehend ausblendet, steht beim Polarisationsansatz eindeutig die Aufgabe des Ausgleichs von Verteilungsungerechtigkeiten im Vordergrund. Fragen der Effizienz treten demgegenüber in den Hintergrund.

5.1.5 Einschätzung des Polarisationsansatzes

Wie einleitend bereits erwähnt, stellt sich der Polarisationsansatz als Ansammlung von verwandten entwicklungsbezogenen Argumenten dar. Da diese Argumente von verschiedenen Forschern entwickelt und vorgebracht wurden, sind sie zum Teil miteinander nicht kompatibel, ja sogar widersprüchlich. Jeder Forscher verwendet seine eigene Terminologie und definiert Begriffe unterschiedlich und oft unscharf. Dies macht sowohl eine kritische Diskussion als auch eine empirische Überprüfung des Polarisationsansatzes sehr schwierig. Dem Ansatz fehlt die für klare Aussagen erforderliche Präzision.

Dem Polarisationsansatz ist es daher nie gelungen, dem allgemeinen Gleichgewichtsmodell der Neoklassik ein umfassendes eigenes Gegenmodell entgegenzustellen. In einzelnen Teilbereichen der Wirtschaftstheorie und der Wirtschaftspolitik haben derartige Ideen aber durchaus großen Zuspruch gefunden. So etwa in der Arbeitsökonomik, deren Segmentationstheorie[4] ähnlich mit einem Auseinanderklaffen einzelner Teilbereiche argumentiert. In der Regionalökonomik ist es vor allem die Erfahrung mit langfristigen Entwicklungsunterschieden und den dabei zu beobachtenden Mechanismen, die dem Polarisationsansatz intuitiv große Attraktivität verleihen. Er kann erklären, wie die beobachtbaren Mechanismen Entwicklungsunterschiede hervorrufen und festigen, und bietet damit eine Gegenposition zum Ausgleichsargument der Neoklassik.

Allerdings ist auch der Polarisationsansatz, abgesehen von seinen bereits kritisierten Unschärfen, nicht ohne Probleme. Denn nehmen wir das Polarisationsargument ernst, so müssten die Entwicklungspfade einzelner räumlicher Einheiten immer weiter auseinander laufen, bis es zum ökonomischen, politischen oder gesellschaftlichen Zusammenbruch kommt. Da dieser Katastrophen-

---

[4]Für eine Diskussion der Beziehung zwischen Arbeitsmarktsegmentierung und regionaler Polarisation s. etwa Maier und Weiss (1988, 1991).

zustand bisher noch nicht eingetreten ist, scheinen aber auch Gegenkräfte gegen das endgültige Auseinanderdriften am Werk zu sein. Der Polarisationsansatz nennt zwar diese Kräfte – die Ausbreitungseffekte –, kann jedoch keine präzisen Angaben darüber machen, wann die einen Kräfte überwiegen und wann die anderen. Der Polarisationsansatz ist hier nicht in der Lage, klare Aussagen zu treffen.

5.2 Weiterentwicklungen

Die „klassischen" Polarisationsvorstellungen von Myrdal und Hirschmann sind in der regionalwissenschaftlichen und entwicklungstheoretischen Diskussion auf sehr fruchtbaren Boden gefallen. Ihre Ideen wurden auf vielfältige Art weiterentwickelt und mit innovations- und standorttheoretischen Vorstellungen, Machtargumenten u. dgl. zu neuen Konzepten kombiniert. Diese Entwicklung wurde einerseits durch die Unschärfe des Polarisationsansatzes gefördert, weil sich neue Ideen leicht damit integrieren ließen, andererseits haben sie durch die notwendigen Neu- und Uminterpretationen die Unschärfe und Unklarheit weiter verstärkt.

Trotz dieser Schwächen enthalten die Weiterentwicklungen des Polarisationsansatzes viele wichtige Argumente, die vor allem in die regional- und entwicklungspolitische Diskussion Eingang gefunden haben. Wir werden daher einige dieser Erweiterungen nachfolgend diskutieren.

5.2.1 Wachstumspolkonzepte und Wachstumszentren

Während die klassischen Vertreter des Polarisationsansatzes und hier vor allem Myrdal die polarisierende Wirkung des Entwicklungsprozesses recht negativ einschätzen, können ihm die Vertreter des Wachstumspolkonzeptes durchaus positive Seiten abgewinnen. Sie vertrauen darauf, dass bei ausreichender Wirtschaftskraft eines Zentrums die Ausbreitungseffekte über die Entzugseffekte dominieren, und sehen darin einen Ansatzpunkt für eine Entwicklungsstrategie.

Das Wachstumspolkonzept wurde in Anknüpfung an die Arbeiten von Perroux vor allem von französischen und belgischen Forschern entwickelt. Es wird daher auch häufig von einer *französischen Schule* der Entwicklungstheorie gesprochen. Entsprechend der Perrouxschen Tradition standen anfangs die sektoralen Aspekte im Vordergrund, regionale Beziehungen wurden nur am Rande angesprochen.

Die französische Schule der Entwicklungstheorie erstellte eine Reihe von empirischen Studien (z.B. Perroux 1952, Derwa 1957, Fruit 1960) und versuchte dabei, das theoretische Konzept von Perroux zu operationalisieren. Dieser Versuch hat allerdings „in eine Sackgasse geführt" (Schilling-Kaletsch 1976, S. 52), insbesondere deshalb, weil sich die Arbeiten auf die „technische Polarisation" konzentrierten, die in den interregionalen Verflechtungen ihren Ausdruck findet. Diese wurden mit Hilfe der statischen Input-Output-Analyse (s. Abschn.

3.2) modelliert, wodurch das Konzept Perrouxs weitgehend seiner dynamischen Elemente beraubt wurde. Obwohl sich die meisten ihrer empirischen Untersuchungen auf bestimmte Regionen bezogen und sie zum Teil auch Politikempfehlungen für diese abgaben, konnten die Vertreter der französischen Schule aufgrund ihrer einseitigen Ausrichtung auf die intersektoralen Verflechtungen die regionalen Aspekte des Entwicklungsprozesses nicht erfassen. Zum Teil sah sie die regionale Polarisation überhaupt als ausschließlich sektoral determiniert an (etwa Paelinck 1968). Die französische Schule der Entwicklungstheorie „kann damit keine Instrumentalisierung des Wachstumspolkonzepts für die Regionalpolitik liefern" (Schilling-Kaletsch 1976, S. 51).

In den sechziger und siebziger Jahren ist eine Fülle an Literatur entstanden, die die Idee der Wachstumspole aufgegriffen und weiterentwickelt hat. Dies hat einerseits dazu geführt, dass das Konzept immer weiter ausdifferenziert wurde und schließlich auch regionale, räumliche Zusammenhänge Eingang in die Überlegungen gefunden haben. Andererseits hat diese Entwicklung aber auch zu einer verwirrenden Fülle an grundlegenden Begriffen und zu unterschiedlichen Ansprüchen an die Theorie geführt.[5] Diese Begriffsverwirrung hat schließlich die Anwendbarkeit des Konzeptes erheblich beeinträchtigt.

Die Einbeziehung regionaler und räumlicher Zusammenhänge geht wesentlich auf Arbeiten von Boudeville und Lasuén zurück. Sie beziehen in ihre Wachstumspolargumentation auch standörtliche Aspekte mit ein. Insbesondere greifen sie auf die Zentrale-Orte-Theorien von Christaller und Lösch zurück und sehen die Entwicklungsfunktion eines Wachstumspols direkt mit dem Muster eines Systems von städtischen Agglomerationen verbunden. Ein Wachstumspol[6] benötigt für seine Entstehung die Agglomerationsvorteile einer Stadt und die Vielfalt der dort geballten Funktionen. Um Wachstumsimpulse an das Umland weiterzugeben – um also seine Funktion als Wachstumsmotor zu erfüllen –, muss die Stadt weiters in ein funktional verflochtenes Siedlungssystem eingebettet sein. Denn Wachstumsimpulse breiten sich nicht unbedingt kontinuierlich im Raum aus, sondern sie folgen auch der zentralörtlichen Hierarchie. Sie springen also von Städten höchster Zentralität zu denen der nächsten Zentralitätsstufe usw. Im Vordergrund steht damit der Zusammenhang zwischen Wachstum und Urbanisierung.

Dabei wird das räumliche Muster nicht als vorgegeben betrachtet, sondern seinerseits als Ergebnis des Entwicklungsprozesses gesehen. Lasuén (1973) versteht die Entwicklung der Wirtschaft und die Muster städtischer Siedlungen eines Landes als „die zeitlichen und räumlichen Spuren eines Prozesses der Adoption von Innovationen" (Schätzl 1988, S. 155). Dadurch, dass die Städte aufgrund ihrer Ballung von Aktivitäten und des bereits bestehenden Entwicklungsvorsprungs neue Innovationen leichter aufnehmen, empfangen sie stärkere

---

[5] Kuklinski (1972) schreibt etwa, dass die Wachstumspoltheorie drei Funktionen erfüllt: „the function of a theoretical concept; the function of a planning instrument, and the function of a hypothesis for historical studies".

[6] Wegen der engen Verbindung zur Zentrale-Orte-Theorie wird auch oft von einer Theorie der Wachstums*zentren* gesprochen.

Entwicklungsimpulse als periphere ländliche Regionen und können so ihren Vorsprung festigen und ausbauen. In der Tradition von Schumpeter und Perroux nehmen Innovationen auch in diesen Weiterentwicklungen des Wachstumspolkonzepts eine zentrale Rolle ein: Die Ballung von Aktivitäten führt zu Innovationen, wobei der daraus resultierende Entwicklungsvorsprung seinerseits weitere Aktivitäten anzieht und so die Ballung verstärkt.

Damit bekommt der Begriff der Polarisation neben seiner statischen – zu einem bestimmten Zeitpunkt bestehen Unterschiede zwischen den Regionen – auch noch eine dynamische Bedeutung. Entwicklungsschwache Regionen sind weniger gut in der Lage, Innovationen aufzunehmen und haben daher schlechtere Voraussetzungen für zukünftige Entwicklung. Die stabile Rangordnung im urbanen System bringt auch ein stabiles Muster in der Ausbreitung von Innovationen und damit in den Entwicklungschancen mit sich.

Lasuén kombiniert zwei grundlegende Argumente über die Beziehung zwischen der Ausbreitung von Innovationen und der Raumstruktur:

1. die zu einem bestimmten Zeitpunkt beobachtbare Raumstruktur – insbesondere das zentralörtliche System – ist das Ergebnis und damit der räumliche Ausdruck früherer Innovationsschübe;
2. Innovationen werden in entwickelteren und urbaneren Regionen besser und schneller aufgenommen und breiten sich daher in diesen Gebieten besser aus.

Dies ergibt einen zirkulär-kumulativen Prozess der Ausbreitung von Innovationen: Wo bereits Innovationen gewirkt haben, werden auch neuere Innovationen besser aufgenommen.

Da Innovationen in immer rascherer Folge entstehen und sich aufgrund früherer Innovationen auch immer rascher ausbreiten, ergibt sich daraus für alle Länder außer jenen wenigen, die grundlegende Innovationen hervorbringen, ein grundlegendes Dilemma der Entwicklungspolitik. Sie haben die Wahl zwischen zwei Übeln:

1. Sie können versuchen, Innovationen so rasch wie möglich aufzunehmen, um am globalen Entwicklungsprozess teilzuhaben. Die entwickelten Zentren des Landes werden damit aber Innovationen aufnehmen, obwohl die vorangegangene Innovation sich noch gar nicht im gesamten Land ausgebreitet hat. Das Ergebnis ist eine fortschreitende Polarisierung zwischen den entwickelten und den weniger entwickelten Gebieten des Landes.
2. Sie können versuchen, die Aufnahme von Innovationen in den entwickelten Zentren so lange hinauszuzögern, bis sich die vorangegangene Innovation im ganzen Land gleichmäßig ausgebreitet hat. Damit koppelt sich das Land aber vom globalen Entwicklungsprozess ab und fällt insgesamt in seiner Entwicklung zurück.

Vor allem in Entwicklungsländern ist dieses Dilemma deutlich zu beobachten. Auch der Transformationsprozess in Osteuropa, der ja von zunehmender Ungleichheit charakterisiert ist, passt in dieses Schema. Er repräsentiert einen

Wechsel von der zweiten Strategie – Entwicklungsrückstand bei geringer interner Polarisierung – zur ersten.

5.2.2 Zentrum-Peripherie-Modelle

Zentrum-Peripherie-Modelle knüpfen eigentlich an eine eigene theoretische Tradition an, nämlich die der lateinamerikanischen Dependenztheorie, und stellen daher nicht wirklich Weiterentwicklungen der Polarisationstheorie dar. Da sie in ihrer räumlichen Interpretation jedoch große Ähnlichkeit mit den Weiterentwicklungen der Polarisationstheorie aufweisen, wollen wir sie dennoch hier kurz behandeln.

Wie der Name schon andeutet, stellen Zentrum-Peripherie-Modelle auf die Beziehungen zwischen zwei Typen von Regionen[7] und die Beziehungen zwischen ihnen ab: das „Zentrum" und die „Peripherie". Dabei handelt es sich um abstrakte Konzepte, die nicht durch Bevölkerungsdichten, Wirtschaftsstruktur u.a. definiert sind, sondern dadurch, welche Beziehungen zwischen ihnen bestehen. „Zentrum" sind jene Teilräume, die den Entwicklungspfad des Systems bestimmen und damit auch die Entwicklung der als „Peripherie" bezeichneten abhängigen Teilräume. Zentrum und Peripherie bilden also miteinander ein System, das durch Autoritäts- und Abhängigkeitsbeziehungen gekennzeichnet ist.

Durch diese Definition können Zentrum und Peripherie auf verschiedenen räumlichen Ebenen existieren; zwischen Teilbereichen einer Region, zwischen Regionen, zwischen Ländern und auf globaler Ebene zwischen Erster und Dritter Welt. Gebiete, die auf der einen Ebene die Funktion des Zentrums ausüben, können in einer anderen Beziehung Peripherie darstellen. Dies gilt etwa für die großen Städte der Dritten Welt, die die Entwicklung ihres jeweiligen Landes wesentlich beeinflussen und damit Zentren darstellen. In der Beziehung zu den industrialisierten Ländern sind sie jedoch eindeutig Teil der Peripherie. Diese Doppelfunktion von Gebieten weist Ähnlichkeiten mit den Zentralen Orten in einem Zentrale-Orte-Schema auf, die ja auch von den darüber liegenden Zentralen Orten beeinflusst werden, ihrerseits aber die darunter liegenden Orte dominieren.

Eine aus regionalökonomischer Sicht interessante Version des Zentrum-Peripherie-Modells hat Friedmann (1972) in seinem Aufsatz „A General Theory of Polarized Development" vorgestellt. Er beschränkt sich dabei nicht nur auf ökonomische Prozesse, wie dies etwa frühere Vertreter des Zentrum-Peripherie-Ansatzes (z.B. Prebisch 1959), aber auch Vertreter der Wachstumspoltheorie machen, sondern er zieht auch soziale Prozesse in seine Überlegungen mit ein.

Ausgangspunkt von Friedmanns Überlegungen sind, wie schon bei einigen früher besprochenen Ansätzen, die Innovationen, die er allerdings nicht nur im technologisch-ökonomischen Sinn versteht, sondern die auch soziale Neuerun-

---

[7]Wir gehen hier von einer räumlichen Interpretation aus. „Zentrum" und „Peripherie" können jedoch durchaus auch in einem nicht-räumlichen Sinn interpretiert werden, etwa als soziale Gruppen oder ökonomische Klassen.

gen wie neue Formen der Organisation und neue Lebensstile umfassen. Entwicklung ist, laut Friedmann, zu verstehen „as a discontinuous cumulative process that occurs as a series of elementary innovations that become organized into innovative clusters and finally into large-scale systems of innovation" (Friedmann 1972, S. 86). Diese Vorstellung vom Entwicklungsprozess zeigt deutlich die Parallelen zu den bereits besprochenen Varianten der Polarisationstheorie.[8] Grundlegende Neuerungen entstehen nur in einer relativ kleinen Anzahl an städtischen Gebieten, die den Entwicklungsprozess bestimmen. Sie fasst Friedmann als Zentrum („core regions") auf. Alle übrigen Regionen stellen die abhängige Peripherie dar.

Aufgrund wiederholter erfolgreicher Innovationen üben die Regionen des Zentrums Autorität über die Peripherie aus. Diese Macht des Zentrums über die Peripherie führt Friedmann auf sechs sich selbst verstärkende Feedback-Effekte zurück:

1. den *Dominationseffekt* im Sinne des Entzugseffekts von Myrdal,
2. den *Informationseffekt*, der aus der höheren Interaktionsdichte im städtischen Zentrum resultiert,
3. den *psychologischen Effekt* der Beispielswirkung erfolgreicher Innovation auf künftige potentielle Innovatoren,
4. den *Modernisierungseffekt* auf bestehende gesellschaftliche Werthaltungen, Attitüden und Institutionen, die durch den ständigen Wandel sich leichter an künftige Veränderungen anpassen,
5. den *„linkage effect"*, durch den sich Innovationen in verbundenen Aktivitäten fortsetzen,
6. den *Produktionseffekt* der Kostenreduktion infolge zunehmender Skalenerträge und externer Ersparnisse.

Allerdings bleibt die Dominanz des Zentrums über die Peripherie nach Friedmanns Ansicht nicht ohne Widerspruch. Die sich vom Zentrum her ausbreitenden Innovationen führen zu zunehmend größer werdendem Anspruch der Eliten der Peripherie auf ihren Anteil an der Macht und den Vorteilen aus dem Entwicklungsprozess. „Dieser Anspruch wird hervorgerufen durch den Informationsfluss vom Zentrum zur Peripherie, durch den die Peripherie sich ihres komparativen Nachteils bewusst wird und folglich nach größerer regionaler Autonomie in wichtigen Entscheidungen verlangt" (Schilling-Kaletsch 1976, S. 152). Die Zentrum-Peripherie-Struktur stellt sich damit als räumliche Form gesellschaftlicher Konflikte dar. Friedmann sieht vier mögliche Ergebnisse dieses Konfliktes:

1. *massive Repression* des Zentrums auf die Eliten der Peripherie, um die bestehende räumliche Struktur aufrechtzuerhalten;
2. *Neutralisierung* der Eliten der Peripherie durch graduelle Modifikationen der Autoritäts-Abhängigkeitsstruktur;

---

[8]Das Zitat kann auch als Rechtfertigung dafür dienen, dass wir Friedmanns Ansatz in diesem Abschnitt besprechen.

3. *Ablösung der Eliten des Zentrums* durch jene der Peripherie, was je nach Orientierung der neuen Eliten zu systemweitem Wachstum oder zu Stagnation führen kann;

4. *Kooptierung der Eliten der Peripherie* durch jene des Zentrums. Unter dieser Strategie kommt es zu einer gleichmäßigeren Verteilung der Macht durch einen Prozess der politischen und ökonomischen Dezentralisierung. Dadurch nehmen die Autoritäts-Abhängigkeitsbeziehungen ab, ja können sogar weitgehend abgebaut werden, wodurch die Dichotomie zwischen Zentrum und Peripherie überwunden wird.

Durch die Betonung gesellschaftlicher Prozesse erweitert Friedmann die Polarisationsvorstellungen zu einer Theorie des gesellschaftlichen Wandels. Er lehnt sich damit sowohl an die lateinamerikanische als auch an die marxistische Tradition der Entwicklungstheorie an. Seine Leistung besteht vor allem darin, als einer der ersten über die ökonomischen Zusammenhänge hinausgewiesen und damit Regionalentwicklung auch als gesellschaftlichen und politischen Prozess erkannt zu haben.

5.3 Zusammenfassung

Die in diesem Kapitel dargestellte Polarisationstheorie stellt einen Gegenpol zur neoklassischen Theorie von Kap. 4 dar. Im Unterschied zur Neoklassik, die die ausgleichenden Wirkungen der ökonomischen Mechanismen betont, vertritt die Polarisationstheorie die Ansicht, dass die Marktkräfte interregionale Entwicklungsunterschiede tendenziell eher vergrößern als verkleinern.

Die Polarisationstheorie stellt kein in sich geschlossenes und konsistentes System dar, sondern präsentiert sich eher als eine lose verbundene Sammlung von Argumenten. Einzelne Autoren vertreten im Detail unterschiedliche und fallweise auch einander widersprechende Ansichten, die sich außerdem im Verlauf der theoretischen Diskussion weiterentwickelt und damit verändert haben.

In Abschn. 5.1 stellen wir die Grundzüge der Polarisationstheorie dar, wie sie von den klassischen Vertretern (v.a. Perroux, Myrdal, Hirschman) formuliert wurde. Wir diskutieren sektorale und regionale Polarisation und die wichtigsten Mechanismen, die nach Ansicht dieser Autoren zu polarisierter Entwicklung führen. Dies sind vor allem die Selektivität der Faktorwanderung, externe Effekte und andere Marktunvollkommenheiten sowie die Diffusion von Innovationen.

In Abschn. 5.2 stellen wir Ansätze dar, die auf Polarisationsvorstellungen aufbauen und diese weiter entwickeln. Aus der Fülle von derartigen Ansätzen greifen wir zwei Gruppen heraus, nämlich Wachstumspole und Wachstumszentren einerseits und die Zentrum-Peripherie-Modelle andererseits. Das Wachstumspolkonzept legt besonderes Augenmerk auf die Innovationsdiffusion und sieht Regionalentwicklung als einen evolutionären Prozess. Die Zentrum-Peripherie-Modelle betonen vor allem die gesellschaftlichen und politischen Aspekte des regionalen Entwicklungsprozesses und weisen damit deutlich über die rein ökonomische Betrachtungsweise hinaus.

5.4 Übungsaufgaben und Kontrollfragen

1. Erläutern Sie die grundlegende Argumentation der Polarisationstheorie. Inwiefern handelt es sich dabei um eine Gegenposition zur neoklassichen Theorie?

2. Beschreiben Sie das Konzept der motorischen Einheit.

3. Erläutern Sie Myrdals Konzept der zirkulär-kumulativen Prozesse. Geben Sie ein Beispiel.

4. Was versteht man unter Ausbreitungs- und Entzugseffekten? Inwiefern sind sie von besonderer regionalökonomischer Bedeutung?

5. Welches Argument stellt die Polarisationstheorie der neoklassischen Ansicht entgegen, dass die Mobilität von Arbeitskräften zu einem Ausgleich von Entwicklungsunterschieden führt?

6. Beschreiben Sie das Konzept des Wachstumspols. Diskutieren Sie insbesondere die Rolle von Innovationen im Rahmen des Wachstumspolkonzepts.

7. Was versteht man unter „Zentrum", was unter „Peripherie"? Geben Sie Beispiele. Welche Beziehungen bestehen zwischen diesen beiden Regionstypen?

Kapitel 6

Endogene Wachstumstheorie

Die in Kap. 5 dargestellte Polarisationstheorie und ihre Weiterentwicklungen zeigen zwei wesentliche Gemeinsamkeiten, nämlich

1. die Betonung zirkulär-kumulativer Prozesse, die, wenn einmal angestoßen, einen Entwicklungsprozess in eine bestimmte Richtung treiben, und
2. als Konsequenz davon die Möglichkeit divergierender Entwicklungsprozesse.

Da sich – zumindest bei oberflächlicher Betrachtung – viele derartige Prozesse finden lassen[1], hat das Polarisationsargument in der Regionalökonomik und vor allem in der regionalpolitischen Diskussion große Resonanz gefunden. Da sich aus allen Varianten der Polarisationstheorie auch – im Gegensatz zur Neoklassik – die Notwendigkeit staatlicher Eingriffe in den regionalwirtschaftlichen Entwicklungsprozess ableiten lassen, wurde das Polarisationsargument auch gerne von Regionalpolitikern zur Legitimation ihres Handelns herangezogen.

Obwohl die Polarisationstheorie ursprünglich als Gegenpol zur Neoklassik entwickelt wurde, hat ihre Kritik im neoklassischen „Mainstream" der Ökonomie keine besondere Resonanz gefunden. Einer der wichtigsten Gründe dafür liegt darin, dass die Polarisationsargumente immer nur in recht unscharfer verbaler Form vorgebracht und nie in ein umfassendes mathematisch formales Konzept gebracht wurden. Die Polarisationstheorie konnte ihre Kritik damit auch nie bis in den Kernbereich der neoklassischen Ökonomie tragen.

Erst in den letzten Jahren sind Arbeiten entstanden, die diese Kluft überbrücken können. Diese Arbeiten gehen von Märkten mit unvollkommener Konkurrenz und/oder Agglomerationseffekten aus und verwenden damit wesentliche Argumente der Polarisationstheorie. Allerdings verwenden sie das formale Instrumentarium der Neoklassik und können auch inhaltlich in vieler Hinsicht „durchaus als neoklassisch bezeichnet werden, als sie nämlich wesentliche Elemente der neoklassischen Methode unverändert übernehmen: Sie gehen aus von einem allgemeinen Gleichgewicht mit optimierenden Agenten, von jederzeit geräumten Märkten und vollkommener Voraussicht" (Bröcker 1994, S. 30).

Die Berücksichtigung von unvollkommener Konkurrenz und von Agglomerationseffekten hat in verschiedenen Teildisziplinen der Ökonomik zu interessanten neuen Erkenntnissen geführt. Wegen ihres neuen Ausgangspunktes werden deren Beiträge in den Teildisziplinen oft mit dem Zusatz „new" versehen. Aus einer regionalökonomischen Perspektive betrachtet die wichtigsten sind:

---

[1] Bei kritischer Betrachtung erweist es sich allerdings als sehr schwierig, die Hypothesen der Polarisationstheorie zweifelsfrei nachzuweisen.

- „New Trade Theory" (Krugman 1980, Helpman und Krugman 1985)
- „New Growth Theory" (Romer 1987, 1990; Grossman und Helpman 1991a, b)
- „New Economic Geography" (Krugman 1991a, b; Fujita et al. 1999).

Da sie sich primär mit der Verteilung von Aktivitäten zwischen Regionen beschäftigt, haben wir die „New Economic Geography" bereits in Band 1, Kap. 5 behandelt. In diesem Kapitel wollen wir auf die neue Wachstumstheorie, die präziser als endogene Wachstumstheorie bezeichnet wird, genauer eingehen.

Voraussetzung für diese neuen Ansätze der Ökonomik sind formale Instrumente, die den Ökonomen erlauben, unvollkommene Konkurrenz und Agglomerationseffekte in ihre formalen Modelle zu integrieren. Einen wichtiger Schritt dabei stellt das von Dixit und Stiglitz (1977) entwickelte Modell der monopolistischen Konkurrenz dar (siehe auch Spence 1976 und die Darstellung in der Materialiensammlung auf http://www-sre.wu-wien.ac.at/lehrbuch). Zugleich haben andere Arbeiten auch den Glauben der Ökonomen an eine Welt der vollkommenen Konkurrenz mehr und mehr erschüttert. Hier sind vor allem die zunehmenden Zweifel an der Exogenität des technischen Fortschritts und Starretts räumliches Unmöglichkeitstheorem (s. Band 1, Kap. 5) zu nennen, das zeigt, dass eine Wirtschaft, in der Transportkosten anfallen, nicht in einem Gleichgewicht unter vollkommener Konkurrenz sein kann.

6.1 Die Produktion technischen Fortschritts

Bereits in Kap. 4 haben wir erwähnt, dass technischer Fortschritt in der traditionellen Wachstumstheorie „wie Manna vom Himmel fällt", d.h. eine exogene Größe darstellt, die nicht erklärt wird. Dies ist aus mehreren Gründen problematisch. Erstens ist technischer Fortschritt der einzige Mechanismus im traditionellen Modell der Neoklassik, der längerfristig einen Anstieg der Pro-Kopf-Einkommen herbeiführen kann. Wie wir in Kap. 4 gesehen haben, stößt der auf Investitionen und die damit verbundene Anhäufung von Kapital zurückgehende Wachstumsprozess an Grenzen und kommt ohne technischen Fortschritt zum Erliegen, wenn die optimale Kapitalausstattung erreicht ist. Wachstum wird somit letztlich auf eine exogene Größe zurückgeführt, den technischen Fortschritt. Die traditionelle Wachstumstheorie verfehlt somit ihr eigentliches Ziel, nämlich längerfristiges Wachstum zu erklären.

Die Vorgangsweise der traditionellen Wachstumstheorie wäre dann vertretbar, wenn technischer Fortschritt überwiegend auf mehr oder weniger zufällige Erfindungen zurückginge, die außerhalb des wirtschaftlichen Systems entstehen (Grossman und Helpman 1991b). Tatsächlich wenden Regierungen und Unternehmen heute erhebliche Mittel für Forschung und Entwicklung auf. Der Anteil der F&E-Ausgaben an der gesamten Wertschöpfung erreichte im Jahr 2000 in den USA 2,69%, in Deutschland 2,52% und in Schweden gar 3,78%. Dabei beträgt der Anteil der Unternehmen an den F&E-Ausgaben in der EU(15) 57% und in den USA 68%. Die Anteile der F&E-Ausgaben an der Wertschöpfung sind in den letzten Jahrzehnten in den OECD-Ländern deutlich angewachsen und haben sich zwischen 1975 und 2000 etwa verdreifacht (European Commission 2003). Als besonders forschungsintensiv erweisen sich dabei die elektronische Industrie, Chemie, Pharma-Industrie und die Luftfahrt.

Alle Indikatoren deuten also darauf hin, dass technischer Fortschritt nicht einfach vom Himmel fällt, sondern unter Einsatz von Ressourcen produziert werden muss. Damit sollte aber die Frage, wie technischer Fortschritt entsteht und aufgrund welcher Kalküle er produziert wird, Teil einer allgemeinen Wirtschaftstheorie sein und nicht von ihr als exogen angesehen werden.

Jeder Versuch, die Produktion technischen Fortschritts in das formale Konzept der traditionellen neoklassischen Theorie zu integrieren, stößt auf erhebliche Schwierigkeiten. Der Grund dafür liegt in den besonderen Eigenschaften des „Produkts Technologie" – es weist Merkmale öffentlicher Güter (Band 1, Kap. 5) auf, die den Anforderungen widersprechen, die das neoklassische Modell an Güter stellt (Grossman und Helpman 1991b, S. 15). Als eine Form des Wissens kann Technologie *nicht-rivalisierend* genutzt werden. Das heißt, dass technisches Wissen, das von einem Unternehmen in der Produktion eingesetzt wird, zugleich auch von anderen Unternehmen eingesetzt werden kann, ohne dass es neu produziert werden müsste. Zugleich gilt für technisches Wissen auch in gewissem Umfang *Nicht-Ausschließbarkeit*: der Entwickler oder Eigentümer einer technischen Neuerung kann Konkurrenten nur in beschränktem Umfang davon abhalten, diese ebenfalls zu nutzen. Häufig drückt sich eine Innovation schon in den Eigenschaften des Endproduktes aus, sodass sie allgemein bekannt ist, sobald das Produkt auf den Markt kommt. Das Rechtssystem schützt zwar die Interessen der Entwickler von technischen Neuerungen durch Patente und handelbare Lizenzen, je mehr eine Neuerung allerdings im immateriellen, geistigen Bereich liegt, umso schlechter ist sie durch derartige Instrumente zu schützen.[2] Auch unterscheiden sich die rechtlichen Instrumente zum Schutz des geistigen Eigentums erheblich zwischen Ländern, und einige scheinen bewusst darauf abzuzielen, ihren Unternehmen leichten Zugang zu den Innovationen ihrer ausländischen Konkurrenten zu verschaffen.

Die Konsequenz dieser Eigenschaften ist, dass die Produktion technischen Fortschritts von starken *externen Effekten* geprägt ist. Produziert ein Unternehmen eine bestimmte technische Neuerung, so wirkt sich diese – wegen Nicht-Rivalität und Nicht-Ausschließbarkeit – nicht nur auf dieses, sondern auch auf andere Unternehmen positiv aus. Damit geht der gesellschaftliche Nutzen der Innovation über den einzelwirtschaftlichen Nutzen ihres Entwicklers hinaus. Allerdings bedeutet dies auch, dass der Produzent der Innovation nicht den gesamten Nutzen seiner Produktionsentscheidung lukrieren kann, und er wird daher weniger Ressourcen dafür aufwenden, als gesamtwirtschaftlich sinnvoll und wünschenswert wäre. Der Abfluss an Nutzen kann sogar so groß sein, dass die Produktion einer bestimmten Innovation vollständig unterbleibt.

Dies sind typische Probleme externer Effekte, wie sie in der Regionalöko-

---

[2] „The very use of the information in any productive way is bound to reveal it, at least in part" (Arrow 1962).

nomik[3] lange bekannt sind und wie wir sie bereits in Band 1 ausführlich besprochen haben. Die traditionelle neoklassische Theorie hat derartige Effekte bisher immer durch entsprechende Annahmen aus ihrem Theoriegebäude fern gehalten. Allerdings ist dieser Trick im Zusammenhang mit dem Bestreben, technischen Fortschritt in das Modell zu integrieren, nicht mehr möglich. Zwar könnte man argumentieren, dass diese externen Effekte nur das Ergebnis zu laxer patentrechtlicher Regelungen sind, doch treibt man damit vom theoretischen Standpunkt aus den Teufel mit dem Beelzebub aus. Denn eine starke Patentregelung, die diese externen Effekte – zumindest weitgehend – vermeidet, müsste jedem Produzenten einer Innovation das Monopol auf die Verwertung dieser neuen Technologie einräumen. Monopole wirken sich aber ähnlich verheerend auf die Funktionsweise des neoklassischen Marktmechanismus aus wie externe Effekte.

6.2 Endogene Wachstumstheorie

Die Leistung der endogenen Wachstumstheorie besteht nicht so sehr darin, neue Argumente in die Diskussion eingebracht zu haben, sondern darin, dass sie altbekannte Argumente so formuliert hat, dass diese in den formalen Rahmen eines allgemeinen Gleichgewichtsmodells passen und ihre Implikationen daher auch in diesem Rahmen und unter Berücksichtigung aller darin enthaltenen ökonomischen Mechanismen analysiert werden können. Diese Technik erfordert ein mathematisches Instrumentarium von beträchtlicher Komplexität. Wir werden daher nachfolgend wiederum nur die Grundzüge der wichtigsten Ansätze darstellen, mit denen die endogene Wachstumstheorie die oben angeführten Probleme zu lösen versucht. Der an den Details interessierte Leser sei auf Grossman und Helpman (1991b) und die sonstige Originalliteratur verwiesen.

6.2.1 Varianten der endogenen Wachstumstheorie

Eine Variante der endogenen Wachstumstheorie, die von Bröcker (1994) als „Externalitätenmodell" bezeichnet wird, versucht, die externen Effekte der Innovation durch einen zusätzlichen Produktionsfaktor H direkt zu berücksichtigen. Dieser Faktor wird als Humankapital interpretiert, das gemeinsam mit den traditionellen Produktionsfaktoren Arbeit und Kapital die Produktionshöhe bestimmt. Da für den traditionellen Teil der Produktionsfunktion die übliche Annahme linearer Homogenität[4] getroffen wird, muss sie für alle drei Faktoren steigende Skalenerträge aufweisen. Romer (1990, S. S75f) illustriert dies am Beispiel eines Produzenten von Computer-Festplatten. Angenommen,

---

[3]In der Regionalökonomik wird dabei vorwiegend mit den Auswirkungen der räumlichen Nähe bestimmter Arten von wirtschaftlicher Nutzung argumentiert.

[4]Wenn bei gegebenem Niveau von H die Einsatzmengen der Faktoren Arbeit und Kapital verdoppelt werden, muss sich auch die Produktionsmenge verdoppeln. Aus Kap. 4 wissen wir, dass dies konstante Skalenerträge bedeutet.

das Unternehmen investiert 10.000 Arbeitsstunden in die Entwicklung einer 20-Gigabyte-Festplatte und produziert pro Jahr 100.000 Stück (also 2 Mrd. Gigabyte) mit 100 Arbeitern in seiner 10-Mio.-Euro-Fabrik. In zwei derartigen Fabriken könnte das Unternehmen mit 200 Arbeitern doppelt so viel Speicherkapazität, nämlich 4 Mrd. Gigabyte produzieren. Nehmen wir an, das Unternehmen hätte mit dem doppelten Entwicklungsaufwand eine 30-Gigabyte-Festplatte entwickeln können, so hätte die Verdoppelung *aller* Inputs (Arbeit, Kapital und Entwicklungsaufwand) damit zu einem Gesamtausstoß von 6 Mrd. Gigabyte, also dem Dreifachen geführt.

Das theoretische Problem liegt allerdings darin, dass der zusätzliche Faktor nicht entlohnt werden kann. Denn da unter den Standardannahmen einer Konkurrenzwirtschaft sowohl Arbeit als auch Kapital nach dem Wert ihres Grenzprodukts entlohnt werden, geht der gesamte Erlös für die Entlohnung dieser beiden Faktoren auf. Der Faktor H muss daher unentgeltlich zur Verfügung stehen, ansonsten machen die Unternehmen Verluste (Romer 1990). Damit besteht aber kein Anreiz zur Akkumulation von H, auf der allerdings das Wachstumsargument des Externalitätenmodells der endogenen Wachstumstheorie beruht. Um diesem Dilemma zu entgehen, fasst beispielsweise Romer (1986) die Vermehrung des Humankapitals H als einen externen Effekt der Investition auf. Mit der Erhöhung des Kapitalstocks durch Investitionen wird automatisch, so seine Annahme, auch das Humankapital vermehrt. Dieser zusätzliche Faktor wird allerdings von den Unternehmen nicht entlohnt. Eine andere Möglichkeit besteht darin, H als öffentliche Infrastruktur aufzufassen, die vom Staat bereitgestellt und über Steuern finanziert wird (s. Barro 1990).

Wie auch immer H interpretiert wird, das Wachstum der Wirtschaft hängt nun von der Zunahme aller drei Inputfaktoren ab:

$$\hat{Y} = \gamma\hat{H} + \alpha\hat{K} + \beta\hat{L} \ . \tag{6.1}$$

Dabei bezeichnet $\hat{Y}$ die Wachstumsrate der Wirtschaft, $\hat{H}$ die Wachstumsrate des Humankapitals, $\hat{K}$ die Wachstumsrate des Kapitals und $\hat{L}$ die Wachstumsrate des Arbeitseinsatzes. Mit γ, α und β werden die Beiträge der einzelnen Faktoren bezeichnet, wobei $\alpha + \beta$ gleich 1 ist.

Durch den Zuwachs an Humankapital erhöhen sich auch die Produktivitäten von Arbeit und Kapital. Bei einem ausreichend hohen Wert von γ kann dieser Effekt so stark sein, dass der in Kap. 4 beschriebene Mechanismus des sinkenden Grenzprodukts des Kapitals, der schließlich jedes endogene Wachstum zum Erliegen bringt (Abb. 4.2), außer Kraft gesetzt wird. In diesem Modell kann damit auch langfristig genug investiert werden, um die Kapitalabschreibung zumindest zu ersetzen. Das Modell erlaubt damit einen langfristigen, endogen hervorgerufenen Wachstumsprozess. Rebelo (1991) beschreibt eine Version dieses Modells mit langfristig konstanter, positiver Wachstumsrate, im Modell von Romer (1986) nimmt die Wachstumsrate im Zeitablauf sogar zu.

Der Pferdefuß des Externalitätenmodells liegt in der oben bereits diskutierten Implikation, dass der Faktor Humankapital nicht entlohnt werden kann.

Dies steht in Gegensatz zu dem in Abschn. 6.1 angeführten Befund, dass die Unternehmen erhebliche und immer höhere Beträge für Forschung und Entwicklung aufwenden.

Neuere Versionen der endogenen Wachstumstheorie versuchen daher, das einfache Externalitätenargument durch eine sorgfältigere Modellierung des Innovationsprozesses zu ersetzen (Bröcker 1994, nennt sie daher auch „Innovationsmodelle"). In diesen Modellen wird in einem Teilbereich der Wirtschaft monopolistische Konkurrenz (s. Dixit und Stiglitz 1977 und Materialien) unterstellt, sie rücken also die bereits angeschnittene Frage der Marktform in den Vordergrund.

Romer (1990) unterscheidet in seinem Modell drei Sektoren der Wirtschaft:

1. den Forschungssektor,
2. den Sektor für Zwischenprodukte und
3. den Sektor für Endprodukte.

Der Forschungssektor produziert Anleitungen („Designs") für neue Zwischenprodukte. Für jedes neue Design erhält sein Erfinder ein unbeschränktes Patent, das er an die Firmen des Sektors für Zwischenprodukte verkaufen kann. Diese verwenden die Designs, um neue Zwischenprodukte zu erzeugen. Auf dem Markt für Zwischenprodukte herrscht somit monopolistische Konkurrenz und ihre Produzenten können somit eine Monopolrente realisieren. Durch diese kann die Erforschung neuer Designs finanziert werden. Die neu entwickelten Zwischenprodukte gehen dann als Kapital in die Produktion von Endprodukten ein, wobei am Markt für Endprodukte vollkommene Konkurrenz herrscht.

Romer verwendet eine sehr enge Definition von Humankapital. Er versteht darunter nur jenen Teil von Wissen, Kenntnissen und Fähigkeiten wie die Auswirkungen formaler Bildung und von „on-the-job-training", die an eine Person gebunden sind. Dieses Humankapital kann nur rivalisierend genutzt werden, nämlich nur dadurch, dass die entsprechende Person im Arbeitsprozess eingesetzt wird. Romer unterscheidet davon eine nicht-rivalisierende, technologische Komponente des Wissens, das sich bei ihm in der Zahl der verfügbaren Designs für Zwischenprodukte ausdrückt. Dieses Wissen über die Designs der Zwischenprodukte kann von mehreren Produzenten gleichzeitig genutzt (Nicht-Rivalität) und kann auch nicht geheim gehalten (Nicht-Ausschließbarkeit) werden. Dieser Teil des Wissens weist also die Eigenschaften eines öffentlichen Gutes auf.

Da jeder Forscher für seine Erfindung ein unbeschränktes Patent erhält, kommen diese Eigenschaften des technologischen Wissens in der Produktion von Zwischenprodukten nicht zum Tragen. Sie wirken sich aber in der Produktion neuen Wissens voll aus. Denn nach den Vorstellungen Romers hängt die Produktion neuen technologischen Wissens vom eingesetzten Humankapital und dem verfügbaren Bestand an derartigem Wissen ab. Bezeichnen wir mit T den Bestand an technologischem Wissen und mit $\dot{T}$ seine Veränderung über die Zeit, so können wir diese Beziehung in einfacher Form anschreiben als

$$\dot{T} = \tau H_T T \ , \tag{6.2}$$

wobei H_T die im Forschungssektor eingesetzte Menge an (rivalisierendem) Humankapital und τ ein Skalierungsfaktor ist. Eine interessante Implikation dieser Spezifikation ist, dass die Produktivität des im Forschungssektor eingesetzten Humankapitals umso größer ist, je größer der Bestand an technologischem Wissen ist[5]. Romer begründet dies damit, dass anders als bei den traditionellen Produktionsfaktoren Arbeit und Kapital, wo zuerst die produktivsten und später die weniger produktiven eingesetzt werden, dieses Aneinanderreihen in der Reihenfolge abnehmender Produktivität bei technologischem Wissen nicht besteht. Es werden nicht zuerst die produktivsten Erfindungen gemacht und später die weniger produktiven. Vielmehr baut die Erfindung eines neuen Produktes auf der Erfahrung bei der Entwicklung früherer Produkte auf.

Dieser Prozess der Akkumulation technologischen Wissens ist der Wachstumsmotor in Romers Modell. Die Wachstumsrate der Gesamtwirtschaft ist proportional zu der im Forschungssektor eingesetzten Menge an Humankapital, wobei auch die Aufteilung des Humankapitals zwischen dem Forschungssektor und den anderen Sektoren endogen im Modell bestimmt wird.

6.2.2 Implikationen der endogenen Wachstumstheorie

Obwohl die Modelle der endogenen Wachstumstheorie über weite Strecken denen der Neoklassik folgen, unterscheiden sie sich in ihren theoretischen und wirtschaftspolitischen Implikationen doch erheblich.

Während in der Neoklassik der Marktmechanismus alle Ungleichgewichte und interregionalen Unterschiede in den Wachstumsraten automatisch eliminiert, kann das Modell der endogenen Wachstumstheorie mit keinem derartigen Wunderwerk aufwarten. Durch die externen Effekte und Monopole, die die Theorie zur Begründung eines endogenen Wachstumsprozesses benötigt, wird die Effizienz des Marktmechanismus gestört. Der Wachstumspfad der Marktlösung und der gesellschaftlich beste Entwicklungspfad sind nicht mehr identisch, sie klaffen auseinander.

In den beiden oben kurz beschriebenen Modellvarianten lässt sich jeweils zeigen, dass die Wachstumsrate der Marktlösung, also jene, die sich aufgrund des freien Spiels der Marktkräfte einstellt, niedriger als die gesellschaftlich optimale ist. Im Externalitätenmodell berücksichtigen die einzelnen Unternehmer bei den Investitionsentscheidungen nicht, dass dabei auch Humankapital generiert wird, das auch anderen Unternehmen zur Verfügung steht. Dieser externe Effekt führt dazu, dass insgesamt zu wenig investiert wird. In dem beschriebenen Innovationsmodell von Romer (1990) geht die Ineffizienz des Marktmechanismus auf mehrere Ursachen zurück. Einerseits führt das Monopol des Forschungssektors dazu, dass zu wenig von den Zwischenprodukten in der Produktion eingesetzt wird, weil ihr Preis die Grenzkosten überschreitet. Anderer-

---

[5] „According to this specification, a college-educated engineer working today and one working 100 years ago have the same human capital, which is measured in terms of forgone participation in the labor market. The engineer working today is more productive because he or she can take advantage of all the additional knowledge accumulated as design problems were solved during the last 100 years" (Romer 1990, S. S83f).

seits bleibt auch hier der positive externe Effekt der Produktion zusätzlicher Designs für Zwischenprodukte unberücksichtigt. Er besteht darin, dass alle Unternehmen des Forschungssektors das zusätzliche technologische Wissen gemäß (6.2) in der Produktion neuer Designs einsetzen können.

Dass in beiden von uns diskutierten Modellvarianten die Wachstumsrate zu niedrig ausfällt, ist allerdings Zufall und kein systematisches Ergebnis der endogenen Wachstumstheorie. Aghion und Howitt (1990), Segerstrom et al. (1990) und Grossman und Helpman (1991b) diskutieren Modelle, bei denen Ineffizienz in genau der entgegengesetzten Richtung auftreten kann. In der Grundstruktur weisen diese Modelle große Ähnlichkeit mit dem oben diskutierten Modell von Romer auf. Allerdings führen in diesen Modellen Forschung und Entwicklung nicht zu mehr Produktvarianten, sondern zu einer Verbesserung der Produktqualität. Der Produzent der jeweils besten Variante eines Produktes lukriert eine Monopolrente, die den Anreiz für die Investition in F&E darstellt. Dies allerdings nur so lange, bis ein anderes Unternehmen eine noch bessere Variante entwickeln konnte. Die Entwicklung einer neuen Produktqualität führt damit zu zwei gegenläufigen externen Effekten: einerseits zu der schon oben diskutierten besseren Ausgangsbasis für künftige Innovationen, andererseits aber auch zu einem negativen externen Effekt, indem der bisherige „quality-leader" seine Monopolposition verliert. Da der letztere Effekt sofort, der erstere erst mit Verzögerung eintritt, ist zu erwarten, dass der Nettoeffekt eher negativ ausfallen wird, die vom Marktmechanismus generierten F&E-Ausgaben also zu hoch sind. Die Modelle der endogenen Wachstumstheorie prognostizieren also ineffiziente Marktlösungen. In welche Richtung die Ineffizienz geht, hängt allerdings von der Art des Modells ab und bleibt somit eine offene Frage.

Im regionalökonomischen Zusammenhang interessanter als die Effizienz- und Wohlfahrtsüberlegungen ist allerdings die Frage, ob es auch in den Modellen der endogenen Wachstumstheorie zu einem Ausgleich interregionaler Wachstumsunterschiede kommt. Wie wir in Abschn. 4.1 gesehen haben, ist dies im neoklassischen Modell auch dann der Fall, wenn die Regionen völlig voneinander getrennt sind, also weder Güter noch Produktionsfaktoren austauschen. Von zwei in den Präferenzen und in der verfügbaren Technologie identischen Regionen wächst jene mit niedrigem Kapitalbestand – also die ärmere – schneller als die reiche. Wie wir gesehen haben, ist dies der Mechanismus, der dem endogenen Wachstumsprozess durch Kapitalakkumulation im neoklassischen Modell ein Ende bereitet. Im Prinzip drückt sich hierin das fallende Grenzprodukt des Kapitals aus.

Die endogene Wachstumstheorie bringt Argumente ein, die genau diesen Mechanismus ersetzen. Im Externalitätenmodell hatten wir einen zusätzlichen Produktionsfaktor H der mit dem Kapital mitwächst. Je nachdem, welches Gewicht der Faktor H hat, also wie groß γ in (6.1) ist, wird der Schnittpunkt der beiden Kurven in Abb. 4.3 weiter nach rechts geschoben. Ist γ gleich β,[6]

---

[6]Wegen der traditionellen Annahme konstanter Skalenerträge in Arbeit und Kapital, d.h. $\alpha + \beta = 1$, ergibt sich daraus $\alpha + \gamma = 1$. Dieses Modell ist als AK-Modell bekannt, weil langfristig Y und K in einem konstanten Verhältnis stehen, also $Y = AK$ gilt (Rebelo 1991).

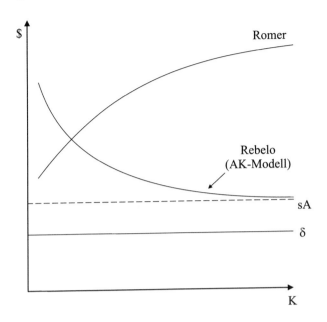

Abbildung 6.1: Wachstum im Externalitätenmodell

so konvergiert die Kurve sY/K nicht mehr gegen die Nulllinie, sondern gegen eine positive langfristige Wachstumsrate sA (Abb. 6.1). Regionen mit gleichen Charakteristika „wachsen auf lange Sicht mit gleicher Rate. Sind die Niveaus anfangs unterschiedlich, so konvergieren sie nicht, sondern bleiben in ihrer Relation zueinander unverändert" (Bröcker 1994, S. 37).

Ist γ größer als β, so nimmt die Wachstumsrate mit dem Kapitalbestand sogar zu (Abb. 6.1) (s. etwa Romer 1986). Eine Region, die also aus irgendeinem Zufall einen höheren Kapitalbestand aufweist als eine andere mit sonst gleichen Charakteristika, wächst daher schneller. Die Einkommensunterschiede gleichen sich also nicht nur nicht aus, sondern vergrößern sich noch im Zeitablauf, so wie dies etwa Myrdal in seinem Polarisationsmodell postuliert hat. Ähnlich verhält es sich in den komplexeren Innovationsmodellen: Erreicht etwa in dem oben beschriebenen Modell von Romer eine Region durch Zufall ein höheres Niveau an technischem Wissen, so kann diese Region auch mehr technisches Wissen produzieren und damit ihren Wachstumsvorsprung langfristig halten.

Die endogene Wachstumstheorie erlaubt also sowohl konvergierende als auch divergierende Entwicklungspfade. Damit kann die Frage nach der Konvergenz nicht mehr von der Theorie beantwortet, sondern muss an die Empirie weitergegeben werden. In einer Reihe von Arbeiten (z.B. Barro 1991, Barro und Sala-i-Martin 1991, Tondl 2001) wurde versucht, darauf eine Antwort zu finden. In empirischen Analysen für verschiedene Länder und Regionen (Bundesstaaten der USA) wurde untersucht, ob Gebiete, deren Einkommen weiter hinter dem Einkommen des langfristigen Gleichgewichtszustandes zurückliegen, schneller

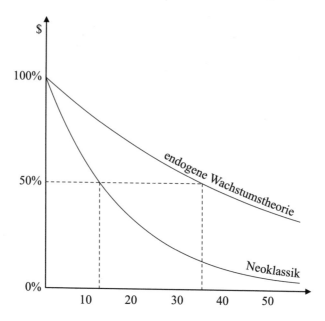

Abbildung 6.2: Konvergenzpfade in Neoklassik und endogener Wachstumstheorie

wachsen. Dabei zeigte sich, dass dieser Zusammenhang statistisch nachgewiesen werden kann. Allerdings implizieren die Schätzergebnisse eine Anpassungsgeschwindigkeit, die nur etwa ein Drittel jener ist, die sich aus einem neoklassischen Modell rechnerisch ergeben würde. Erst nach etwa 35 Jahren ist der halbe Rückstand wettgemacht, während dies im neoklassischen Modell, selbst ohne Berücksichtigung von Faktormobilität, bereits nach etwa 12 Jahren der Fall ist (Abb. 6.2).

6.3   Einschätzung der endogenen Wachstumstheorie

Die endogene Wachstumstheorie ist (noch) kein ausdiskutierter Bereich der Wirtschaftswissenschaften. Sie besteht vielmehr aus einer Reihe von Modellvarianten, die verschiedene Annahmen treffen und somit verschiedene Mechanismen und ökonomische Zusammenhänge entweder in den Vordergrund rücken oder ausblenden. Den Modellen der endogenen Wachstumstheorie ist gemeinsam, dass sie alle versuchen, den Innovationsprozess im Rahmen eines allgemeinen Gleichgewichtsmodells endogen zu erklären. Um dies zu bewerkstelligen, müssen sie allerdings externe Effekte und/oder unvollkommene Konkurrenz zulassen, also grundlegende Annahmen der traditionellen neoklassischen Theorie aufheben. Die Modellvarianten unterscheiden sich in der Art, wie sie den Innovationsprozess begründen und welche Art von Ballungseffekten sie besonders berücksichtigen.

Damit lassen sich aus den einzelnen Modellvarianten recht unterschiedliche Ergebnisse herleiten. Da dieser Zweig der ökonomischen Theorie noch relativ jung ist, kann in den nächsten Jahren sowohl mit einigen weiteren Modellvarianten als auch mit einer Konsolidierung des Diskussionsprozesses gerechnet werden.

Die Leistung der endogenen Wachstumstheorie besteht allerdings nicht darin, neue, den Innovationsprozess betreffende Argumente in die Diskussion eingebracht zu haben, sondern darin, einige dieser Argumente in den formalen Rahmen eines allgemeinen Gleichgewichtsmodells integriert zu haben (Isserman 1996). Das Ergebnis dieser Integration unterscheidet sich – insbesondere aus regionalökonomischer Sicht – ganz wesentlich vom traditionellen neoklassischen Modell. Hier sind vor allem zwei Aspekte zu nennen: ein theoretischer und ein wirtschaftspolitischer.

Aus theoretischer Sicht stellen die endogene Wachstumstheorie ebenso wie die bereits in Band 1, Kap. 5 diskutierte „New Economic Geography" ein wichtiges Verbindungsglied zwischen dem ökonomischen „Mainstream" und der von diesem weitgehend ignorierten regionalökonomischen Theorie dar. Denn dadurch, dass die endogene Wachstumstheorie auch Externalitäten und wachsende Skalenerträge zulässt, gewinnen – wie die Arbeiten zur „New Economic Geography" zeigen – spezifische räumliche und historische Gegebenheiten an Bedeutung. Im Gegensatz zur Neoklassik, wo zufällige Ereignisse an einem bestimmten Ort oder zu einem bestimmten Zeitpunkt nur vorübergehend relevant sein können und rasch vom Marktmechanismus eliminiert werden, können sie in der neuen Theorie die räumliche Verteilung der Aktivitäten und den Entwicklungspfad entscheidend mitbestimmen oder sind sie zumindest wesentlich länger von Bedeutung (Maier und Sedlacek 2005). Krugman (1991a, S. 99f) sieht darin den Ansatzpunkt „for a basic rethinking of economics". Denn damit werden wichtige Aspekte der Ökonomie abhängig von gegebenen räumlichen Strukturen und ihrer eigenen Geschichte.

Diese Sicht ist keinesfalls allgemein akzeptiert, und für viele Ökonomen bedeuten diese Implikationen eine Quelle tiefer Verunsicherung. Wahrscheinlich sind nur wenige bereit, sich Krugmans Ansicht anzuschließen, der meint, er habe sich in seiner wissenschaftlichen Arbeit, ohne sich dessen bewusst zu sein, immer mit Wirtschaftsgeographie beschäftigt. Die wesentlichen Elemente, die die endogene Wachstumstheorie in die ökonomische Diskussion einbringt – externe Effekte und wachsende Skalenerträge –, führen jedoch zwangsläufig zu räumlicher Struktur und historischen Besonderheiten. Denn positive Externalitäten und zunehmende Skalenerträge implizieren Ballungen von wirtschaftlichen Aktivitäten und zirkulär-kumulative Wachstumsprozesse.

Der zirkulär-kumulative Wachstumsprozess impliziert, dass in der neuen Theorie auch multiple langfristige Gleichgewichte auftreten können. In einer frühen Phase des Entwicklungsprozesses kann nicht gesagt werden, welcher der möglichen Gleichgewichtspunkte tatsächlich eintreten wird. Bewegt sich der Entwicklungsprozess aber einmal auf einen dieser Punkte zu, so kann er nur mehr schwer davon weg bewegt werden (s. etwa Maier 2001). Der Entwicklungsprozess weist damit Charakteristika auf, wie sie von chaotischen Systemen bekannt sind (Puu 2000).

Aus wirtschaftspolitischer Sicht ist die Lehre der neuen Theorien vor allem die, sich von der heilen Welt der Neoklassik zu verabschieden. Denn sobald technischer Fortschritt nicht vom Himmel fällt, sondern produziert werden muss, müssen Strukturen vorliegen, die den grundlegenden Annahmen der Neoklassik widersprechen. Damit fällt aber auch die Basis für den – naiven – Glauben an die „heilende" Wirkung des Marktmechanismus weg. Eine sich selbst überlassene Wirtschaft bewegt sich nur mehr zufällig auf einem effizienten Entwicklungspfad. Liegen multiple Gleichgewichte vor, so kann nicht einmal klar gesagt werden, wo sich der Entwicklungspfad langfristig hin bewegt. Damit kann aber auch die (regionale) Wirtschaftspolitik nur sehr beschränkt helfend eingreifen. Denn auch für sie ist unklar, wo der ideale Wachstumspfad liegt und wie Eingriffe daher gestaltet werden müssten (Bröcker 1994).

6.4 Zusammenfassung

Die endogene Wachstumstheorie, die wir in diesem Kapitel aus einem regionalökonomischen Blickwinkel dargestellt haben, integriert einige Argumente der Polarisationstheorie in die formale Struktur der Neoklassik. Ausgangspunkt der endogenen Wachstumstheorie ist die Erkenntnis, dass der Innovationsprozess ein zentrales Element jedes Wachstums darstellt und dass eine Wachstumstheorie daher vor allem den Innovationsprozess darstellen und erklären können muss.

Bei dem Versuch, technischen Fortschritt als zu produzierendes Gut aufzufassen und in ein allgemeines Gleichgewichtsmodell zu integrieren, stellt sich allerdings heraus, dass dies nur möglich ist, wenn grundlegende Annahmen der neoklassischen Theorie aufgegeben werden. Entweder müssen externe Effekte oder unvollkommene Konkurrenz zugelassen werden.

In Abschn. 6.1 diskutieren wir einige Probleme mit der neoklassischen Theorie, die zur Entwicklung der in diesem Kapitel dargestellten Theorien geführt haben.

Abschnitt 6.2 stellt die endogene Wachstumstheorie dar. Sie hat verschiedene Ansätze hervorgebracht, die auf unterschiedliche Art mit dem Problem der Produktion des technischen Fortschritts umgehen. Das „Externalitätenmodell" berücksichtigt einen zusätzlichen Faktor in der Produktionsfunktion, der die externen Effekte von Innovationen repräsentiert. Er führt dazu, dass die Produktionsfunktion nun zunehmende Skalenerträge aufweist, sodass mit einer Zunahme dieses Faktors auch die anderen Produktionsfaktoren produktiver werden. Das „Innovationsmodell" hingegen zielt darauf ab, die Erstellung von Innovationen als selbständige Produktionstätigkeit zu modellieren. Dazu muss dem entsprechenden Sektor allerdings eine Monopolstellung eingeräumt werden.

Den in diesem Kapitel diskutierten Ansätzen ist gemeinsam, dass die der Neoklassik innewohnende Tendenz zum Ausgleich zusammenbricht (Abschn. 6.3). Dadurch, dass externe Effekte oder monopolistische Konkurrenz zugelassen werden müssen, führt der Marktmechanismus auch nicht mehr automatisch zu einem gesamtwirtschaftlich wünschenswerten Ergebnis. Es entsteht ein zirkulär-kumulativer Prozess, der den Ausgleich interregionaler Entwicklungsunterschiede verzögert oder diese Entwicklungsunterschiede gar verstärkt. Ob Entwicklungspfade im Zeitablauf konvergieren oder divergieren, kann nicht mehr von der Theorie beantwortet werden, sondern wird zu einer empirischen Frage.

Im Rahmen der endogene Wachstumstheorie kommt den konkreten räumlichen Gegebenheiten eine wesentlich größere Bedeutung zu, als dies beispielsweise in einer neoklassischen Welt der Fall ist. Durch den kumulativen Wachstumsmechanismus wirken sich Entwicklungunterschiede zwischen Regionen langfristig aus, so dass ein einmal erreichter Vorsprung einer Region auf lange Sicht erhalten werden kann. Die neuen Theorien stellen damit eine theoretische Verbindung zwischen dem ökonomischen „Mainstream" und regionalen Fragen her.

6.5 Übungsaufgaben und Kontrollfragen

1. Kritisieren Sie die Vorstellungen der Neoklassik über den Innovationsprozess. Welche Probleme ergeben sich daraus?

2. Erläutern Sie, warum Technologie Merkmale eines öffentlichen Gutes aufweist. Welche Konsequenzen ergeben sich daraus?

3. Beschreiben Sie die Grundzüge des Externalitätenmodells der endogenen Wachstumstheorie.

4. Beschreiben Sie die Grundzüge des Innovationsmodells der endogenen Wachstumstheorie.

5. Welche Implikationen ergeben sich aus der endogenen Wachstumstheorie für die interregionale Konvergenz des Wachstums?

6. Inwiefern werden beim Vorliegen von Externalitäten oder unvollkommener Konkurrenz räumliche Gegebenheiten besonders wichtig? Warum können endogene Wachstumstheorie und „New Economic Geography" als Bindeglied zwischen dem ökonomischen „Mainstream" und der regionalökonomischen Theorie bezeichnet werden?

Kapitel 7

Innovationssysteme und wissensbasierte Regionalentwicklung

Innovationen gelten bereits seit den Arbeiten von Schumpeter als entscheidender Bestimmungsgrund von Wirtschaftswachstum, Beschäftigung und Wohlstand. Auch für die regionale Entwicklung werden seit langem sowohl die Entstehung als auch die Ausbreitung von Neuerungen als Motoren und damit auch als wesentliche Ursache für die unterschiedliche ökonomische Leistungskraft von Regionen gesehen (vgl. Kap. 5).

In der letzten Dekade haben sich die sozioökonomischen Rahmenbedingungen wesentlich verändert, wodurch der Stellenwert von Innovation erheblich angehoben wurde. Die zunehmende Relevanz von Wissen als Produktionsfaktor, die Durchsetzung von neuen Technologien, insbesondere der Informations- und Kommunikationstechnologien und der Bedeutungsgewinn von Hochtechnologie-Industrien und wissensintensiven Dienstleistungen führen zur allmählichen Herausbildung einer wissensbasierten Wirtschaft (OECD 1996). Durch die anhaltenden Liberalisierungs-, Deregulierungs- und Globalisierungstendenzen hat der Wettbewerbsdruck zugenommen, sodass heute alle Branchen – und nicht nur High-tech-Sektoren – zu permanentem Lernen und kontinuierlicher Innovation gezwungen sind (Lundvall und Borrás 1999). Die Fähigkeit zu Neuerungen im Bereich der Produkte, Verfahren und der Organisation gilt als wesentliche Determinante der unternehmerischen Wettbewerbsfähigkeit. Der räumlichen Dimension und der regionalen Ebene kommt dabei, wie nachfolgend gezeigt wird, eine große Bedeutung zu.

7.1 Charakteristika von Innovation und Wissen

Innovation und Wissen haben lange Zeit in der ökonomischen Theorie eine untergeordnete Rolle gespielt. Dies war weniger auf ihren geringen Stellenwert im ökonomischen Geschehen zurückzuführen als vielmehr auf die Schwierigkeiten, die Faktoren „Innovation" und „Wissen" in die vorherrschenden Theorien, insbesondere das neoklassische Lehrgebäude, zu integrieren (s. Kap. 6). Diese Schwierigkeiten stehen in engem Zusammenhang mit einigen der im folgenden beschriebenen Charakteristika von Innovation und Wissen.

7.1.1 Arten und Bedeutung von Innovation und Wissen

Innovationen lassen sich zunächst im Sinne von Schumpeter (1935) definieren, der eine relativ breite Abgrenzung des Begriffes vorgenommen hat. Er verstand unter Innovation neue Kombinationen von Produktionsmitteln, deren Durchsetzung diskontinuierlich erfolgt. Darunter fallen die Einführung neuer Güter (Produktinnovation), technologische Neuerungen in der Herstellung bestehender Güter (Verfahrens- bzw. Prozessinnovation), die Erschließung neuer Märkte oder neuer Hilfsquellen sowie die Einführung einer neuen Organisation. Als „technologische Innovation" lässt sich in Anlehnung an Nelson und Winter (1977) die nicht-triviale Veränderung an Produkten und Verfahren, bei denen keine früheren Erfahrungen vorliegen, definieren. Unter „technologischem Wandel" wird daher die Verdrängung von älteren Produkten und Verfahren durch neue, also solche, die bislang in einer Region noch nicht hergestellt oder eingesetzt wurden, verstanden. Technologische Veränderungen müssen jedoch oft mit organisatorischen Veränderungen einhergehen, um ihre Wirksamkeit zu entfalten.

Innovationen lassen sich aber nicht nur hinsichtlich ihrer Art, sondern auch nach dem Ausmaß der Neuerung und ihrer Auswirkungen auf andere Wirtschaftszweige und die Gesellschaft differenzieren: Wie in Band 1 dargelegt, werden unter inkrementalen Neuerungen kleinere, kontinuierlich stattfindende Verbesserungen an Produkten und Verfahren verstanden. Sie stellen das vorherrschende Innovationsmuster in der Wirtschaft dar. Radikale Innovationen hingegen sind herausragende Neuerungen, die weitaus seltener vorkommen. Dazu zählen neue Produkte, die vorher unbekannt waren, und der Einsatz von völlig neuen Verfahren im Produktionsprozess. Wenn radikale Innovationen zur Einführung einer größeren Zahl von weiteren neuen Produkten und Verfahren führen, die Entwicklung neuer Industrien zur Folge haben und auf eine Vielzahl von anderen Branchen ausstrahlen, indem sie deren Produktionsverfahren und Kostenstrukturen verändern, spricht man von technologischen Revolutionen und von Basisinnovationen. Als solche gelten etwa die Dampfmaschine, die Stahlerzeugung, die Elektrotechnik, das Automobil, die Informations- und Kommunikationstechnologien oder auch die Biotechnologie. Die breite Durchsetzung von solchen generischen, also in vielen Branchen anwendbaren, Technologien erfordert ein komplexes Zusammenspiel von wissenschaftlichen, institutionellen, sozialen und ökonomischen Mechanismen und hat einen oft tief greifenden sozioökonomischen Wandel zur Folge. In der Wissenschaft kommt es in bestimmten Perioden aufgrund von Durchbrüchen zu einer Häufung grundlegender Neuerungen. Eine breitere Diffusion und Ausstrahlung dieser Neuerungen erfolgt aber nur dann, wenn sich der institutionelle Rahmen ändert und an die neuen technologischen Gegebenheiten anpasst (Umstellungen im Ausbildungssystem, in der Innovationsfinanzierung, im System des Technologietransfers etc). Weiters müssen günstige sozioökonomische Bedingungen vorliegen, damit Investitionen in neue Produkte und Verfahren von Seiten der Unternehmen getätigt werden. Wenn diese Rahmenbedingungen gegeben sind, kommt es zur Herausbildung neuer Industrien und zur verstärkten Gründung von Unternehmen, die die Basisinnovationen weiter entwickeln, in Produkte umsetzen und anwenden. Wenn neue generische Technologien eine derart weitreichende Wirkung haben, dass sie Wirtschaft und Gesellschaft umwälzen, spricht man von einer „Änderung des techno-ökonomischen Paradigmas" (Freeman und Perez 1988).

In der ökonomischen Theorie wird die Bedeutung von Innovation und Wissen für die wirtschaftliche Entwicklung als sehr hoch erachtet. Die volkswirtschaftliche Literatur schätzt den Beitrag des technologischen Fortschrittes zum Wirtschaftswachstum westlicher Länder zwischen 30% und 90% ein. Eine wachsende Zahl von Studien belegt darüber hinaus die hohe Bedeutung von Innovationen für die Wettbewerbsfähigkeit von Unternehmen sowie von regionalen und nationalen Wirtschaften.

Mit neuen Produkten können neue Märkte erobert und somit steigende Umsätze und Beschäftigungszuwächse erzielt werden. Darüber hinaus bringen neue Produkte höhere Erlöse und Gewinne. Die Einführung neuer Verfahren ermöglicht Produktivitätssteigerungen, eine Verbesserung der Produktqualität und, falls sie darauf ausgerichtet werden, eine Verbesserung der Arbeits- und Umweltbedingungen. Aufgrund der höheren Produktivität führen sie allerdings oft auch zu Arbeitsplatzverlusten in den betroffenen Unternehmensteilen.

Bereits Marx und Schumpeter haben nicht nur die positiven Seiten des technologischen Wandels hervorgehoben, sie erkannten auch seine zerstörerische, umwälzende und entfremdende Kraft: Existierende Produkte und Produktionsverfahren werden obsolet, Produktionsfaktoren (Arbeitskräfte, Kapital, Boden) werden den neuen Kombinationen zugeführt, zum Teil aber auch brachgelegt, Arbeitsbedingungen können sich für große Gruppen von Beschäftigten verschlechtern. In der Regel sind mit dem Innovationsprozess schwierige sektorale, soziale und regionale Umstrukturierungen verbunden. Insbesondere im Falle eines radikalen technologischen Fortschrittes wird das akkumulierte Wissen der Unternehmen teilweise entwertet. Ein radikaler technischer Wandel geht häufig mit tiefgreifenden strukturellen Umbrüchen einher. Neue Branchen entstehen, alte Industrien verlieren an Bedeutung, bestehende Organisationsmuster werden überholt und es finden tiefgreifende Transformationen bei Produktionsmodellen und Managementstilen statt.

7.1.2 Innovationsmodelle

In der Innovationsliteratur existieren zwei verschiedene Modelle, um die Entstehung und den Ablauf von Innovationsprozessen zu erklären. Es sind dies das traditionelle lineare Innovationsmodell und das moderne nicht-lineare, interaktive Innovationsmodell. Diese beiden Modelle weisen starke Unterschiede hinsichtlich ihres Verständnisses des Innovationsprozesses auf.

Das lineare Innovationsmodell unterstellt einen deterministischen Verlauf des Innovationsprozesses (s. Abb. 7.1). Es wird angenommen, dass neue technische Lösungen zuerst im Bereich der Forschung erfunden werden. Wenn Erfindungen einen kommerziellen Erfolg versprechen werden weitere Entwicklungsarbeiten geleistet und ein Prototyp entwickelt. Danach wird in einer nächsten Phase die Neuerung in die Produktion übergeführt. Der letzte Schritt besteht in der Diffusion der Neuerung zu den Abnehmern und Anwendern. Unter Inno-

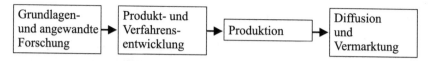

Abbildung 7.1: Lineares Innovationsmodell

vation wird nun im allgemeinen die erfolgreiche Einführung einer Neuerung auf dem Markt verstanden. Zieht man die gesamte Wirtschaft in die Betrachtung ein, folgt auf die Erfindung die Innovation und danach die Phase der Ausbreitung, in deren Verlauf andere Akteure (Unternehmen oder Haushalte) die betreffende Neuerung übernehmen. Kay (1988) weist darauf hin, dass sich diese Phasen in vier ökonomischen Charakteristika, nämlich in der Spezifität der eingesetzten Ressourcen, im „time-lag" bis zur Kommerzialisierung, in der Unsicherheit in Bezug auf das Ergebnis (technische und wirtschaftliche Unsicherheiten) sowie in der Ressourcenbindung unterscheiden. In den frühen Phasen (Grundlagen- und angewandte Forschung) ist die F&E noch nicht produktspezifisch und auch nicht unternehmensspezifisch. Forschungsergebnisse haben noch weit gehend den Charakter eines öffentlichen Gutes, es gibt daher in hohem Maße das Problem von Externalitäten und Nicht-Ausschließbarkeit (z.B. Know-how-Flüsse zu anderen Unternehmen, Imitation). Auch ist der Zeitabstand bis zur kommerziellen Verwertung noch sehr lange, sodass sowohl technische als auch ökonomische Unsicherheiten hoch sind. Je mehr Innovationsaktivitäten und Projekte „down-stream" angesiedelt sind, desto produkt- und unternehmensspezifischer werden sie. Die Probleme in Bezug auf Imitation und Nutzenaneignung werden geringer, auch der „time-lag" zur Kommerzialisierung und die damit verbundenen Unsicherheiten nehmen ab. Hingegen steigen Investitionen und die Bindung der Ressourcen an.

Das interaktive, nicht-lineare Innovationsmodell (s. Abb. 7.2) trägt der Komplexität des Innovationsprozesses weitaus besser Rechnung. Es unterscheidet sich vom traditionellen linearen Modell vor allem in zweierlei Hinsicht:

- Zum einen wird argumentiert, dass Innovationen nicht notwendigerweise ihren Ausgangspunkt in der Wissenschaft und Forschung haben müssen. Auch Kunden, Technologie-Anwender, Lieferanten und Kooperationspartner können wichtige Impulse für Neuerungen geben und Innovationen initiieren.
- Zum anderen wird betont, dass Innovationsprozesse häufig durch vielfältige „feedback"-Schleifen charakterisiert sind, welche den linearen Ablauf durchbrechen: Wichtige Informations- und Wissensströme laufen von den späteren zu den früheren Phasen zurück, und es gibt starke Interdependenzen im gesamten Innovationsprozess.

Außer F&E-Einrichtungen, Kunden und Lieferanten spielen häufig auch die Beschäftigten im Produktionsprozess eine wichtige Rolle, etwa in Form von „learning by doing" und „learning by using". Dies ist insbesondere bei kleineren

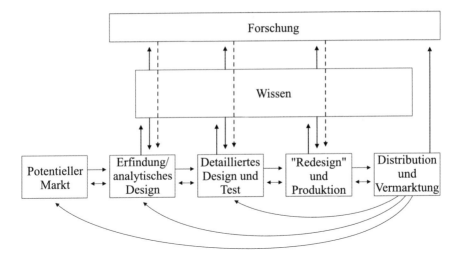

Abbildung 7.2: Nichtlineares Innovationsmodell (nach Kline und Rosenberg 1986)

(inkrementalen) Neuerungen der Fall. So kommen viele Ideen zur Veränderung von Produkten von der Marketingabteilung oder von den Beschäftigten in der Produktion, und auch Neuerungen bei den Produktionsverfahren oder der Organisation nehmen häufig dort ihren Ausgang.

Die Frage, ob der Innovationsprozess einen linearen oder nicht-linearen Verlauf nimmt, ist nicht nur in theoretischer Hinsicht relevant. Sie ist auch mit praktischen Konsequenzen für die Unternehmen sowie für die Politik verbunden. Nach dem linearen Innovationsmodell lässt sich die Generierung von Innovationen im wesentlichen durch Investitionen in die Grundlagenforschung ankurbeln. Folgt man dem nicht-linearen, interaktiven Innovationsverständnis, dann stellen auch enge Kontakte mit anspruchsvollen Kunden, technologische Beziehungen zu Lieferanten oder Kooperationen einen äußerst wichtigen Weg zur Hervorbringung technologischer Neuerungen dar. Es gibt auch keine Automatik des Technologietransfers von der Grundlagen- und angewandten Forschung zu neuen Produkten und Verfahren in Unternehmungen. Dazu kommt die Existenz zahlreicher Barrieren und Hemmnisse, die Ansatzpunkte für politische Maßnahmen bilden.

7.1.3 Arten des Wissens und Wissensbasen

Für die Entstehung von Innovationen ist die Generierung, Diffusion und Anwendung von neuem Wissen unabdingbar. Nach Polanyi (1967) lässt sich Wissen in die zwei Formen „kodifiziert" bzw. „explizit" („codified knowledge") und stillschweigend bzw. „implizit" („tacit knowledge") einteilen. Das explizite Wissen stellt jenen Teil des Wissens dar, der in abstrakter Form existiert. Es kann

Tabelle 7.1: Systematik des Wissens (nach Lundvall und Johnson 1994)

Wissensarten		Inhalte
explizit, kodifiziert	know-what	Information oder Wissen über Tatsachen
	know-why	Wissen über wissenschaftliche Prinzipien und Theorien
implizit, stillschweigend	know-how	Qualifikation / praktische Fähigkeit, bestimmte Aufgaben zu lösen
	know-who	Wissen, wer was weiß bzw. tun kann (z.B. Fachleute)

beispielsweise in Form von Tabellen, mathematischen Ausdrücken, Modellen oder Standards vorliegen. Unter implizitem Wissen hingegen wird das kontext- und situationsabhängige, schwer zu kommunizierende Hintergrundwissen verstanden. Es umfasst Erfahrungen, Routinen und latente Praktiken und ist in Personen und Organisationen gebunden.

Die Differenzierung zwischen „codified" und „tacit knowledge" ist nicht zuletzt deshalb wichtig, weil diese beiden Wissensarten unterschiedlich übertragen werden können. Kodifiziertes Wissen lässt sich auf Datenträgern speichern und kann damit auch über weite Entfernungen schnell und problemlos transferiert werden. Insbesondere mit der breiten Durchsetzung moderner Informationstechnologien wie dem Internet haben die Kodifizierung von Wissen und dessen weltweite Verbreitung über Computer- und Kommunikationsnetzwerke rasant zugenommen (David und Foray 1995). Die Übertragung von stillschweigendem Wissen hingegen ist weitaus schwieriger. Es kann nur in sozialen Interaktionen weitergegeben und gelernt werden.

Einer weiteren Unterscheidung zu Folge lässt sich der Faktor Wissen in folgende Typen einteilen (s. Tabelle 7.1), die im Wirtschafts- und Innovationsgeschehen eine wichtige Rolle spielen: „know-what", „know-why", „know-how" und „know-who".

Unter „know-what" versteht man Faktenwissen, welches häufig in Einzelinformationen aufteilbar ist. „Know-why" meint das für Technologieentwicklungen wichtige wissenschaftliche Verständnis von Prinzipien und Gesetzen, also die Fähigkeit, Zusammenhänge zu erkennen (z.B. Naturgesetze). Diese beiden Wissenstypen lassen sich relativ einfach kodifizieren. Anders verhält es sich mit „know-how", also dem praktischen Wissen oder Können (z.B. den Qualifikationen der Arbeitskräfte). Es ist nur schwer artikulierbar und sein Transfer setzt einen engen, direkten Kontakt mit dem Wissensträger voraus. Auch „knowwho" bedarf in der Regel dieser sozialen Interaktionen, da es nicht nur Wissen über Fachleute beinhaltet, sondern auch die sozialen Fähigkeiten, Beziehungen zu den Spezialisten aufzubauen, um deren Expertise zu nutzen.

Die jeweilige Bedeutung, die kodifiziertem und stillschweigendem Wissen

Tabelle 7.2: Synthetische und analytische Wissensbasen im Vergleich (basierend auf Tödtling et al. 2004)

Synthetische Wissensbasis Traditionelle Industrien (z.B. Maschinenbau, Schiffsbau)	Analytische Wissensbasis Wissensbasierte Industrien (z.B. Biotechnologie, Informations- und Kommunikationstechnologien)
Dominanz von stillschweigendem Wissen und praktischen Fähigkeiten	Dominanz von kodifiziertem Wissen, komplementäre Rolle von stillschweigendem Wissen
Anwendung oder neue Kombination von bestehendem Wissen	Anwendung von wissenschaftlichen Prinzipien und Methoden
Geringer Stellenwert von F&E	Systematische Grundlagen- und angewandte Forschung, formale Organisation des Wissensprozesses (z.B. in F&E-Abteilungen); Dokumentation
Starke Orientierung an kundenspezifischen Problemlösungen	Große Bedeutung von wissenschaftlichen Inputs von Universitäten und anderen Forschungseinrichtungen
„Learning by doing", „learning by interacting", Kunden-Produzenten-Beziehungen	„Learning by exploring", Universität-Industrie-Partnerschaften
Inkrementale Innovationen	Radikale Innovationen

im Innovationsprozess zukommt, variiert von Industrie zu Industrie stark. Das ist auch eine Kernaussage jüngerer Arbeiten, die sich mit der Wissensbasis von Industriezweigen beschäftigen, um sektorspezifische Innovationsmuster zu erklären (Laestadius 1998, Asheim und Gertler 2005). Nach diesem Ansatz kann man zwischen einer synthetischen und einer analytischen Wissensbasis unterscheiden.

Eine synthetische Wissensbasis ist für traditionelle Industriezweige wie etwa den Maschinenbau, die Metallverarbeitung und den Anlagenbau charakteristisch. In Branchen, die durch eine synthetische Wissensbasis geprägt sind, spielen „tacit knowledge", praktische Fähigkeiten und „learning by doing" im Innovationsprozess eine wichtige Rolle. Eine systematische Suche nach gänzlich neuem Wissen – etwa durch F&E-Aktivitäten – findet selten statt. Typisch ist vielmehr die Anwendung und neue Kombination von bereits existierendem Wissen. Ein weiteres wichtiges Merkmal stellt die zumeist starke Orientierung an spezifischen Problemen dar, die von Kunden herangetragen werden. Ein enger Kontakt und intensiver Wissensaustausch, also interaktives Lernen zwischen Produzenten und Kunden während des Innovationsprozesses ist demgemäß häufig zu beobachten. All diese Charakteristika haben zur Folge, dass inkrementale Neuerungen das vorherrschende Innovationsmuster in Sektoren mit einer synthetischen Wissensbasis darstellen.

Industrien, die eine analytische Wissensbasis aufweisen (wie etwa die Sektoren Biotechnologie oder Informations- und Kommunikationstechnologien), innovieren im Vergleich dazu völlig anders. Wissenschaftliche Inputs haben einen großen Stellenwert und kodifiziertes Wissen, welches beispielsweise in Form von Studien und Publikationen vorliegt, ist von weitaus größerer Bedeutung. Der Prozess der Wissensgenerierung basiert auf der Anwendung von wissenschaftlichen Prinzipien und Methoden und ist meist stark formal organisiert (etwa in F&E-Abteilungen). Die Ergebnisse der F&E-Anstrengungen werden in Form von Berichten, elektronischen Datenbanken und Patentschriften dokumentiert. Neben kodifiziertem Wissen spielt aber auch „tacit knowledge" eine komplementäre Rolle. In Industriezweigen, in denen eine analytische Wissensbasis vorherrscht, wird in weitaus höherem Ausmaß als in traditionellen Branchen systematische Forschung („learning by exploring") betrieben. Diese ist typischerweise auf die Generierung von radikalen Innovationen ausgerichtet, die häufig von neuen Firmen realisiert werden. In wissensbasierten Industrien finden F&E-Aktivitäten in beträchtlichem Ausmaß innerhalb der Unternehmen statt. Gleichzeitig weisen diese eine hohe Abhängigkeit von externen Wissensquellen, vor allem von Universitäten und anderen Forschungseinrichtungen auf. Verschiedene Formen von Kooperationen zwischen Universitäten und der Industrie sind daher charakteristisch für Sektoren mit einer analytischen Wissensbasis.

7.2   Regionale Innovationssysteme

7.2.1   Theoretische Fundierung der Innovationssystem-Ansätze

Das interaktive Innovationsmodell stellt einen zentralen Ausgangspunkt der Forschung über Innovationssysteme dar. Die Innovationssystem-Ansätze sind Ende der 1980er Jahre entstanden und liegen mittlerweile in verschiedenen Konzeptionen vor, die zum Teil recht unterschiedlich sind. Dennoch lassen sich eine Reihe von Gemeinsamkeiten zwischen den verschiedenen Innovationssystem-Varianten feststellen (Edquist 2005):

- Den Innovationssystem-Ansätzen liegt eine holistische und interdisziplinäre Perspektive zu Grunde. Sie sind holistisch in dem Sinne, dass sie versuchen, eine Vielzahl von wichtigen Determinanten von Innovation zu erfassen. Sie beziehen nicht nur ökonomische, sondern auch organisatorische, soziale und politische Überlegungen in ihre Analyse des Innovationsgeschehens ein. Dabei bauen sie auf den Erkenntnissen verschiedener Fachrichtungen wie Ökonomie, Wirtschaftsgeschichte, Soziologie oder Regionalwissenschaften auf, was ihnen einen interdisziplinären Charakter verleiht.
- Aufbauend auf den Einsichten der evolutionären Ökonomie (Nelson und Winter 1982) werden Innovationen als kumulative Prozesse gesehen, die entlang von technologischen Pfaden ablaufen. Die Pfadabhängigkeit des technologischen Fortschrittes erklärt sich daraus, dass viele Innovationen im Rahmen bestimmter technologischer Paradigmen stattfinden. Technologische Paradigmen bilden den Kontext für Innovationen und zwar

hinsichtlich der Problemdefinition, den angewendeten wissenschaftlichen Prinzipien und der verwendeten Technologie. Sie stellen vorherrschende Lösungsmuster für technisch-ökonomische Probleme dar und bestimmen die technologischen Gelegenheiten für weitere Innovationen. Damit lenken sie den technologischen Fortschritt in bestimmte Richtungen und zwar entlang „technologischer Pfade".

- Weiters wird betont, dass der Innovationsprozess durch Interdependenzen und Nichtlinearitäten geprägt ist. Firmen innovieren nicht isoliert, sondern in Zusammenarbeit mit und in Abhängigkeit von anderen Organisationen. Dabei kann es sich sowohl um andere Firmen (Zulieferer, Kunden, Konkurrenten) als auch um nicht-betriebliche Akteure wie Universitäten, Technologiezentren oder Regierungsstellen handeln. Die Beziehungen zwischen diesen innovationsrelevanten Organisationen sind sehr komplex und häufig durch Reziprozität und Feedback-Mechanismen geprägt. Innovationen werden also als das Produkt von Innovationssystemen betrachtet, die aus verschiedenen Elementen (innovationsrelevante Organisationen) sowie aus den Beziehungen zwischen diesen bestehen.

- Auch institutionenökonomische Überlegungen (Hodgson 1988) spielen im Rahmen der Innovationssystem-Forschung eine große Rolle. Institutionen üben einen großen Einfluss auf Innovationsprozesse aus. Sie können sowohl formaler als auch informaler Natur sein. Bei formalen Institutionen handelt es sich um Gesetze, Vorschriften und andere Arten kodifizierter Regeln. Unter informalen Institutionen werden nicht-formalisierte, weit verbreitete Gewohnheiten, Traditionen, Normen, Konventionen und Routinen verstanden, die von den Akteuren wechselseitig anerkannt werden. Institutionen sind für Interaktionen unerlässlich. Sie geben Handlungsregeln vor und ermöglichen damit, das Verhalten anderer einschätzen zu können. So wird der Wissensaustausch zwischen Akteuren wesentlich erleichtert. Institutionen haben eine wichtige wissensspeichernde Funktion. In Unternehmen etwa stellen Routinen das Gedächtnis der Organisation dar (Nelson und Winter 1982). Sie haben den Vorteil, dass bestimmte Handlungen aufgrund von Erfahrungen nicht immer wieder neu geprüft und bewertet werden müssen. Institutionen weisen eine große Stabilität auf und ändern sich nur schwer. Sie können deshalb die Entwicklung und Durchsetzung neuer Produkte und Technologien auch behindern. Die Fähigkeit, Institutionen an neue Gegebenheiten anzupassen („institutional learning"), in der Vergangenheit erfolgreiche Gewohnheiten aufzugeben und eine kreative Zerstörung überkommenen Wissens vorzunehmen (Johnson 1992), ist deshalb eine wichtige Voraussetzung, um die Innovationskraft langfristig aufrechtzuerhalten.

Die zuvor beschriebenen Innovationszusammenhänge wurden zuerst auf der nationalen Ebene untersucht[1]. Verschiedene Arbeiten zu nationalen Innova-

---

[1]Die Übertragung des Innovationssystem-Ansatzes auf die Technologie- bzw. Sektorebene hat zur Entwicklung der Konzeptionen „Technologische Systeme" (Carlsson und Stankiewicz 1995) und „Sektorale Innovationssysteme" (Breschi und Malerba 1997) geführt.

tionssystemen haben gezeigt, dass die Innovationsaktivitäten eines Landes in starkem Ausmaß von den jeweiligen Wirtschaftsstrukturen, dem System der Forschungsförderung, dem Bildungswesen, dem System der Unternehmensfinanzierung und dem Arbeitsmarktregime geprägt sind. Für die Konzeption des nationalen Innovationssystems liegen verschiedene Definitionsvorschläge und Ansätze vor (Lundvall 1992, Nelson 1993). Ihr gemeinsamer Nenner besteht in der Überzeugung, dass sich Innovationen und Technologien in einem national abzugrenzenden Systemzusammenhang entwickeln und verbreiten, dass also neben den Aktivitäten verschiedener nationaler Akteure auch die Beziehungen zwischen diesen in die Analyse einbezogen werden müssen.

7.2.2 Bestimmungselemente regionaler Innovationssysteme

Das Konzept regionaler Innovationssysteme wurde Mitte der 1990er Jahre entwickelt. Dieser Ansatz bricht mit der Vorstellung, dass Innovationsprozesse in erster Linie durch nationale Bedingungen determiniert werden, und zeigt, dass regionale Faktoren einen großen Einfluss auf Innovationsaktivitäten ausüben können. Der Stellenwert der Region für Innovationen kann im wesentlichen auf die folgenden Aspekte zurückgeführt werden.

Erstens hat eine Vielzahl von Untersuchungen belegt, dass Innovationsprozesse ungleich im Raum verteilt sind (Europäische Kommission 2003). Regionen weisen beträchtliche Unterschiede hinsichtlich ihrer Innovationsleistungen auf (Feldman 1994, Tödtling 1992). So sind viele F&E-Aktivitäten und wichtige Produktinnovationen meist in großen Agglomerationen konzentriert. Periphere Regionen hingegen weisen im Vergleich dazu geringere F&E-Intensitäten auf und bringen auch weitaus weniger Produktinnovationen hervor. Zumeist dominieren in diesem Regionstyp inkrementale Neuerungen und Prozessinnovationen. Alte Industriegebiete sind ebenfalls wenig innovativ. Auch hier liegt der Schwerpunkt der Innovationsaktivitäten in vielen Fällen auf Verfahrensinnovationen und inkrementalen Verbesserungen bestehender Produkte. Der zweite Faktor, der eine Übertragung des Innovationssystem-Ansatzes auf die regionale Ebene rechtfertigt, besteht darin, dass Industrien oft in bestimmten Regionen konzentriert sind und dort innovationsrelevante Beziehungen zwischen Produzenten, Kunden, Lieferanten, Kooperationspartnern und auch Konkurrenten entstehen lassen. Drittens haben zahlreiche Studien nachgewiesen, dass Wissensspillovers räumlich gebunden sind. Dazu kommt schließlich viertens die anhaltende Bedeutung von „tacit knowledge". Wie bereits in Abschn. 7.1.3 erörtert wurde, setzt der Austausch dieses Wissens intensive persönliche, vertrauensbasierte Kontakte voraus, die durch räumliche Nähe zwischen den Akteuren wesentlich erleichtert werden (Storper 1997, Morgan 2004).

Nach Autio (1998) besteht ein regionales Innovationssystem aus dem Subsystem der Wissensgenerierung und Wissensdiffusion sowie aus dem Subsystem der Wissensanwendung und Wissensverwertung (s. Abb. 7.3).

Subsystem der Wissensgenerierung und Wissensdiffusion: Dieses Teilsystem umfasst all jene Organisationen, die auf die Produktion, Ver-

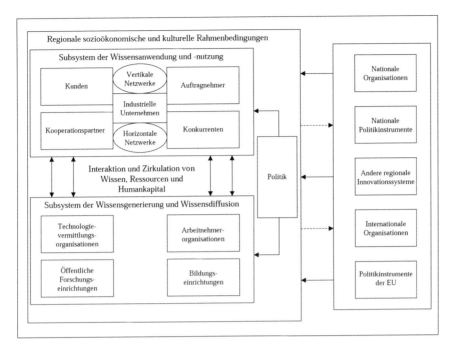

Abbildung 7.3: Grundstrukturen eines regionalen Innovationssystems (nach
Autio 1998, S. 134)

mittlung und Verbreitung von Wissen spezialisiert sind. Dazu zählen
öffentliche Forschungs- und Entwicklungseinrichtungen (wie Universitäten
und außeruniversitäre F&E-Institute), Bildungsorganisationen (Fachhoch-
schulen, berufsbildende Schulen) sowie Einrichtungen der Technologie-
und Qualifikationsvermittlung.

Subsystem der Wissensanwendung und Wissensverwertung: Die Akteure in diesem Teilsystem sind Betriebe und deren Kunden, Lieferanten
und Kooperationspartner in der Region.

Die regionale Politik, der Autio in seinem Modell wenig Beachtung schenkt,
stellt ein weiteres wichtiges Element von regionalen Innovationssystemen dar
(Cooke et al. 2000, Tödtling und Trippl 2005). Auf regionaler Ebene bestehen
oft erhebliche politische Steuerungskapazitäten, die zur Gestaltung einer regionsspezifischen Innovationspolitik führen können, mit der sich das regionale Innovationsgeschehen beeinflussen lässt. Dies ist insbesondere dann der Fall, wenn
die Region über einen hohen Grad an politisch-administrativer Selbständigkeit
und ausreichende finanzielle Ressourcen verfügt.

Die oben dargestellten Hauptbestandteile eines regionalen Innovationssystems sind in einen gemeinsamen, regionsspezifischen sozioökonomischen und
kulturellen Kontext eingebettet und im Idealfall durch intensive Interaktionen

und die Zirkulation von Wissen, Ressourcen und Humankapital miteinander verbunden. Erst die Vernetzung der innovationsrelevanten Organisationen führt zur Entstehung von Innovation und verleiht dem regionalen Innovationssystem einen systemischen Charakter.

Regionale Innovationssysteme sind jedoch keinesfalls autonom, sondern weisen viele Beziehungen zu nationalen und internationalen Systemen sowie zu anderen regionalen Innovationssystemen auf. Dies ist in zweierlei Hinsicht von Relevanz:

- Zum einen können nationale und europäische Politikinstrumente einen großen Einfluss auf das regionale Innovationsgeschehen ausüben. Die politische Steuerung von Innovationsprozessen findet nämlich in einem Mehrebenensystem („multi level governance") statt, in dem regionale, nationale und internationale Politikakteure zusammenwirken. Zwischen den regionalen, nationalen und supranationalen Politikebenen besteht eine komplexe Arbeitsteilung, was eine effiziente Koordination der Maßnahmen notwendig macht: Die regionale Ebene ist meist für die Errichtung von Innovationszentren und Technologietransfereinrichtungen sowie für Aktivitäten im Rahmen der Clusterpolitik (s. Abschn. 9.2.2) zuständig. Auf der nationalen Politikebene sind häufig die Kompetenzen für Universitäten und die Subventionierung von Forschung, Entwicklung und Innovation angesiedelt. Die Steuerungsinstrumente auf der europäischen Ebene umfassen vor allem die Strukturfonds sowie die Rahmenprogramme für Forschung und technologische Entwicklung (Cooke et al. 2000).
- Zum anderen wird der Kooperation mit Unternehmen und Forschungseinrichtungen aus anderen Regionen und Ländern ein großer Stellenwert zugeschrieben. Solche nationalen und internationalen Innovationsbeziehungen erlauben den regionalen Akteuren den Zugang zu neuen Märkten, komplementären Technologien sowie zu hochspezifischem Wissen und Kompetenzen, welche in der Region nicht vorhanden sind (Camagni 1991, Oinas und Malecki 2002).

In den letzten Jahren wurden regionale Innovationssysteme im Rahmen mehrerer international vergleichender Analysen empirisch erforscht (Braczyk et al. 1998, Cooke et al. 2000, Sternberg 2000). Dabei zeigte sich, dass regionale Innovationssysteme in der Realität sehr verschieden strukturiert sein können. Die untersuchten Regionen unterschieden sich deutlich in Bezug auf

- die Wirtschaftsstruktur und die industrielle Spezialisierung,
- die vorherrschenden regionalen Innovationsaktivitäten, also die jeweilige Dominanz von Produkt- oder Prozessinnovationen bzw. von radikalen oder inkrementalen Neuerungen,
- die Ausstattung mit Einrichtungen der Wissensgenerierung und Wissensdiffusion,
- die auf regionaler Ebene vorhandenen Kompetenzen und Ressourcen für die Wirtschafts- und Innovationspolitik sowie

- das Ausmaß regionaler Vernetzung und den Grad der Einbindung in nationale und internationale Innovationszusammenhänge und -beziehungen.

Nur wenige Regionen weisen ein starkes regionales Innovationssystem auf, das über alle wesentlichen organisatorischen und institutionellen Bestimmungselemente (s. Abb. 7.3) verfügt. Dies trifft in erster Linie auf dynamische Vorzeigeregionen wie etwa Baden-Württemberg, Cambridge oder Silicon Valley zu. Die Innovationssysteme anderer Regionstypen sind häufig durch spezifische Schwachstellen geprägt (Tödtling und Trippl 2005): So sind periphere Regionen oft durch eine schlechte Ausstattung mit innovationsrelevanten Organisationen gekennzeichnet. Es fehlen in diesem Regionstyp sowohl eine kritische Masse von innovativen Firmen wie auch ein dichtes Netz von Einrichtungen der Wissensgenerierung und -diffusion (Problem fehlender Akteure und Einrichtungen). Die Innovationsprobleme alter Industriegebiete sind im Vergleich dazu völlig anders gelagert. Das Innovationssystem in diesem Regionstyp ist durch eine Überspezialisierung in reifen, niedergehenden Industrien sowie eine einseitige Ausrichtung der Forschungs- und Bildungseinrichtungen auf alte technologische Pfade geprägt (Problem des „lock-in"). Auch in metropolitanen Regionen bestehen manchmal spezifische Innovationsbarrieren. Diese Regionen verfügen zwar meist über viele innovationsrelevante Unternehmen sowie Organisationen eines regionalen Innovationssystems, die aber oft nicht verbunden sind. In solchen Fällen besteht das Hauptproblem also in einem Mangel an Interaktion und Netzwerken (Problem der Fragmentierung). Die Verschiedenartigkeit der Defizite, die bei regionalen Innovationssystemen auftreten können, hat auch Auswirkungen auf die Ausgestaltung einer adäquaten Innovationspolitik. Diese sollte regional differenziert und an die unterschiedlichen Problemlagen angepasst werden.

7.2.3 Mechanismen des Wissensaustausches und ihre räumliche Ausprägung

Wie oben dargelegt, wird die Dynamik eines Innovationssystems nicht nur durch die Leistungsfähigkeit seiner Akteure und Einrichtungen bestimmt. Dem Transfer und Austausch von Wissen zwischen den Systemkomponenten kommt im Innovationsprozess ebenfalls eine zentrale Rolle zu. Solche Wissensströme können verschiedene Formen annehmen und sich über unterschiedliche räumliche Ebenen erstrecken. Zur Identifikation verschiedener Typen von Wissensströmen lassen sich zwei wichtige Unterscheidungskriterien heranziehen:

- Die erste zentrale Unterscheidung betrifft den Grad der Formalität, welcher den Beziehungen zu Grunde liegt. Wissen kann zum einen auf eine stark formale Weise ausgetauscht werden. In diesem Fall ist der Wissensfluss zwischen den Akteuren vertraglich geregelt und häufig mit finanziellen oder anderen Kompensationen („traded interdependencies") verbunden. Zum anderen kann Wissen aber auch über informale Beziehungen weitergegeben werden, ohne dass eine Kompensation („untraded

Tabelle 7.3: Typen von Beziehungen im Innovationsprozess (Tödtling et al.
2004)

	statisch (Wissenstransfer)	dynamisch (kollektives Lernen)
formale Beziehung	Marktbeziehung	Kooperation / formales Netzwerk
informale Beziehung	Wissensexternalitäten und Spillovers	Milieu informale Netzwerke

interdependencies") erfolgt.

- Die zweite wichtige Differenzierung ist jene zwischen statischen und dyna-
  mischen Aspekten des Austausches von Wissen. Unter einem statischen
  Wissensaustausch versteht man den Transfer von bereits vorhandenem
  Wissen von einem Akteur zum anderen. Ein dynamischer Wissensaus-
  tausch hingegen findet in Situationen statt, in denen es zu interaktiven
  Lernprozessen zwischen den Akteuren kommt. In solchen Fällen wird der
  Wissensbestand durch die Interaktion angehoben und neues Wissen ge-
  schaffen.

Aufbauend auf diesen beiden Unterscheidungen lassen sich auf idealtypische
Weise vier Typen von Beziehungen festmachen, über die Wissen transferiert
und ausgetauscht wird[2] (s. Tabelle 7.3).

Marktbeziehungen

Unter Marktbeziehungen wird hier der Zukauf von Wissen und innovativen
Produktionsmitteln verstanden. Darunter fallen zum Beispiel der Erwerb von
Maschinen oder Software, die Einlizensierung einer Technologie oder auch der
Zukauf von Beratungsleistungen. Marktbeziehungen stellen somit eine typische
Form eines statischen Transfers von Wissen und Expertise dar. Sie sind zudem
dadurch charakterisiert, dass ein schneller Wechsel der Partner möglich und
das Ausmaß der Interaktion in vielen Fällen eher gering ist. Viele Untersuchungen zur räumlichen Ausprägung von solchen marktlichen Beziehungen haben nachgewiesen, dass diese häufig großräumig sind (Storper 1997, Sternberg
2000). Marktbeziehungen werden daher auch als einer der Kernmechanismen
des interregionalen und internationalen Technologietransfers angesehen (Feldman 2000). Andere Studien haben allerdings gezeigt, dass Marktbeziehungen
auch auf der regionalen Ebene vorzufinden sind und zu Transaktionskosten-
ersparnissen und anderen Vorteilen führen können. Diese Beobachtung trifft

---

[2]In der Realität kommt es freilich häufig zu Überlappungen dieser idealtypischen Formen
des Wissenstransfers und -austausches.

insbesondere für die frühen Produktlebenszyklusphasen zu. Märkte sind jedoch keinesfalls perfekt, wenn es um die Generierung und den Austausch von Wissen geht. Daher kommt anderen Kanälen von Wissensströmen eine wichtige Rolle zu.

Wissensspillovers

Spillovereffekte bzw. Wissensexternalitäten stellen eine weitere Form eines statischen Wissenstransfers dar. Im Unterschied zu marktlichen Beziehungen wird die Wissensweitergabe allerdings weder vertraglich geregelt noch finanziell kompensiert. Wissensexternalitäten können das Ergebnis verschiedener Mechanismen sein. Beispiele sind der Wissenstransfer durch mobile Arbeitskräfte sowie durch persönliche Kontakte (Feldman 2000), das Lesen von Patentschriften oder auch die Beobachtung und Imitation der Strategien von anderen Betrieben (Malmberg und Maskell 2002). Wissensspillovers weisen oft eine starke räumliche Bindung auf. Eine Vielzahl von Studien hat mittels ökonometrischer Methoden gezeigt, dass häufig beträchtliche lokale Wissensspillovers aus Universitäten und anderen Forschungseinrichtungen heraus zu beobachten sind (Jaffe 1989, Varga 1998, Bottazi und Peri 2002).

Formale Netzwerke

Netzwerke und die unten dargestellten Milieu-Effekte unterscheiden sich konzeptionell sehr stark von den obigen Kategorien. Sie bauen auf evolutionären und soziologischen Theorien auf, und ihre Argumente gehen zumeist weit über die Transaktionskostenlogik hinaus. Im Vergleich zu Marktbeziehungen stellen Netzwerke dauerhaftere und interaktive Beziehungen zwischen bestimmten Partnern im Innovationsprozess dar. Es findet nicht nur ein Austausch bereits bestehender Technologien oder der Transfer von existierendem Wissen von einem Akteure zum anderen statt, sondern es kommt zu einer kollektiven Weiterentwicklung und damit zum Anstieg der Wissensbasis. Man spricht dann von einem dynamischen Prozess kollektiven Lernens (Capello 1999, Lundvall und Borrás 1999). Innovationsnetzwerke können verschiedene Erscheinungsformen annehmen (Powell und Grodal 2005). Beispiele sind etwa F&E-Kooperationen, F&E-Allianzen und Forschungskonsortien. In vielen Fällen basieren sie auf formalen Vereinbarungen und Verträgen und beinhalten klare formale Regelungen in Bezug auf die Verteilung von Aufgaben, Kosten, Nutzen und Gewinnen. Häufig sind große, international agierende Unternehmen, spezialisierte Technologiefirmen und große Forschungsorganisationen Partner in diesen Netzwerken. Da die Suche nach geeigneten Partnern sehr selektiv und auf spezifische strategische oder komplementäre Kompetenzen ausgerichtet ist, werden solche Netzwerke oft auf internationaler Ebene eingegangen (Archibugi und Iammarino 1999, Hagedoorn 2002).

Milieu

Neben formalen Netzwerken spielen im Innovationsprozess in vielen Fällen auch informale dauerhaftere Beziehungen zwischen Firmen oder zwischen Betrieben und anderen Organisationen eine wichtige Rolle. Diese basieren häufig auf wechselseitigem Vertrauen und einem kollektiven Verständnis von Problemen und Zielen sowie der Akzeptanz gemeinsamer Regeln und Verhaltensnormen. In der Literatur wird dies als „Sozialkapital" (Putnam 1993, Wolfe 2002), das zu einem spezifischen innovativen Milieu (Camagni 1991) führt, bezeichnet. Informalen, vertrauensbasierten Beziehungen wird eine große Bedeutung für den schnellen Austausch von Ideen, Wissen und Expertise und damit für die Konstituierung eines innovativen Milieus zugeschrieben. Wie im Fall von formalen Netzwerken findet auch hier kollektives Lernen, also die Schaffung von neuem Wissen statt. Informelle Innovationsbeziehungen sind in den meisten Fällen auf der regionalen Ebene vorzufinden. Sie stellen damit einen entscheidenden Mechanismus für die Erhöhung der lokalen Wissensbasis dar (Capello 1999, Lawson 2000). Kollektive Lernprozesse in innovativen Milieus wurden in verschiedenen europäischen Regionen für unterschiedliche Industriezweige untersucht (Aydalot und Keeble 1988, Keeble und Wilkinson 1999, 2000).

Die oben skizzierte Geografie der verschiedenen Innovationsbeziehungen weist also ein spezifisches Muster auf: Marktbeziehungen und formale Netzwerke werden vorrangig auf internationaler Ebene eingegangen, während Spillovers und informale Beziehungen tendenziell in stärkerem Maße auf der regionalen Ebene zu finden sind.

7.3 Zusammenfassung

In diesem Kapitel wurden die Faktoren Innovation und Wissen aus einer regionalen Perspektive untersucht. In Abschnitt 7.1 haben wir eine Begriffsklärung vorgenommen und verschiedene Typen von Innovation und Wissen identifiziert. Innovationen wurden begrifflich als Neuerungen im Bereich der Produkte, Verfahren sowie der Organisation von Unternehmen abgegrenzt. Weiters haben wir gezeigt, dass sich Neuerungen nach dem Ausmaß ihrer Radikalität in inkrementale und radikale Innovationen einteilen lassen. Es wurde dargelegt, dass Innovation für die Wettbewerbsfähigkeit von regionalen Unternehmungen und für die langfristigen Wachstumsperspektiven einer Region von zentraler Bedeutung sind. Innovation ist ein komplexer Prozess, der von der Forschung und Entwicklung bis zur Vermarktung und Diffusion von neuen Produkten und Technologien reicht. Die einzelnen Phasen werden dabei nicht in einer strikten Sequenz durchlaufen, sondern es gibt im Sinne des nicht-linearen, interaktiven Innovationsmodells zahlreiche Interdependenzen und Rückkoppelungen.

Im Anschluss daran wurde argumentiert, dass die Generierung von Innovationen eng mit der Produktion, Diffusion und Anwendung von Wissen verknüpft ist. Wissen kann als „codified knowledge" oder als „tacit knowledge" vorliegen. Ersteres lässt sich schnell und leicht über weite Distanzen transferieren, während zweiteres nur in direkten sozialen Interaktionen weitergegeben werden kann. Das Gewicht, das diesen beiden Wissensarten jeweils im Innovationsprozess zukommt, ist in Abhängigkeit von der betrachteten Industriebranche zu sehen. In Sektoren mit einer analytischen Wissensbasis spielt kodifiziertes Wissen eine dominante Rolle, während Industrien, die eine synthetische Wissensbasis aufweisen, stärker auf der Grundlage von stillschweigendem Wissen innovieren.

Abschnitt 7.2 stellte die Innovationssystem-Ansätze vor. Diese Konzeptionen analysieren das Innovationsgeschehen aus einer holistischen und interdisziplinären Perspektive. Sie heben hervor, dass Innovationen kumulative, pfadabhängige Prozesse sind und hauptsächlich durch das systemische Zusammenspiel von Betrieben und anderen innovationsrelevanten Organisationen zu Stande kommen. Ein großer Stellenwert wird auch formalen und informalen Institutionen zugeschrieben, da diese den Innovationsprozess sowohl positiv wie auch negativ beeinflussen können.

Innovationssysteme wurden zuerst für die nationale und in weiterer Folge auch für die regionale Ebene untersucht. Den Stellenwert der Region für Innovation haben wir damit begründet, dass Innovationsprozesse ungleich im Raum verteilt sind, Wissensspillovers eine starke räumliche Bindung aufweisen und das nur schwer über weite Distanzen übertragbare „tacit knowledge" nach wie vor eine wichtige Rolle im Innovationsprozess spielt.

Regionale Innovationssysteme bestehen aus einem Subsystem der Wissensgenerierung und Wissensdiffusion und einem Subsystem der Wissensanwendung und Wissensverwertung. Das erste Teilsystem umfasst öffentliche Forschungseinrichtungen, Bildungsorganisationen sowie Einrichtungen der Technologie- und Qualifikationsvermittlung. Das zweite Teilsystem setzt sich aus den Betrieben sowie deren Kunden, Lieferanten und Kooperationspartnern in der Region zusammen. Die regionale Politikebene stellt eine weitere zentrale Komponente von regionalen Innovationssystemen dar. Damit sich ein dynamisches Innovationsgeschehen in der Region entfalten kann, muss ein intensiver Austausch von Wissen und Expertise zwischen den genannten Organisationen stattfinden. Regionale Innovationssysteme sind keinesfalls autonom. Sowohl nationale und europäische Politikinstrumente als auch internationale Innovationsbeziehungen können das regionale Innovationsgeschehen maßgeblich beeinflussen. Sie spielen eine wichtige Rolle, da sie Zugang zu Wissen, Kompetenzen und Ressourcen ermöglichen, die in der Region nicht vorhanden sind. Vergleichende empirische Studien von regionalen Innovationssystemen haben gezeigt, dass diese in der Realität sehr unterschiedliche Strukturen aufweisen und nur in wenigen Regionen hochentwickelt sind.

Abschließend haben wir verschiedene Mechanismen des Wissensaustausches identifiziert und deren jeweilige räumliche Ausprägung untersucht. Zur Bestimmung verschiedener Typen von Wissensströmen haben wir zwei Unterscheidungskriterien herangezogen. Erstens wurde zwischen formalen und informalen Innovationsbeziehungen differenziert. Zweitens haben wir zwischen statischen und dynamischen Aspekten des Wissensaustausches unterschieden.

Auf diese Weise ließen sich Marktbeziehungen (formal und statisch), Wissensspillovers (informal und statisch), vertraglich geregelte Kooperationen (formal und dynamisch) und Milieu-Effekte (informal und dynamisch) als idealtypische Hauptmechanismen von Wissensströmen festmachen. Diese Beziehungen weisen ein spezifisches räumliches Muster auf: Marktbeziehungen und Kooperationen werden vorranging auf internationaler Ebene eingegangen, während Wissensspillovers und Milieu-Effekte tendenziell auf der regionalen Ebene zu finden sind.

7.4   Übungsaufgaben und Kontrollfragen

1. *Beschreiben Sie die wichtigsten Arten von Innovation und erläutern Sie deren Bedeutung.*

2. *Welche Innovationsmodelle werden in der Literatur unterschieden? Welche Aussagen treffen diese jeweils in Bezug auf den Innovationsprozess?*

3. *Beschreiben Sie die wichtigsten Typen von Wissen, welche für das Innovationsgeschehen relevant sind.*

4. *Welche Wissensbasen lassen sich unterscheiden und wodurch sind diese gekennzeichnet?*

5. *Welches gemeinsame Verständnis von Innovation liegt den Innovationssystem-Ansätzen zu Grunde? Erläutern Sie die gemeinsamen Perspektiven.*

6. *Warum kommt der Region eine wichtige Rolle für Innovationsaktivitäten zu?*

7. *Was versteht man unter einem regionalen Innovationssystem? Benennen Sie die wichtigsten organisatorischen und institutionellen Bestimmungselemente.*

8. *Welche Mechanismen des Wissensaustausches lassen sich unterscheiden? Erläutern Sie deren jeweilige räumliche Ausprägung.*

Kapitel 8

Von fordistischer Arbeitsteilung zu flexibler Produktion?

Die hier dargestellten Ansätze untersuchen wirtschaftliche Entwicklungen und deren regionale Ausformung aus einer längerfristigen Perspektive. Es wird davon ausgegangen, dass es von Zeit zu Zeit zu gravierenden Strukturveränderungen kommt, die sich in neuen Mustern räumlicher und regionaler Entwicklung niederschlagen. Diese Einbeziehung von Strukturbrüchen, die auch zur Modifikation traditioneller Zentrum-Peripherie-Muster führen kann, unterscheidet die folgenden Ausführungen von den meisten der bisher behandelten Theorien. Auch die aktuelle Entwicklung der achtziger und neunziger Jahre, die insbesondere durch die Anforderung der höheren Flexibilität gekennzeichnet ist, sehen sie als Reaktion auf Krisenerscheinungen des „fordistischen Modells", also jenes Produktions- und Konsummodells, das die Nachkriegsperiode bis etwa Mitte der siebziger Jahre geprägt hat.

Die zuerst dargestellte Regulationstheorie (Abschn. 8.1) begreift die kapitalistische Wirtschaft als Abfolge von stabilen längerfristigen Entwicklungsstrukturen, die jeweils durch ein spezifisches Produktionsmodell, bestimmte makroökonomische Beziehungen zwischen Produktion und Konsumption (Regime der Akkumulation) und ein spezifisches System der sozialen Regulation gekennzeichnet sind. Mit diesen gesamtwirtschaftlichen Mustern sind jeweils auch spezifische räumliche Entwicklungsmuster verknüpft.

Abschnitt 8.2 untersucht speziell die flexible Spezialisierung, also das seit den siebziger Jahren sich entwickelnde Produktionsmodell, und ihre räumliche Ausprägung im „industrial district", einem von Firmennetzwerken und spezifischen Institutionen geprägten Regionstyp.

8.1 Regulationstheorie

Die Regulationstheorie hat marxistische Ursprünge und ist erkenntnistheoretisch dem Realismus zuzuzählen, d.h., sie untersucht abstrakte Strukturzusammenhänge jeweils unter kontingenten Bedingungen, also in ihrer realen und konkreten Ausprägung in Zeit und Raum (Sayer 1984). Mit der Betonung institutioneller Besonderheiten von nationalen und regionalen Wirtschaften überwindet die Regulationstheorie den Determinismus, der die marxistische Theorie weitgehend gekennzeichnet hat.

Die Regulationstheorie ist bei näherer Betrachtung jedoch kein einheitlicher Ansatz, sondern eher ein Schirm, unter dem sich im Detail durchaus unterschiedliche Konzeptionen finden lassen. Man kann sie somit eher als Denkrahmen denn als konsistentes Theoriegebäude bezeichnen.[1]

Die Entwicklung der kapitalistischen Wirtschaft wird als längerfristige Abfolge von Entwicklungsstrukturen begriffen, die jeweils durch ein spezifisches Produktionsmodell (Arbeitsorganisation und Arbeitsbeziehungen), ein spezifisches Regime der Akkumulation (makroökonomische Beziehungen zwischen Produktion und Konsumption) und durch ein bestimmtes System der sozialen Regulation gekennzeichnet sind.

Das Produktionsmodell beschreibt die vorherrschende Produktionstechnologie, die allgemeinen Prinzipien der Arbeitsorganisation und der Arbeitsbeziehungen einer bestimmten Periode. Das Akkumulationsregime kennzeichnet auf der Ebene der Makroökonomie relativ stabile und reproduzierbare Beziehungen zwischen Produktion und Konsumption. Für eine bestimmte Wirtschaft wird es u.a. durch ein bestimmtes Muster an Produktionsoutput, Investitionen, Konsum und Außenhandel charakterisiert. Das System der sozialen Regulation schließlich besteht aus der Gesamtheit der Institutionen, also der Regelungen, Normen, Kultur- und Verhaltensmuster, die für eine bestimmte Periode die Anpassung der Erwartungen und des Verhaltens individueller Akteure und einzelner Gruppen an die Prinzipien des Akkumulationsregimes gewährleisten. Es umfasst damit auch die Gesamtheit der wirtschafts- und sozialpolitischen Maßnahmen.

Ein zu einem Akkumulationsregime gut passendes System der sozialen Regulation gewährleistet für eine gewisse Zeit die Entfaltung eines Regimes und eine stabile Entwicklung. Das System der sozialen Regulation hat daher die Aufgabe, die im Akkumulationsregime angelegten Krisentendenzen hintanzuhalten und eine zeitweilige Stabilisierung vorzunehmen. Dies gelingt allerdings nur für kürzere konjunkturelle, nicht für tiefergehende strukturelle Krisen. Letztere führen schließlich zum Zusammenbruch des jeweils dominanten Akkumulationsregimes und zur Entwicklung eines neuen, das wiederum durch ein entsprechend neues System der sozialen Regulation unterstützt werden muss, um dauerhaft zu sein.

Wesentliche Perioden der kapitalistischen Entwicklung, die in der Vergangenheit durch spezifische Akkumulationsregimes und Systeme der sozialen Regulation gekennzeichnet waren, sind nach Tickell und Peck (1992) jene der extensiven Akkumulation unter liberaler Regulation (zweite Hälfte des 19. Jahrhundert bis 1914) und jene der intensiven Akkumulation unter fordistisch-keynesianischer Regulation (1945–1973). In den vergangenen zwei Jahrzehnten zeichnet sich eine neue Periode ab, sie wird als Postfordismus oder flexible Akkumulation charakterisiert.

8.1.1   Liberale Wirtschaftsordnung des 19. Jahrhunderts

Die Wirtschaft des 19. Jahrhunderts war in vielen Industrien durch Handwerk und durch konkurrenzwirtschaftliche Verhältnisse geprägt, also das Vorherrschen von eher kleinbetrieblichen Strukturen. Darüber hinaus gab es einen

---

[1]Siehe u.a. Boyer (1986), Lebourgne und Lipietz (1988).

geringen Grad der Organisation der Arbeiterschaft und des Kapitals. Gewerkschaften, Arbeiterkammern, Industriellenvereinigungen und Handelskammern
waren noch kaum vorhanden oder erst im Entstehen begriffen. Führende Industrien dieser Periode waren Textilien, Bekleidung und Metallwaren sowie
die Grundstoffindustrien (Kohle, Eisen- und Stahl, chemische Industrie).[2] In
diesen fand auch überwiegend der technologische Fortschritt statt. Der Staat
beschränkte sich auf die Bereitstellung und Subventionierung der notwendigen
Infrastruktur im Transportbereich (Eisenbahnbau, Schifffahrt, Straßen) sowie
in Ansätzen im Bereich der Wasser- und Energieversorgung, der Entsorgung,
dem Gesundheitswesen und dem Schulwesen. Das System der sozialen Regulation war somit als liberal zu charakterisieren und, abgesehen von vereinzelten
paternalistischen Strukturen, nicht interventionistisch.[3] Die Wirtschaft expandierte durch die Einbindung zusätzlicher Produktionsfaktoren und durch die
Ausweitung der kapitalistischen Produktion in neue Sektoren und Länder. Diese Periode wurde von Tickell und Peck (1992) daher auch als Regime „extensiver
Akkumulation" bezeichnet.

Die Regulationstheorie ist hinsichtlich der räumlichen und regionalwirtschaftlichen Aussagen wenig spezifisch, da hauptsächlich nationale und internationale Aspekte hervorgehoben werden. Gewisse räumliche Aussagen sind
allerdings durchaus vorzufinden. Grundsätzlich wird davon ausgegangen, dass
die jeweiligen Regimes der Akkumulation und der Regulation auch spezifische
Strukturen der räumlichen und regionalen Entwicklung nach sich ziehen. Oder,
wie Scott und Storper (1992) feststellen, „Each regime of accumulation, then,
tends to be marked by a definite historical geography" (S. 20).

Die räumliche Organisation des liberalwirtschaftlichen Regimes war durch
eine starke Tendenz zur Agglomeration geprägt, da einerseits das Transportwe-
sen noch wenig entwickelt war, und da andererseits aufgrund des hohen Anteils
von Kleinfirmen Lokalisationsvorteile einen hohen Stellenwert hatten.[4] Auch
war wegen des langen Arbeitstages und auch aufgrund unzureichender Trans-
portmöglichkeiten eine enge räumliche Zuordnung von Fabriken und Wohnungen erforderlich. Diese Agglomerationen und Regionen des 19. Jahrhunderts
waren zumeist von spezifischen Industrien geprägt wie in England etwa Lancashire von der Baumwollindustrie und Sheffield von der Besteckindustrie, in
den USA etwa Massachusetts von der Schuh- und Lederindustrie, New England von der Textilindustrie, oder Hartford im Connecticut River Valley von
der Gewehrproduktion. In den Grenzen des heutigen Österreich entstehen und
expandieren in dieser Periode in der Obersteiermark und in den Voralpentälern

---

[2]Einige dieser Industrien, wie etwa der Bergbau und die Eisenerzeugung, waren aufgrund
von Skaleneffekten nicht unbedingt konkurrenzwirtschaftlich organisiert, sondern oligopolis-
tisch oder monopolistisch.

[3]Ein im Vergleich zu späteren Perioden geringerer Grad an wirtschafts- und sozialpoli-
tischer Intervention von Seiten des Staates bedeutet allerdings nicht, dass im wesentlichen
unregulierte Märkte im Sinne der neoklassischen Ökonomie vorgeherrscht haben. Polanyi
(1978) etwa zeigt am Beispiel des Boden- und Arbeitsmarktes dieser Periode die starke Bedeutung sozialer Regulation.

[4]Zum Konzept der Lokalisationsvorteile vgl. Band 1, Kap. 5.

die Eisen und Metall verarbeitenden Industrien, im Wiener Becken die Textilindustrie, und im Waldviertel die Textil- und Glasindustrie.

Nach den Krisenjahren um 1870 zeigen sich in einigen der genannten Industrien gegen Ende des 19. Jahrhunderts Konzentrationsprozesse. Großfirmen werden bedeutender, Mechanisierung und Firmenübernahmen finden statt. Viele der Industrieagglomerationen können der kostengünstigen mechanisierten Produktion nicht mehr standhalten und geraten in eine wirtschaftliche Krise.

Aus dem Regime der extensiven Akkumulation und dem liberalen Regulationssystem des späten 19. und frühen 20. Jahrhunderts ist schließlich der Fordismus hervorgegangen, wobei der Zusammenbruch des alten Regimes und der Übergang zum Fordismus von einer langen krisenhaften Entwicklung begleitet war, die schließlich in die Weltwirtschaftskrise der dreißiger Jahre und in den Zweiten Weltkrieg mündete.

8.1.2   Fordismus

Das nach dem Zweiten Weltkrieg dominierende Akkumulationsregime war jenes des Fordismus unter keynesianischer Regulation. Der Begriff wurde von der Strategie Henry Fords geprägt, hohe Produktivitätssteigerungen auf der Basis einer stark arbeitsteiligen Fließbandfertigung zu lukrieren. Zum Teil wurden diese in Form höherer Löhne an die Arbeiter weitergegeben, um ihnen ein höheres Konsumniveau zu ermöglichen.

Der Fordismus ist also hinsichtlich des vorherrschenden Produktionsmodells und der Arbeitsorganisation vom Modell der Massenproduktion geprägt. Dominante Charakteristika sind eine nach tayloristischen Prinzipien ausgerichtete Standardisierung von Aktivitäten und eine ausgeprägte technische Arbeitsteilung. Es werden mit hochspezialisierten Maschinen (Fließfertigung als Idealtyp) standardisierte Produkte in großen Losen hergestellt. Die starke Arbeitsteilung ermöglicht die Trennung von Kopf- und Handarbeit und den Einsatz von un- und angelernten Arbeitskräften in der Produktion. Eine starke Polarisierung der Arbeitskräfte nach der Qualifikation ist die Konsequenz. Da die Fließfertigung bei Störungen hohe Kosten des Produktionsausfalls verursacht, versuchen die Unternehmen, den gesamten Produktionsablauf unter ihre Kontrolle zu bekommen. Die dominante Organisationsform ist daher das vertikal integrierte[5] und hierarchisch organisierte Großunternehmen. Es werden zwar nicht alle Wirtschaftszweige nach diesen Prinzipien organisiert, besonders stark ausgeprägt sind sie jedoch in den führenden Industrien dieser Periode, etwa in der Automobilindustrie und in der technischen Konsumgüterindustrie.

Das makroökonomische Regime des Fordismus ist durch einen positiven Zirkel der Kapitalakkumulation gekennzeichnet: Skalenvorteile führen zu Produktivitätssteigerungen, diese ermöglichen Lohnsteigerungen und erhöhte Kon-

---

[5]Unter „vertikaler Integration" wird die Einbeziehung von den in der Wertkette vor- und nachgelagerten Aktivitäten in ein bestimmtes Unternehmen verstanden. Bei Ford etwa war eine solche vertikale Integration idealtypisch ausgeprägt, hier befanden sich alle Produktionsstufen, vom Rohstoff bis zur Vermarktung innerhalb des Konzerns.

sumausgaben. Die daraus resultierende hohe Auslastung der Produktionskapazitäten gewährleistet gute Profite, die wiederum eine Steigerung der Investitionen und der Produktivität ermöglichen. Das System der sozialen Regulation ist durch institutionalisierte kollektive Lohnverhandlungen, keynesianische Nachfragesteuerung und durch einen Wohlfahrtstaat gekennzeichnet, der über Einkommenstransfers den Massenkonsum absichert. Es gibt in diesem Modell somit eine Entsprechung zwischen der hochproduktiven Massenproduktion und dem Massenkonsum, ermöglicht durch eine an den Produktivitätsfortschritten ausgerichtete stetige Einkommenssteigerung der Arbeiterschaft und unterstützt durch keynesianische Nachfragesteuerung und den Wohlfahrtsstaat.

Die regionale Dynamik des Fordismus war zunächst geprägt von der Konzentration der führenden Sektoren in spezifischen Agglomerationen, in denen auch die von diesen Sektoren ausgehenden Antriebskräfte auf vor- und nachgelagerte Bereiche wirksam wurden (Scott und Storper 1992). Dieser Prozess wurde bereits im Kapitel über die Wachstumspoltheorie ausführlicher beschrieben. Regionen, die typischerweise von der Entfaltung des Fordismus ihre Dynamik erhielten, waren etwa der „manufacturing belt" im Nordosten der USA, die Midlands in Großbritannien, der Norden Frankreichs, Industriegebiete in Belgien und den Niederlanden oder Standorte der Automobil- und Konsumgüterindustrie in der Bundesrepublik. In Österreich sind hier etwa die Agglomerationen Wien, Linz und Graz anzuführen. Diesen industrialisierenden Kernregionen standen weniger entwickelte ländliche Regionen als Peripherie gegenüber, welche als Absatzmärkte und als Quelle für Arbeitskräfte fungierten.

Aufgrund einer zunehmenden Arbeitskräfteknappheit sowie negativer externer Effekte in den industriellen Ballungsräumen und durch den Ausbau der Verkehrs- und sonstigen Infrastruktur in den ländlichen Regionen änderte sich das Muster der regionalen Entwicklung in der späten Phase des Fordismus (etwa seit den sechziger Jahren). Unternehmungen gingen mehr und mehr dazu über, Zweigbetriebe auch in weniger industrialisierten Regionen zu errichten und die technische Arbeitsteilung der fordistischen Produktion auch in eine räumliche Arbeitsteilung zu verwandeln. Die Unternehmenszentralen verblieben dabei in den hochrangigen Agglomerationen und spezialisierten sich auf die zentralen Planungs-, Verwaltungs- und Entscheidungsfunktionen. Produktionsbetriebe wurden sowohl in Industriegebiete als auch in periphere Regionen ausgelagert. In den Industriegebieten waren die Zweigbetriebe auf qualifikationsintensive Produktionen ausgerichtet, in den peripheren Regionen hingegen auf standardisierte Produktionsaktivitäten, für die un- und angelernte Arbeitskräfte eingesetzt werden konnten. In den peripheren Regionen waren mit einer solchen externen Kontrolle der Betriebe und einer derartigen Arbeitsteilung somit Nachteile hinsichtlich des Lohn- und Einkommensniveaus, eine geringe Stabilität der Betriebe und Arbeitsplätze sowie eine geringe Innovations- und Anpassungsfähigkeit der Wirtschaft verbunden (s. Band 1, Kap. 4).

In den sechziger Jahren und verstärkt in den siebziger Jahren geriet der Fordismus in eine Krise, die sowohl auf interne wie externe Ursachen zurückzuführen war. Zu den internen Faktoren zählen die Abschwächung des Produktivitätswachstums, die demotivierende und innovationshemmende Wirkung der tayloristischen Arbeitsorganisation, ein Ansteigen der Arbeitskonflikte und ein Zurückdrängen der kollektiven Lohnverhandlungen. Die Unternehmen haben versucht, darauf z.T. mit Produktionsverlagerungen in periphere Regionen und Länder zu antworten, um Kosten zu senken. Dieser Schritt hat zwar die Rentabilität einzelner Unternehmen zunächst erhöht, im Aggregat allerdings die Krise in den Industrieländern weiter gesteigert. Durch die zunehmende Internationalisierung der Wirtschaft wurden auch die Möglichkeiten nationaler keynesianischer Wirtschaftspolitik mehr und mehr untergraben.

Die räumliche Ausformung und Auswirkung der Krisenstrategien von Unternehmen wurden u.a. von Massey und Meegan (1982) untersucht. Es wurde gezeigt, dass Unternehmungen mit sehr unterschiedlichen Strategien auf derartige Krisen reagieren können, etwa durch Intensivierung der Produktion (Steigerung der Produktivität durch organisatorische Maßnahmen), Einführung neuer Technologien bei Produkten und Verfahren, Aufgabe von Standorten und Standortkonzentration oder durch die Verlagerung von Produktionen an Standorte mit geringeren Kosten. Diese Vielfalt macht sowohl die Bestimmungsgründe als auch räumlichen Implikationen komplex. Die Ableitung einfacher Muster ist daher kaum möglich.

Gibt es in der Regulationsliteratur einigermaßen Einigkeit über die Prinzipien der Ausformung des Fordismus und über seine Krise, so gibt es kaum eine Einigkeit über das Nachfolgemodell. Aufgrund des Umstandes, dass das System der sozialen Regulation zwischen Ländern und Regionen stark unterschiedlich ausgeprägt ist, sowie aufgrund anderer kontingenter Bedingungen[6] ist eine Einigkeit auch nicht unbedingt zu erwarten. Als potentieller Nachfolger wird in der Literatur zum einen ein um Flexibilität und Internationalisierung angereicherter Fordismus diskutiert (dieser wird vielfach als Neofordismus bezeichnet). In diesem Fall behaupten Großunternehmen ihre führende Position durch die Einführung flexibler Technologien und Organisationsformen sowie durch Strategien der Globalisierung. Zusätzlich setzen sie Strategien der externen Flexibilisierung ein, etwa die Bildung von Zuliefernetzwerken. Zum anderen gibt es auch zunehmend Modelle, die sich in stärkerem Maße vom Fordismus unterscheiden („Postfordismus" oder „flexible Akkumulation"). Einigkeit herrscht lediglich darin, dass das künftige Entwicklungsmuster durch ein hohes Maß und durch verschiedene Formen von Flexibilität gekennzeichnet ist. Wir gehen im folgenden auf mögliche und sich abzeichnende Charakteristika des Postfordismus näher ein.

8.1.3 Postfordismus (flexible Akkumulation)

Die meisten einschlägigen Arbeiten charakterisieren den Postfordismus in vielen Aspekten als Gegensatz zum Fordismus (Tabelle 8.1).

So sind der Produktionsprozess und die Arbeitsbeziehungen als flexible Pro-

---

[6]Kontingente Bedingungen sind solche, die nur in einem konkreten geographischen Raum und für eine bestimmte Zeit Gültigkeit haben.

Tabelle 8.1: Charakteristika von Fordismus und flexibler Akkumulation. In Anlehnung an Harvey (1989)

Fordismus	Flexible Akkumulation
Produktionsprozess	
standardisierte Güter	Produktvielfalt
Massenfertigung	Kleinserienfertigung
Spezialmaschinen	flexible Technologie
„Economies of Scale"	„Economies of Scope"
hohe Produktionsausfälle durch	weniger Produktionsausfälle
Umrüstung, Maschinenversagen,	durch Flexibilität
fehlende Inputs	
große Lager von Vormaterialien	geringe Lagerhaltung
und Produkten	
Qualitätskontrolle „ex post"	Qualitätskontrolle in d. Produktion
vertikale Integration von Unternehmen	Auslagerung von Aktivitäten
Arbeit	
Aufgabenspezialisierung	multiple Aufgaben
geringer Verantwortungsbereich	größerer Verantwortungsbereich
der Arbeitskräfte	der Arbeitskräfte
hierarchische Arbeitsorganisation	mehr horizontale Organisation
geringes Ausmaß von Lernen	viel Lernen am Arbeitsplatz
wenig Arbeitsplatzsicherheit	hohe Arbeitplatzsicherheit für
	Kernbelegschaft, geringe für
	Randbelegschaft
Raum	
funktionale räumliche Arbeitsteilung	Agglomeration von Unternehmen
Homogenisierung von regionalen	Diversifizierung
Arbeitsmärkten	
Segmentierung zwischen Regionen	Segmentierung innerhalb v. Regionen
globale Lieferbeziehungen	Zulieferer z.T. in der Region,
	regionale Produktionscluster
Staat	
keynesianische Nachfragesteuerung	angebotseitige Politik
höheres Ausmaß an Regulation	Deregulierung
kollektive Lohnverhandlungen	Individualisierung, betriebsbezogene
	Verhandlungen
Wohlfahrtsstaat	individuelle Vorsorge
nationale Regionalpolitik	dezentrale Regionalpolitik
hoheitlicher Staat	unternehmerischer Staat, Konkurrenz von Städten und Regionen

duktion charakterisiert, beruhend auf flexibler Technologie (Maschinen oder Systeme) sowie einer flexiblen Arbeiterschaft. Es wird eine größere Vielfalt an Produkten zu jeweils geringeren Losgrößen produziert. „Economies of scope", also Vorteile, die daraus entstehen, dass verschiedene Produkte einander synergetisch ergänzen, werden wichtiger als Skalenvorteile, also Vorteile, die aus einer großen Stückzahl eines bestimmten Produktes resultieren. Im Bereich der maschinellen Ausrüstung spielt die auf der Mikroelektronik beruhende Informations- und Kommunikationstechnologie eine zentrale Rolle, und zwar sowohl für die direkte Produktion (CNC, CAD-CAM, CIM-Konzepte) als auch für die Verwaltung, Koordination und Steuerung der Unternehmen (Läpple 1989). Es sind sowohl Groß- als auch Kleinunternehmen von den neuen Informationstechnologien betroffen, genauso wie Industrie- und Dienstleistungsunternehmen. Steigende Anforderungen an die Flexibiltät der Unternehmen und an die Qualität der Produkte erfordern besser und höher qualifizierte Arbeitskräfte als im Fordismus. Das vertikal integrierte und hierarchisch organisierte Großunternehmen wird abgelöst von Unternehmungen mit flacheren Hierarchien, die ihren Produktionsprozess in stärkerem Maße in Form von Netzwerken mit anderen Unternehmen organisieren (Cooke and Morgan 1993).

Das makroökonomische Akkumulationsregime beruht auf Produktivitätsgewinnen, die auf „economies of scope" zurückgehen und die z.T. als steigende Einkommen an eine vielseitig qualifizierte Arbeiterschaft weitergegeben werden. Daraus resultiert eine steigende Nachfrage nach verschiedenartigen Gütern und Dienstleistungen. Ein ausreichendes Niveau an Gewinnen wird durch technologische Verbesserungen und durch eine gute Auslastung der flexiblen Maschinen gesichert. Im Vergleich zum Fordismus spielt die Internationalisierung der Märkte und der globale Wettbewerb eine größere Rolle, nationaler Keynesianismus, also die Nachfragesteuerung durch Instrumente der nationalen Wirtschaftspolitik, wird daher zunehmend inadäquat. Die Wirtschaftspolitik stellt vielmehr angebotseitig die Fähigkeit zur Innovation und Flexibilität in den Vordergrund.

Die räumlichen und regionalwirtschaftlichen Implikationen dieses Modells sind derzeit, wie der Postfordismus selbst, noch umstritten. Postfordisten argumentieren, dass die strukturellen Veränderungen der Wirtschaft auch zu neuen Mustern der räumlichen Entwicklung führen, wobei sowohl eine stärkere lokale/regionale Einbettung der Wirtschaft als auch ein Trend zur Globalisierung festgestellt wird (Tödtling 1994). Die regionale Einbettung zeigt sich etwa durch die Einbindung von Unternehmen in regionale Netzwerke, die stärkere Rolle regionaler Institutionen sowie auch regionaler Kultur- und Verhaltensmuster für die wirtschaftliche Entwicklung. Die Globalisierung wird durch das Vordringen globaler Firmen mit neuen Formen der internationalen Arbeitsteilung (Dicken 1998), durch großräumige Allianzen zwischen Unternehmungen sowie durch Finanzbeziehungen auf der globalen Ebene vorangetrieben.

Scott und Storper (1992) sehen „new industrial spaces" als Zentren flexibler Akkumulation entstehen, wobei jeweils verschiedene Führungssektoren die Herausbildung vernetzter Regionalwirtschaften bewirken (s. Tabelle 8.2). Dies sind zum einen modernisierte Handwerksindustrien, die sowohl arbeitsintensiv als auch designintensiv sein können. Sie entfalten in den „industrial districts" eine besondere Dynamik (vgl. den folgenden Abschnitt). Zum zweiten sind es Hochtechnologie-Sektoren, die sich in bestimmten Regionen konzentrieren. Als gängige Beispiele dienen hier das Silicon Valley, Orange County nahe Los Angeles, die „Route 128" in Boston, Cambridge nördlich von London, die Region

Tabelle 8.2: „New Industrial Spaces". Darstellung nach Tickell und Peck (1992)

Sektor	Charakteristika	Beispiele
Handwerk (designintensive Industrien)	qualitativ hochwertige Produkte, starke zwischenbetriebliche Arbeitsteilung, Produktionsnetzwerke, Ausbildung, Technologietransfer	Drittes Italien Jura-Region Baden-Württemberg Jütland (Dänemark)
Hochtechnologie-Industrien	lokale Forschung u. Entwicklung, „Spin-offs", Produktions- und Innovationsnetzwerke, segmentierte regionale Arbeitsmärkte, Risikokapital, Beratungsdienste	Route 128, Boston, Silicon Valley, USA M4 Corridor u. Cambridge, UK Grenoble u. Sophia Antipolis, Frankreich München, Karlsruhe, BRD
Unternehmensbezogene Dienste	hochspezialisierte Dienstleistungsunternehmen, Koexistenz v. Groß- u. Kleinfirmen, diversifizierter Arbeitsmarkt	London, UK New York, USA Paris, Frankreich Frankfurt/Main, Bremen, BRD Tokio, Japan

Grenoble in Frankreich oder das Isar-Tal nahe München. Zum dritten sind es Produzentendienstleistungen, die insbesondere in den größeren Städten wie London, Paris, Frankfurt am Main oder Düsseldorf zu einer neuen Dynamik führen.

Scott (1988) betrachtet diese „new industrial spaces" als Ergebnis eines Trends zur vertikalen Desintegration von Unternehmen[7] und zur stärkeren zwischenbetrieblichen Arbeitsteilung, ausgelöst durch die gestiegenen Flexibilitätserfordernisse der Wirtschaft. Die räumliche Agglomeration ermöglicht die Nutzung von „economies of scope" und die Minimierung von Transaktionskosten. Dies ist insbesondere für die Herstellung wenig standardisierter Produkte und für Innovationen wichtig. Auch „Just-in-time"-Konzepte können in einer solchen Ballung leichter verwirklicht werden und reibungsloser ablaufen. Darüber hinaus existieren in diesen „new industrial spaces" Vorteile eines großen und flüssigen lokalen Arbeitsmarktes.

Zwischen den „new industrial spaces" bestehen auch in der Art und Weise, wie sie koordiniert werden, erhebliche Unterschiede. Es gibt solche mit relativ egalitärer Struktur (kein Unternehmen übernimmt systematisch die Führung; Beispiele sind viele „districts" des Dritten Italien: vgl. Abschn. 8.2), solche mit koordinierenden Unternehmen (Beispiel Baden-Württemberg) und schließ-

---

[7]Unter „vertikaler Desintegration" ist die Auslagerung von in der Wertkette vor- oder nachgelagerten Aktivitäten zu anderen Unternehmungen zu verstehen.

lich solche, die von einem großen Unternehmen hierarchisch geführt werden
(Beispiel Toyota City). Egalitäre Kleinfirmennetzwerke können sich durch die
Herausbildung oder das Eindringen von Großfirmen in hierarchische Formen
umwandeln, sie sind also nicht unbedingt stabil.

Aus der Sicht der Regionalentwicklung ergeben sich aus diesen Ansätzen
gravierende Unterschiede im Vergleich zu den älteren, z.T. oben dargestellten Theorieansätzen. Traditionelle Zentrum-Peripherie-Strukturen und die von
Großunternehmen geprägte räumliche Arbeitsteilung verlieren an Bedeutung.
„New industrial spaces" entstehen nämlich oft nicht in den Zentren der fordistischen Industrien, sondern in einiger Distanz zu diesen (Storper und Walker
1989). Es ergibt sich somit eine Verlagerung der wirtschaftlichen Dynamik weg
von den etablierten industriellen Kernregionen hin zu neuen Standorten. Die
Gründe dafür liegen sowohl in anderen Standorterfordernissen (etwa hinsichtlich der Vorprodukte, benötigter Dienstleistungen und Infrastruktur) als auch
in anderen Arbeitsbeziehungen und sozialen Strukturen. Die neuen Sektoren
suchen eher industriell wenig vorgeprägte und flexible Arbeitskräfte, und sie
meiden die gewerkschaftlich stark organisierte Arbeiterschaft der traditionellen
Industrieregionen.[8] Von Bedeutung erscheint weiters die richtige Balance von
Kooperation und Konkurrenz, ein Klima, das Unternehmensgründung und Innovation begünstigt, und die Bereitschaft der lokalen und regionalen Regierung,
Ausbildung, Technologietransfer und Innovationsprojekte zu unterstützen.

Zum anderen könnte sich aus dem Trend zur dezentralen Großfirma ein
Abbau der fordistischen hierarchischen Arbeitsteilung ergeben.[9] Die in den
letzten Jahren beobachtete stärkere Verselbständigung von Tochterfirmen und
Zweigbetrieben könnte dieses Muster abschwächen und wiederum eine teilweise Rückverlagerung wichtiger Unternehmensfunktionen an die Produktions-
standorte bewirken. Allerdings ist dieses Argument der Dezentralisierung von
Großunternehmen nicht unbestritten. Martinelli und Schoenberger (1991) etwa
wenden ein, dass externe Kontrolle von Unternehmungen heute weniger über
organisatorische Integration, sondern über finanzielle Verflechtungen ausgeübt
wird. Das Problem verlagert sich somit lediglich auf eine andere Ebene. Auch
räumlich finden Kontrollbeziehungen heute stärker auf internationaler und globaler Ebene statt als zwischen Regionen.

Weitere wichtige Änderungen betreffen die Rolle und Organisation des Staates auf den verschiedenen Ebenen und damit auch die Stadt- und Regionalpolitik. Der Nationalstaat ist nicht mehr das Zentrum der Regulation, sondern es
entwickelt sich eine komplexere Struktur von Steuerung, die sowohl eine größere

---

[8]Bezüglich der neuen Muster der regionalen Entwicklung nehmen die genannten Autoren allerdings nur eine Negativabgrenzung vor, d.h., sie charakterisieren Regionen, in denen
sich flexible Akkumulation tendenziell nicht durchsetzt. Sparsam bleiben jedoch die Aussagen, unter welchen institutionellen und sonstigen Bedingungen sich „new industrial spaces"
herausbilden können.

[9]Letztere war, wie oben dargestellt wurde, gekennzeichnet von der Trennung von Konzeption und Ausführung, sowohl organisatorisch als auch räumlich. Planungs-, Entscheidungs-
und F&E-Funktionen konzentrierten sich in den höchstrangigen Agglomerationen eines Landes, während die standardisierten Produktionen in peripheren Regionen zu finden waren.

Zahl von Akteuren (z.B. ausgelagerte Gesellschaften der Wirtschaftsförderung, der Arbeitsmarktförderung, der Technologiepolitik) als auch mehrere räumliche Ebenen (lokal, regional, national, EU) im Sinne einer „multi-level governance" umfasst. Darüber hinaus verlagern sich in vielen Ländern die Politikinhalte vom Wohlfahrtsstaat zum unternehmerischen Staat. Auf der Ebene von Städten und Regionen äußert sich dies in stärkerer territorialer Konkurrenz, wobei Städte und Regionen um mobile Unternehmungen durch neue Ansiedlungsprogramme und Marketingkonzepte konkurrieren. Daneben gibt es eine Zunahme von Programmen zur Förderung von Innovation, Technologietransfer und Unternehmensgründung. Begleitet wird eine solche unternehmerische Orientierung auch von einer Aufwertung der Region als Ebene der Politik. Da andererseits gewisse Funktionen auch nach oben auf die internationale Ebene abwandern, erfährt der Nationalstaat eine Schwächung.

Der Ansatz der Regulationstheorie und auch jener zur postfordistischen Geographie sind nicht unwidersprochen geblieben und einer ausführlichen Kritik unterzogen worden. Die Regulationstheorie weist Schwächen einer wenig präzisen und nicht immer konsistenten Formulierung auf. Darüber hinaus werden die Zusammenhänge zwischen Produktionssystem, Akkumulationsregime und sozialer Regulation nur mangelhaft ausgearbeitet. Insbesondere das System der sozialen Regulation, und damit die Rolle der Institutionen, blieb bisher einigermaßen unterbelichtet und stellt nach Tickell und Peck (1992) ein „Missing Link" dar. Weitere Schwächen betreffen die fehlende Analyse und Konzeptualisierung der Übergänge zwischen den Regimes und auch die unzureichende Behandlung der verschiedenen Ebenen der Regulation (lokal/regional, national, international). Der Schwerpunkt der regulationstheoretischen Analyse betrifft die nationale Ebene und deren Charakteristika. Die neu entstehende internationale Ebene sowie auch die an Bedeutung gewinnende regionale Ebene hingegen werden nur unzureichend behandelt.

Auch Scotts „new industrial spaces" als Versuch, die Regulationstheorie räumlich umzusetzen, provozierte Kritik.[10] Kritisiert wurden u.a. eine zu starke Abstützung auf die Transaktionskostenanalyse und eine zu geringe Berücksichtigung des Systems der Regulation. Damit werden auch die institutionellen Bedingungen der Herausbildung von Regionen flexibler Akkumulation („new industrial spaces") stark unterbelichtet. Dies ist insbesondere deswegen problematisch, weil die von Scott genannten Typen von „new industrial spaces" bezüglich des jeweiligen Systems der Regulation äußerst unterschiedlich sind. Sie reichen von neoliberal und marktwirtschaftlich geprägten Modellen (Silicon Valley) über stark nationalstaatlich beeinflusste (französische High-Tech-Regionen) hin zu den von lokalen und regionalen Institutionen geprägten „districts" des Dritten Italiens (vgl. Abschn. 8.2). Kritisiert wurden weiters die zu starke Fokussierung auf die neu entstehenden Industrieregionen und damit die Vernachlässigung der Umstrukturierung in den traditionellen Industrieregionen. Diese letztere Ausrichtung wird u.a. vom „Restructuring"-Ansatz

---

[10]Siehe u.a. Sayer (1989), Amin und Robins (1990).

eingebracht, wobei gezeigt wird, dass in diesen traditionellen Industrieregionen alte und neue Produktionsweisen und Technologien koexistieren und eine große Vielfalt an Veränderungsprozessen zu erkennen ist. Neben fordistischen Strategien (Ansiedlung von Zweigbetrieben großer Unternehmen) sind sowohl präfordistische (Kleinserienproduktion auf der Basis niedriger Löhne) als auch neofordistische Strategien (Einsatz computergestützter Technologien in Großunternehmen) vorzufinden.

8.2　Flexible Spezialisierung im „industrial district"

„Industrial districts" stellen einen wichtigen Regionstyp der postfordistischen Geographie dar (s. Abschn. 8.1). Sie haben insbesondere im Ansatz der flexiblen Spezialisierung eine besondere Aufmerksamkeit erfahren, wir wollen im folgenden daher noch näher auf sie eingehen.

„Industrial districts" gelten als eine organisatorische Form der flexiblen Spezialisierung, also der Produktion einer vielfältigen und sich ändernden Palette von Spezialprodukten, wobei flexible Allzweckmaschinen und qualifizierte, anpassungsfähige Arbeitskräfte wichtige Inputs darstellen. Kleine und mittlere Unternehmen sowie Netzwerke solcher Firmen und nicht so sehr Großunternehmen sind hier die wesentlichen Akteure.[11] Als idealtypische Beispiele gelten insbesondere die „districts" des Dritten Italiens, einer Region, die sowohl räumlich als auch wirtschaftlich zwischen dem stark industrialisierten Norden der Region Mailand und Turin und dem schwach entwickelten Süden, dem Mezzogiorno, liegt. Es handelt sich hier vor allem um die Provinzen Emilia Romagna, Toskana, Venetien und Teile der Lombardei, in denen eine große Zahl hochspezialisierter Industriebezirke liegen. Sie sind geprägt von kleinen und mittleren Unternehmen in design- und qualifikationsintensiven Industrien wie Leder, Schuhe, Bekleidung, Möbel, Keramik, Fahrzeuge und Maschinenbau. Seit den siebziger Jahren nahmen sie eine dynamische Entwicklung, mit vielen Unternehmensgründungen und einer Expansion von Beschäftigung und Einkommen.

Weitere Beispiele von „industrial districts" wurden auch in anderen Ländern festgestellt, wie etwa in Frankreich (Grenoble und Monpellier), Dänemark (Jütland), Deutschland (Baden-Württemberg), Norwegen (Horten und Baerum) und Schweden (Anderstorp). Die Vertreter der flexiblen Spezialisierung sehen in diesen Regionen mehr als einzelne Erfolgsbeispiele, und zwar das Modell einer endogenen Regionalentwicklung, die sich auf die in der Region ansässigen kleinen und mittleren Unternehmen, Kooperation sowie auf vorhandene Ressourcen und Fähigkeiten stützt (s. Abschn. 9.2.2).

---

[11]Das Konzept der flexiblen Spezialisierung entspricht in hohem Maße jenem der flexiblen Akkumulation der Regulationstheorie, die Ansätze sind allerdings nicht identisch. Während die Regulationstheorie einen umfassenderen Theorieansatz darstellt, der Zusammenhänge zwischen Produktionsmodell, Regime der Akkumulation und der sozialen Regulation untersucht, handelt es sich bei der flexiblen Spezialisierung nur um einen Idealtypus eines Produktionsmodells, das jenem der Massenproduktion gegenübersteht. Eine stärkere Theoriefundierung ist hier nicht vorhanden.

Der Begriff des „industrial districts" wurde ursprünglich von Marshall (1891) vor mehr als 100 Jahren geprägt. Das Beispiel der Besteckindustrie von Sheffield und der Bekleidungsindustrie von Lancashire vor Augen, verstand er darunter die geographische Konzentration von Unternehmungen einer bestimmten Industrie, die aufgrund von externen Effekten und Lokalisationsvorteilen eine dynamische Entwicklung nimmt. Marshall hob insbesondere die positiven Wirkungen der industriellen Atmosphäre auf die Informationsverbreitung und das Innovationsverhalten der Betriebe hervor.

Im Ansatz zur flexiblen Spezialisierung wird unter „industrial district" ein geographisch lokalisiertes Netzwerk von kleinen und mittleren Firmen verstanden, die arbeitsteilig bestimmte Produkte herstellen und zwischen denen Liefer-, Kooperations- und Informationsbeziehungen bestehen. Dienste, die über die interne Kapazität einzelner Unternehmen hinausgehen, werden gemeinsam organisiert. Dies betrifft etwa Ausbildung, technologische Beratung, Qualitätskontrolle, Forschung und Entwicklung, Marktforschung, die Vertretung auf Messen und Werbung. „Industrial districts" gehen insofern über die üblichen externen Ersparnisse von industriellen Agglomerationen hinaus (vgl. Band 1, Kap. 5), als hier die ökonomischen Beziehungen in hohem Maße in soziale Beziehungen der Region eingebettet sind. In diesem Sinne sind sie nach Harrison (1992) durchaus mehr als „old wine in new bottles".

Ein zentrales Problem stellt in diesem Ansatz die Fähigkeit von Unternehmen zur Innovation dar, die vor allem durch die richtige Balance von Kooperation und Konkurrenz der Unternehmen gefördert wird. „Industrial districts" weisen dabei kollektive Mechanismen der Konfliktlösung auf, die die Firmen zur Konkurrenz auf der Basis von Produkt- und Prozessinnovationen anstatt zur Konkurrenz auf der Basis von niedrigen Löhnen und schlechten Arbeitsbedingungen anhält. Kooperationen zwischen Firmen werden unterstützt durch ein gewisses Maß an Vertrauen zwischen den Akteuren, und sie finden in vielen Bereichen statt. Die Bandbreite reicht vom gemeinsamen kostengünstigeren Einkauf über Zulieferbeziehungen und Beziehungen zu Ausrüsterfirmen zur Zusammenarbeit in Design und Entwicklung bis hin zur gemeinsamen Vermarktung. Auch die Beziehungen zu den Beschäftigten sollten auf Vertrauen beruhen, da Flexibilität und Innovation motivierte und neuerungswillige Arbeitnehmer voraussetzen. Institutionen wie lokale Entwicklungsgesellschaften und Innovationszentren, Industrieverbände und Gewerkschaften spielen als Vermittler und für die Konfliktlösung eine wesentliche Rolle. Nicht zuletzt gilt ein hoher Grad an Autonomie der Kommunen und Regionen sowie deren gute finanzielle Ausstattung als fördernder Faktor für ihre Herausbildung (Zeitlin 1992).

Zusammenfassend werden „industrial districts" durch folgende konstituierende Merkmale charakterisiert:

1. Sie sind auf bestimmte Produkte spezialisiert, wobei die Firmen eine Arbeitsteilung nach Aufgaben entlang der gesamten Wertkette, einschließlich der Dienstleistungen, vornehmen.

2. Diese Arbeitsteilung ist in spezifische soziale Strukturen der Region ein-

gebettet.

3. Über diese Produktionsbezüge hinaus sind sie kollektive Wissens- und Innovationszentren der jeweiligen Industrie.

4. Ein dichtes Netzwerk von Institutionen übernimmt Aufgaben der Vertretung nach außen und der Konfliktlösung nach innen. Darüber hinaus schafft es eine gemeinsame Vertrauensbasis und fördert die Zusammenarbeit.

Kooperatives Verhalten zwischen den Firmen gilt als ein wesentliches Merkmal eines „industrial district", wobei Vertrauen als Voraussetzung dafür angesehen wird, dass Firmen in offenen Informationsaustausch und in Kooperationen eintreten. Bei fehlendem Vertrauen muss die Firma ständig mit opportunistischem Verhalten der Partner rechnen, und sie ist dann geneigt, Kooperationen zu unterlassen.

Die Behandlung der Rolle von Vertrauen blieb allerdings eher oberflächlich. In einem Teil der Literatur ist eine mythische Überhöhung der Kooperationskultur festzustellen. Hier wird den „industrial districts" unkritisch ein hoher Grad an Vertrauen und Kooperation einfach zugeschrieben, während das Ausmaß an Konflikt unterschätzt wird.[12] Auf der anderen Seite ist ein gewisser Fatalismus festzustellen: Es wird angenommen, dass Vertrauen und Kooperation entweder vorhanden sind, dann unterstützen sie die regionalwirtschaftliche Dynamik; oder sie sind nicht vorhanden, dann können die Erfahrungen der „industrial districts" auch nicht angewendet werden.

Sabel (1992) zeigt nun, dass Vertrauen zwischen den Akteuren in einer Region keine vorgegebene Eigenschaft darstellt, sondern das Ergebnis einer längeren Interaktion und Auseinandersetzung zwischen diesen ist. Als solches kann es sowohl durch gemeinsame Aktivitäten geschaffen und regeneriert werden[13] als auch durch Nichtgebrauch verloren gehen.

Der Ansatz der flexiblen Spezialisierung und der „industrial districts" wurde, nicht zuletzt aufgrund seines Anspruchs, ein neues Modell für die Regionalentwicklung darzustellen, ausgiebig kritisiert, wobei folgende Kritikpunkte angebracht wurden:

---

[12]Sabel (1992) stellt dazu fest: „A visitor to Prato today, for example, will hear lots about how trade unions and employers' association are working to solve the problems of industrial adjustment, but nothing about the fact that for almost a decade after a wave of decentralisation in the 1940s, the unions and manufacturers were unable to sign a single collective agreement" (S. 228). Zeitlin (1992) spricht in diesem Zusammenhang von einer „Wiederentdeckung" des Konfliktes in den Geschichten von „industrial districts".

[13]Er verweist dabei auf Ansätze der Vertrauensbildung und der Anbahnung von Kooperationen in Regionen mit alten Industrien in Pennsylvania in den USA. Derartige alte Industrieregionen galten bisher aufgrund ihrer historischen Entwicklung als Regionen mit mangelnder Kooperationskultur. Anstatt direkter Unterstützung durch den Staat oder von oben nach unten wirkender Technologietransferprogramme wurde hier eher ein „bottom-up"-Ansatz verfolgt, bei dem die beteiligten Akteure dazu veranlasst wurden, zunächst ihre Situation gemeinsam zu analysieren und ihre Bedürfnisse zu spezifizieren. Ergebnisse dieses gemeinsamen Lernprozesses waren sowohl ein höherer Grad an Vertrauen und Kooperation als auch ein gut abgestimmtes und akzeptiertes System der Innovationsförderung.

1. Die Frage der Repräsentativität und der Generalisierbarkeit: Inwieweit können „industrial districts" als Modell der Regionalentwicklung gelten, angesichts der Vielzahl von Regionen, in denen wenig Voraussetzungen dafür vorliegen?

2. Die Heterogenität der zitierten Fallbeispiele: Die „districts" des Dritten Italien etwa unterscheiden sich in vielen Aspekten (Betriebsgrößen- und Sektorstruktur, Art der Koordination) stark von jenen Baden-Württembergs und anderen der genannten Beispiele. Die egalitäre Kleinfirmenstruktur des idealtypischen „districts" ist eher die Ausnahme denn die Regel.

3. Die Bedeutung der Kleinfirmennetzwerke wird angesichts einer starken und zunehmenden Internationalisierung der Wirtschaft generell überbewertet. Auch erwiesen sie sich als instabil, nachdem sich in den achtziger und neunziger Jahren in den „districts" Firmenübernahmen durch externe Großunternehmen häuften. Infolge der Unternehmenskonzentration gab es wiederum zunehmend hierarchische Strukturen, etwa die Herausbildung von führenden Unternehmen.[14]

4. Die langfristige Anpassungsfähigkeit von hochspezialisierten regionalen Industrie-Clustern wird bezweifelt. Glasmeier (1991) und Grabher (1994) etwa argumentieren am Beispiel der schweizerischen Juraregion bzw. des Ruhrgebietes, dass regionale Netzwerke aufgrund einer zu guten Anpassung an vergangene Bedingungen in ihrer längerfristigen Anpassungsfähigkeit eingeschränkt sind. Aus einer kollektiven, aber inadäquaten Problemwahrnehmung und einer homogenen, aber falschen Weltsicht können technologische und organisatorische Blokierung resultieren. Diese Regionen haben dann oft besondere Schwierigkeiten, sich auf neue technologische Paradigmen oder veränderte weltwirtschaftliche Rahmenbedingungen einzustellen.

5. Asheim (1992) erhebt gegenüber dem Konzept der flexiblen Spezialisierung den grundsätzlichen Vorwurf der Theorielosigkeit, da u.a. keine Einbindung in ein übergeordnetes theoretisches Konzept vorgenommen wird und auch nicht hinreichend dargestellt wird, unter welchen Bedingungen sich flexible Spezialisierung durchsetzt und sich „industrial districts" dynamisch entwickeln.

Die Vertreter des Konzeptes haben auf diese Kritik mit einer gewissen Modifizierung und Abschwächung des Anspruchs ihres Ansatzes geantwortet. In den neueren Arbeiten findet sich neben dem „industrial district" die dezentrale Großunternehmung als zweite wesentliche Institution der flexiblen Spezialisierung. Sabel (1989) spricht in diesem Zusammenhang von einer wechselseitigen Annäherung, da die Kleinfirmen in den „industrial districts" sich in gewissen

---

[14]Oft wurde dann vom Modell der flexiblen Spezialisierung zugunsten einer stärkeren Standardisierung der Produkte wiederum abgegangen. Die regionalen Netzwerke wurden reduziert oder stärker hierarchisch organisiert. Es stellt sich somit die Frage, ob die als Modelle angesehenen „districts" letztlich nur temporäre Phänomene darstellen.

Aspekten an den Großfirmen orientieren, aber auch die Großfirmen ihrerseits zunehmend in ihrer internen Organisation Netzwerke bilden und damit Elemente der „districts" übernehmen.

Dem Argument des Fehlens einer breiten und verlässlichen empirischen Basis wird entgegengehalten, dass Massenproduktion und flexible Spezialisierung nur Idealtypen darstellen und nicht als empirische Verallgemeinerungen zu betrachten sind. Kein Modell kann das andere in konkreter Zeit und im konkreten Raum völlig dominieren, Hybrid-Formen und Koexistenz von Paradigmen industrieller Organisation sind eher die Regel als die Ausnahme. So hat sich etwa in der Vergangenheit die fordistische Massenproduktion in einigen Industrien und Regionen nicht durchgesetzt, genauso wie derzeit in einzelnen Industrien und Unternehmen durchaus ein Fortbestehen der Massenproduktion zu beobachten ist. Es ist also kein deterministischer Übergang von der Massenproduktion zur flexiblen Spezialisierung zu erwarten. Das Modell realisiert sich nur, wenn die entsprechenden institutionellen und sonstigen Rahmenbedingungen gegeben sind und die Akteure entsprechende Strategien verfolgen und Handlungen setzen.

8.3 Zusammenfassung

In diesem Kapitel haben wir Regionalentwicklung aus einer längerfristigen Perspektive untersucht. Die Regulationstheorie stellt hier einen umfassenden Ansatz dar, der regionale Entwicklungsmuster als Ausformungen spezifischer Regimes der Akkumulation und der sozialen Regulation betrachtet. Diese Regimes kennzeichnen historische Perioden der wirtschaftlichen Entwicklung jeweils durch ein spezifisches Produktionsmodell (Leitsektoren und Arbeitsorganisation), durch bestimmte makroökonomische Beziehungen (Investitionen, Konsum, Außenhandel) und durch ein spezifisches System der sozialen Regulation (Wirtschaftspolitik, Institutionen). Solange die Regimes der Akkumulation und der sozialen Regulation gut zueinanderpassen, gibt es stabiles Wirtschaftswachstum. Bei größeren Widersprüchen treten Strukturkrisen auf, die nach einer Übergangsperiode zu einem neuen Regime überführen.

Nach einer kurzen Darstellung der Konkurrenzwirtschaft des 19. Jahrhunders sind wir ausführlicher auf den Fordismus eingegangen, der die Periode nach dem Zweiten Weltkrieg kennzeichnete. Massenproduktion, Standardisierung und Arbeitsteilung waren typisch für das Produktionsmodell. Hohe Produktivitäts- und Einkommenszuwächse sicherten Massenkaufkraft und Konsum, wobei Letztere durch eine keynesianische Nachfragesteuerung und sozialpartnerschaftliche Verteilungspolitik abgesichert wurden. Die Leitsektoren (Investitions- und Konsumgüter) formierten sich zu motorischen Industrien in Wachstumspolen und sie prägten die regionale Entwicklung dieser Periode. Ab den sechziger Jahren führten Engpässe an Produktionsfaktoren in diesen Agglomerationen zur vermehrten Auslagerung von Produktionsaktivitäten in periphere Regionen und Länder, wobei die Schlüsselfunktionen in den Zentren verblieben. Die innerunternehmerische Arbeitsteilung schlägt sich somit auch in einer räumlichen nieder.

Die aktuelle Periode ist durch flexible Produktion, „economies of scope", Netzwerke und Deregulierung gekennzeichnet, wobei derzeit noch umstritten ist, ob es sich tatsächlich um ein neues Regime handelt, das den Fordismus ablöst (Postfordismus). Die Wirtschaft wird stärker international verflochten, keynesianische Nachfragesteuerung auf nationaler Ebene somit zunehmend inadäquat. Die regionale Entwicklung ist durch die Herausbildung von vernetzten Regionalwirtschaften geprägt, die sowohl unterschiedliche Führungssektoren aufweisen können (designintensive Industrien, Hochtechnologie, unternehmensbezogene Dienste) als auch z.T. unterschiedliche Arten der Koordination haben (stärker egalitäre oder hierarchische Formen).

Zuletzt sind wir auf „industrial districts" näher eingegangen, da sie als Idealtyp der flexiblen Produktion gelten. Es handelt sich dabei um geographisch lokalisierte Netzwerke von kleinen und mittleren Firmen, welche arbeitsteilig bestimmte Produkte herstellen und zwischen denen Liefer- und Kooperationsbeziehungen bestehen. Unterstützt werden sie dabei von einem dichten Netzwerk von Institutionen, die gewisse Dienstleistungen anbieten (Ausbildung, Technologietransfer, Vermarktung) und auch die Kooperation fördern. Zur Frage, ob den „industrial districts" ein Modellcharakter für die zukünftige Regionalentwicklung zukommt, haben wir abschließend eine kritische Sicht entwickelt und auf einige Probleme diesbezüglich hingewiesen.

8.4 Übungsaufgaben und Kontrollfragen

1. Erklären Sie die Begriffe „Regime der Akkumulation" und „soziale Regulation".

2. Beschreiben Sie die wesentlichen Merkmale des Fordismus. Welche räumliche Organisationsform ist für dieses Regime typisch?

3. Erläutern Sie die Krise des Fordismus. Auf welche Faktoren kann sie zurückgeführt werden?

4. Charakterisieren Sie die flexible Akkumulation. Welche räumliche Ausprägung ist für sie typisch?

5. Führen Sie Beispiele für Regionen an, die als „new industrial spaces" der flexiblen Akkumulation genannt werden.

Kapitel 9

Regionalpolitik

9.1 Grundlagen

Unter Regionalpolitik verstehen wir hier die Beeinflussung wirtschaftlicher Prozesse in Teilräumen eines Staates oder eines größeren Wirtschaftsraumes durch die öffentliche Hand. Es soll dabei die durch den Markt erzeugte räumliche Allokation korrigiert werden. Nach dieser Definition ist Regionalpolitik identisch mit regionaler Wirtschaftspolitik, und wir verwenden auch beide Begriffe synonym. Die Teilräume sind dabei zumeist größere Gebiete oder Regionen, die entweder nach Kriterien der Gleichartigkeit (etwa in Bezug auf die Arbeitslosenrate oder das Pro-Kopf-Einkommen) oder der funktionalen Zugehörigkeit (Zentrum und das dazugehörige Hinterland) abgegrenzt werden. Im ersten Fall sprechen wir von homogenen Regionen, im zweiten von funktionalen (s. Kap. 2).

Regionalpolitik als regionale Wirtschaftspolitik unterscheidet sich von der Raumordnungspolitik, die eine umfassendere Gestaltung und Koordination der räumlichen Entwicklung eines Gebietes durch die öffentliche Hand darstellt. Raumordnungspolitik ist in erster Linie eine Koordinationsaufgabe, wobei es gilt, sowohl horizontal (Abstimmung sektoraler Politiken) als auch vertikal (Abstimmung zwischen Gemeinden/Städten, Regionen/Ländern und Bund) zu koordinieren. Regional- und Raumordnungspolitik stehen in einem inhaltlichen Zusammenhang, Letztere ist aber nicht der Fokus dieses Buches.

9.1.1 Definition und Akteure

Da Regionalpolitik zumeist die großräumige wirtschaftliche Entwicklung eines Landes zu beeinflussen trachtet, sind die wichtigsten Akteure traditionellerweise die jeweiligen Nationalstaaten und deren einschlägig ausgerichtete Ministerien (Wirtschaftsministerium, Kanzleramt). In föderalen Staaten, wie etwa in der Bundesrepublik und in Österreich, haben darüber hinaus die Länder eine tragende Rolle in der Regionalpolitik übernommen.

In den letzten Jahren, insbesondere seit den achtziger Jahren, ist die Zahl der Beteiligten größer geworden und sie bilden mittlerweile eine recht komplexe Struktur von involvierten Institutionen (Batt 1994). Erstens hat in den letzten Jahren die Europäische Union als supranationale Ebene mehr und mehr Aufgaben der Regionalpolitik übernommen. Dabei hat sie einerseits eigene Ziele, Programme und Maßnahmen entwickelt, andererseits kontrolliert und harmonisiert sie aber auch die Regionalpolitiken der einzelnen Mitgliedsländer nach den Regeln der Wettbewerbspolitik.

Zum zweiten betreiben mittlerweile viele Regionen und Städte selbst eine aktive Wirtschaftspolitik. Viele entwickeln dabei Konzepte des City- und Regionsmarketing und orientieren sich an potentiellen externen Investoren, andere hingegen versuchen das jeweilige endogene Potential zu stärken und zu mobilisieren.

Zum dritten hat sich die bisher klare Trennung von Staat und Unternehmen zunehmend verwischt, da bestimmte staatliche Aufgaben ausgegliedert oder von halböffentlichen oder privaten Akteuren übernommen werden. Zu diesen Akteuren zählen etwa Fonds der Wirtschaftsförderung, Entwicklungsgesellschaften, Ansiedlungsgesellschaften, Beratungs- und Technologiezentren. Diese Vielzahl von Akteuren hat die Koordinationserfordernisse generell erhöht, in nicht unbeträchtlichem Maße gibt es aber auch einen zunehmenden Wettbewerb zwischen diesen Einrichtungen.

9.1.2   Begründung regionalpolitischer Intervention

Warum ist es in Marktwirtschaften sinnvoll oder erforderlich, Regionalpolitik zu betreiben? Welche Gründe und Argumente für regionalpolitische Intervention gibt es? In der Literatur[1] lassen sich drei Gruppen von Argumenten ausmachen:

1. ökonomische,
2. soziale und
3. ökologische Argumente.

Ökonomische Begründung

Nach neoklassischer Vorstellung sollte der Marktmechanismus von sich aus eine wachstumsoptimale Allokation der Ressourcen im Raum gewährleisten, Regionalpolitik daher nicht erforderlich sein. Allerdings verhindern insbesondere externe Effekte sowie die unvollkommene Mobilität von Ressourcen eine derartige optimale Allokation durch den Markt (s. Kap. 4, 5 und 6).

Die Konsequenz sind z.B.

- Agglomerationen, in denen die Kosten der Ballung (Ballungsnachteile) deren Erträge (Ballungsvorteile) übersteigen (vgl. Band 1, Kap. 5);
- inflationäre Effekte dadurch, dass die Nachfrage nach Faktoren in bestimmten Regionen deren Angebot dauerhaft übersteigt.
- Auf der anderen Seite gibt es aufgrund der unvollkommenen Mobilität etwa von Arbeit und Kapital häufig Regionen, in denen die Produktionsfaktoren (insbesondere der Faktor Arbeitskraft) nicht ausgelastet sind und z.T. ungenutzt bleiben.
- Darüber hinaus erfordern private Investitionen zur Erzielung entsprechender Erträge die Bereitstellung von öffentlicher Infrastruktur (Ver- und Entsorgung, Verkehrs- und Telekommunikationswesen) und von komplementären Einrichtungen (Ausbildung, Wissens- und Technologietransfer,

---

[1]Fürst et al. (1976), Richardson (1978), Klaus und Schleicher (1983), Schätzl (1986), Vanhove und Klaassen (1987), Armstrong und Taylor (1993).

Verwaltung), so dass grundsätzlich ein enger Zusammenhang zwischen öffentlichen und privaten Investitionen gegeben ist. Viele Bereiche dieser Infrastruktur haben den Charakter eines öffentlichen Gutes (vgl. Band 1, Kap. 5), sie werden daher von Privaten nicht in ausreichendem Maße bereitgestellt.

Aufgabe einer wachstumsoptimalen Regionalpolitik ist es, die öffentlichen Investitionen in jene Regionen zu lenken, in denen jeweils die höchsten Erträge zu erwarten sind. Welche das im einzelnen sind, ist in der Praxis aufgrund des Fehlens von Informationen zu den regionalen Produktionsfunktionen allerdings schwierig zu ermitteln. Darüber hinaus haben auch gesamtwirtschaftliche Aspekte einen wichtigen Einfluss. So sind in Phasen eines schwachen Wirtschaftswachstums, in denen nicht ausgelastete Faktoren auch in den Agglomerationen existieren, die höchsten Erträge öffentlicher Investitionen aufgrund des Überwiegens von Agglomerationsvorteilen ebendort zu finden. Derartige Überlegungen lagen etwa zahlreichen Wachstumspol-Konzepten sowohl in Industrie- wie Entwicklungsländern zugrunde (s. Abschn. 5.2). Auch für eine Regionalpolitik, die sich an Zielen der Struktur- und Technologiepolitik orientiert, stellen die Agglomerationen die besseren Umfeldbedingungen für technologisch anspruchsvolle Projekte und Investitionen dar.

In Phasen eines langanhaltenden starken Wirtschaftswachstums hingegen finden wir typischerweise eine Überlastung der Agglomerationen, während in peripheren Regionen oft noch immer Arbeitskräftereserven (Arbeitslosigkeit, geringere Erwerbsbeteiligung) und eine nur schlecht ausgelastete Infrastruktur gegeben sind. In solchen Phasen ist die Lenkung öffentlicher und privater Investitionen in periphere Regionen aus Wachstumsgründen sinnvoll, da dadurch der Inflationsdruck in Agglomerationen reduziert wird, und andererseits in der Peripherie bisher nicht genutzte Faktoren für den Produktionsprozess mobilisiert werden können.

Soziale Begründung

Wesentliche Motive, in Marktwirtschaften Regionalpolitik zu betreiben, liegen allerdings nicht in ökonomischen, sondern in sozialen Zielsetzungen. Ein zentrales Argument ist hier jenes, dass der Marktmechanismus allein nicht in der Lage ist, eine ausgeglichene regionale Entwicklung mit gleichen Einkommenschancen und einigermaßen gleichwertigen Lebensbedingungen in allen Regionen eines Wirtschaftsraumes zu gewährleisten. Gründe dafür liegen etwa in Ausstattungsunterschieden, Skalenvorteilen, Agglomerationsvorteilen sowie in zirkulär-kumulativen Prozessen der regionalen Entwicklung (s. Kap. 5).

In Gesellschaften, in denen das Ziel der sozialen Gerechtigkeit eine bedeutende Rolle spielt, wird daher versucht, mit Hilfe der Regionalpolitik zu einem Ausgleich der Erwerbs- und Einkommensmöglichkeiten oder sonstiger Lebensbedingungen zwischen den verschiedenen Regionen beizutragen.

Das Ausgleichsziel ist beispielsweise in vielen europäischen Ländern zu finden, auch für die Regionalpolitik der Europäischen Union hat es eine große Bedeutung. Dabei wird das Ziel nicht nur aus humanitären Gründen verfolgt, sondern durchaus von praktischen und funktionalen Erwägungen geleitet. In der Europäischen Union etwa steht die Intention dahinter, ein Mindestmaß an wirtschaftlichem und sozialem Zusammenhalt zwischen Regionen zu gewährleisten, um eine mögliche Desintegration der Gemeinschaft zu verhindern.

Die Gebietsauswahl und die Ausrichtung der Mittel erfolgt beim Ausgleichsziel nicht in erster Linie nach Kriterien der Wirtschaftlichkeit, sondern nach Kriterien der Bedürftigkeit. Die Zielgebiete einer derartigen Regionalpolitik werden daher zumeist anhand von Merkmalen wie niedriges Pro-Kopf-Einkommen, hohe Arbeitslosigkeit oder sonstige ungünstige Lebensbedingungen abgegrenzt. Auch die Auswahl der Projekte und der Mitteleinsatz richten sich nach derartigen Kriterien, wobei die Strategieauswahl je nach zugrunde liegender Theorie durchaus unterschiedlich sein kann. Da die Wirkung des Marktmechanismus in der Praxis oft keine Verringerung von Disparitäten gewährleistet, ist die Art der Politik zumeist eine stärker intervenierende und keine marktorientierte.

In den letzten Jahren hat sich allerdings eine gewisse Ernüchterung in Bezug auf die Möglichkeiten breit gemacht, mit Hilfe der Regionalpolitik regionale Disparitäten zu verhindern oder nennenswert zu verringern. Auch die Zielsetzungen sind im Lichte der vergangenen Erfahrungen bescheidener geworden. Oft gilt etwa die Stabilisierung regionaler Disparitäten, also das Hintanhalten einer weiteren Auseinanderentwicklung, schon als ein Erfolg.

Die Regionalpolitik als regionale Wirtschaftspolitik sollte eigentlich Teil einer umfassenderen Raumordnungspolitik sein. In diesem weiteren Kontext der Raumordnungspolitik erfährt das soziale Ziel eine Ausrichtung auf die umfassender definierte Lebensqualität der regionalen Bevölkerung. Es geht dabei zumeist um eine Sicherung einer angemessenen Lebensqualität in allen Teilräumen eines Staates. Da Lebensqualität nicht in einem einzigen aggregierten Indikator gemessen werden kann, wird versucht, eine gewisse Mindestausstattung in den einzelnen Bereichen Arbeit, Wohnen, Bildung, Versorgung, Verkehr, Erholung u.a. zu gewährleisten.

Vor allzu anspruchsvollen technokratischen Lösungen der Sicherung von Lebensqualität ist hier allerdings zu warnen. Dies aus zweierlei Gründen: Zum einen sind sowohl die wissenschaftlichen und methodischen Grundlagen für eine umfassende Sicherung von Lebensqualität noch wenig entwickelt und entziehen sich z.T. überhaupt einer wissenschaftlichen Lösung. Zum anderen haben sich sozio-ökonomische Systeme wie Regionen aufgrund der Komplexität der zugrunde liegenden Zusammenhänge als nur begrenzt beeinflussbar erwiesen. Gerade bei umfassend angelegten und ambitionierten regionalpolitischen Konzepten ist daher damit zu rechnen, dass die intendierten Ziele nur sehr eingeschränkt oder gar nicht erreicht werden können.

Ökologische Begründung

In den vergangenen Jahren haben Umweltzielsetzungen in der Wirtschafts- wie in der Regionalpolitik einen höheren Stellenwert erlangt. Hintergrund dafür sind die zunehmenden Be- und Überlastungen von Städten und Regionen etwa durch Verkehrsströme, emittierende Unternehmungen, Probleme des Müllanfalls und von Abwässern. Im Umland von Städten und in landschaftlich attraktiven Gebieten stellt die Zersiedelung der Landschaft ein wesentliches Problem dar. Die Sicherung der natürlichen Lebensgrundlagen einer Gesellschaft und die Erhaltung der Natur- und Kulturlandschaft stellt daher zumeist ein zentrales Ziel der Raumordnungspolitik dar, und sie wird als ein solches Ziel auch in den diversen Raumordnungsprogrammen von Bund, Ländern und Gemeinden genannt.

Eine solche Sicherung der natürlichen Lebensgrundlagen ist wiederum von einem frei wirkenden Marktmechanismus nicht zu erwarten und zu gewährleisten. Zwar werden durch den Preismechanismus knappe Güter, für die Verfügungsrechte existieren, wie Rohstoffe, Boden, Baugrundstücke in attraktiven Lagen verteuert und damit wertvoll, es werden im Wirtschaftsprozess aber noch immer viele der übrigen Lebensgrundlagen (wie etwa Wasser und Luft) als ubiquitär, also als frei verfügbar betrachtet. Sie kosten nichts oder nur wenig, gehen daher in die Kalküle von Unternehmen und Haushalten nicht entsprechend ein und werden daher verschwendet. Insbesondere in Agglomerationen ist es möglich, Vorteile der Ballung zu genießen, ohne für die entsprechenden sozialen und ökologischen Kosten der Ballung zu bezahlen. In den hoch entwickelten Wirtschaften wird die Beachtung von Umweltzielsetzungen für die Raumordnungspolitik sowie für die Regionalpolitik daher ein an Bedeutung steigender Politikbestandteil.

Die Regionalpolitik hängt mit Umweltzielsetzungen in zweifacher Weise zusammen.

- Zum einen stellen Umweltziele Rahmenbedingungen für die regionale Entwicklung dar. Regionalpolitik sollte in diesem Sinne danach trachten, wirtschaftliches Wachstum von den stark belasteten Regionen hin zu den weniger belasteten zu lenken. Allerdings ist hier zu beachten, dass eine zu breite Streuung der räumlichen Entwicklung eine zu starke Zersiedelung des Raumes und wirtschaftliche Erschließung von Naturräumen zufolge haben könnte, die aus der Umweltperspektive ebenfalls problematisch zu beurteilen sind und daher vermieden werden sollten.
- Zum anderen haben die Art der gewählten regionalpolitischen Strategie und die Art der von der öffentlichen Hand geförderten Investitionsprojekte direkte und indirekte Auswirkungen auf die Umwelt. Eine wichtige Rolle spielen hier etwa das Ausmaß, in dem durch Entwicklungsprojekte Verkehr erzeugt wird, die Art der gewählten Verkehrslösungen (Auto oder öffentlicher Verkehr), die Energie-Intensität von Investitionsprojekten, der Verbrauch von natürlichen Ressourcen und Landschaft, und die sonstige Beeinträchtigung der natürlichen Umgebung durch größere In-

vestitionsprojekte. Eine zentrale Frage aus Sicht der nachhaltigen Entwicklung (s. Kap. 2) ist hier jene, in welchem Maße Regionalentwicklung in der Lage ist, die natürlichen Lebensgrundlagen zu sichern, beziehungsweise, in welchem Maße diese Grundlagen durch den Entwicklungsprozess selbst zerstört werden. Regionalpolitische Programme, die sich an der nachhaltigen Entwicklung orientieren, sollten daher die genannten Gesichtspunkte bereits „ex ante" berücksichtigen und Kriterien entwickeln, die es erlauben, Umweltgesichtspunkte besser zu berücksichtigen und zu integrieren.

9.1.3   Instrumente

Welche Instrumente stehen der Regionalpolitik in Marktwirtschaften zur Verfügung, um das Verhalten von Unternehmungen, Bevölkerung und sonstigen Akteuren entsprechend ihren Zielsetzungen zu beeinflussen? In den letzten Jahrzehnten hat sich in den westlichen Ländern ein mittlerweile umfassendes Instrumentarium herausgebildet, das sich sowohl in der Art und Stärke der Einflussnahme als auch hinsichtlich der Adressaten und der inhaltlichen Ausrichtung unterscheidet (vgl. Tabelle 9.1).

Nach der Art und Stärke der Einflussnahme lassen sich in Anlehnung an Fürst et al. (1976) Maßnahmen der Information und Beratung, finanzielle Anreize, Infrastrukturmaßnahmen und regulative Maßnahmen unterscheiden.

Information und Beratung haben die geringste Interventionsintensität, da sie den einzelnen Akteur lediglich in seinem Kenntnisstand, allenfalls in seinen Werthaltungen zu beeinflussen trachten, ihm aber sämtliche Handlungsalternativen offen lassen und auch nicht bestimmte dieser Alternativen prämieren. Sie zählen zum Instrumentarium der weichen Verhaltenssteuerung, und sie wurden aufgrund der gestiegenen Bedeutung des Faktors Information im letzten Jahrzehnt in den meisten Ländern stark ausgebaut (Bachtler 1993). Da Informationsinstrumente die Wirkung des Marktmechanismus nicht stören, sondern zu verbessern trachten, gelten sie aus der Sicht der Neoklassik als effizient.

So werden etwa Standortkataloge erstellt und im Zuge des City- und Regionsmarketing ansiedlungswillige Unternehmungen über die Vorzüge einzelner Regionen oder die Qualität bestimmter Standorte informiert. Im Zuge der Technologieberatung werden ansässige Unternehmungen der Region über die Vor- und Nachteile neuer Technologien und über Möglichkeiten innovativer Maßnahmen beraten. Für Neugründungen werden mitunter Beratungen zu den spezifischen Problemen junger Unternehmungen angeboten. Für Firmen schließlich, die Kooperationen eingehen wollen, gibt es in zunehmendem Maße Kooperationsbörsen, Kontaktvermittlung sowie Beratungen zur Gestaltung der Kooperationen.

An die Bevölkerung und Arbeitskräfte einer Region sind Informationen und Beratungen über die Ausbildungs-, Arbeits- und Karrieremöglichkeiten innerhalb und außerhalb der jeweiligen Region gerichtet. Sie sollen zur beruflichen,

Tabelle 9.1: Instrumente der Regionalpolitik

ADRESSATEN, Ausrichtung	ART DER EINFLUSSNAHME			
	Information und Beratung	Finanzielle Anreize	Infrastruktur	Administrative Maßnahmen
UNTERNEHMEN				
Mobilität	Info. üb. Standorte, Regionsmarketing	Ansiedlungshilfen	Ausbau der wirtschaftsnahen Infrastruktur Ver-, Entsorgung, Verkehr, Telekommunikation,	Ansiedlungsge- und -verbote
Investitionen	—	Investitionsanreize		Regulierung von Investitionen
neue Arbeitsplätze	—	Arbeitsplatzprämien		—
Technologie, Innovation	Technologie- und Innovationsberatung	Anreize f. neue Technologien, F&E, Innovation	Ausbildung Forschungseinr., Forschungsparks, Technologie- und Gründerzentren	Regulierung neuer Technologien
Gründung	Gründerberatung	Risikokapital, Starthilfen		Regulierung von Gründungen
Kooperation	Kooperationsberatung	Anreize für Kooperationen		—
BEVÖLKERUNG				
Ausbildung	Info. über Ausbildungsmöglichk.	Ausbildungszuschüsse	Ausbau d. bevölkerungsorientierten Infrastruktur: Wohnungen, Ausbildung, Einrichtungen der sozialen und kulturellen Versorgung	—
Mobilität	Info. über Arbeitsplatzangebot	Mobilitätszuschüsse		—
Versorgung	Info. über Wohnungsangebot und Versorgungsqualität	Subventionen an Nahversorger		—
KOMMUNEN/INSTITUTIONEN				
	Beratung von Gemeinden und regionalen Einrichtungen	Zuschüsse zu kommunalen und regionalen Entwicklungsproj.	Infrastrukturhilfen an Kommunen	Koordination von Gemeinden und regionalen Einrichtungen

sektoralen und unter Umständen regionalen Mobilität der Bevölkerung und Arbeitskräfte beitragen.

Zielgruppen von Informationsmaßnahmen können aber auch Kommunen und andere regionale Einrichtungen (wie Entwicklungsgesellschaften und Technologiezentren) sein. Maßnahmen dieser Art gewinnen beispielsweise im Zuge des von der Europäischen Union geförderten grenzüberschreitenden Erfahrungsaustausches (z.B. im Rahmen des INTERREG-Programms) zunehmend an Bedeutung.

Finanzielle Anreize gibt es in vielen Formen etwa über Zuschüsse, steuerliche Begünstigungen oder verbilligte Kredite. Sie gehen über Informationsmaßnahmen insofern hinaus, als sie bestimmte Handlungen von Unternehmungen oder Haushalten belohnen und damit über die individuellen Kosten-Nutzenkalküle die Entscheidungen beeinflussen.

Ansiedlungshilfen richten sich an außerregionale Unternehmungen und zielen darauf ab, die Mobilität von Betrieben in bestimmte Regionen zu fördern. Sie haben viele Erscheinungsformen, von direkten Zuschüssen zum investierten Kapital über die Bereitstellung niedrigverzinster Kredite bis zur Grundstücksbereitstellung und Aufschließung. Sie waren in den vergangenen Jahrzehnten eines der bedeutendsten Instrumente der Regionalpolitik und wurden in nahezu allen industrialisierten Ländern eingesetzt. In den achtziger Jahren mehrten sich allerdings die kritischen Stimmen zu diesem Instrument. Kritisiert wurden eine zu starke interregionale Konkurrenz um ein beschränktes Potential ansiedlungswilliger Betriebe, das zu einem gegenseitigen Überbieten bei den Förderhöhen führte. Darüber hinaus wurden Mitnahme-Effekte[2] sowie ungünstige Struktureffekte in den Zielregionen festgestellt. Letztere betrafen den Umstand, dass in hohem Maße Zweigwerke mit geringer Autonomie (verlängerte Werkbänke) gefördert wurden sowie eher Betriebe mit ausgereifter und standardisierter Technologie. Seit dem Ende der achtziger Jahre geht die Bedeutung der Ansiedlungshilfen etwas zurück, nicht zuletzt auch aufgrund des Umstandes, dass sich für die Regionalpolitik in den industrialisierten Ländern das Potential an mobilen Betrieben durch Ostöffnung und Globalisierung stark reduziert hat.

Zusätzlich zu den Ansiedlungshilfen haben Anreize für Erweiterungsinvestitionen sowie Prämien für neu geschaffene Arbeitsplätze eine bedeutende Rolle gespielt. Sie sollen eher vorhandene Betriebe zur Expansion anregen und dadurch Beschäftigung und Einkommen in den Zielregionen schaffen. Auch bei diesen Maßnahmen wurden Mitnahme-Effekte und ungünstige Struktureffekte kritisiert, sie wurden daher in den letzten Jahren in verschiedenen Ländern ebenfalls tendenziell abgebaut (Yuill et al. 1993).

Eine zunehmende Bedeutung hingegen verzeichnen Anreize für Innovationen, Unternehmensgründungen und Kooperationen. Hier werden Unternehmungen in bestimmten Regionen bei der Einführung neuer Technologien oder bei Innovations- und Kooperationsprojekten finanziell unterstützt, oder es wer-

---

[2]Mitnahme-Effekte treten dann auf, wenn die jeweilige Betriebsansiedlung auch ohne die bereitgestellten finanziellen Hilfen getätigt worden wäre.

den Starthilfen für Gründungen geboten. Intention ist dabei die Stärkung der Innovation und der unternehmerischen Fähigkeiten in spezifischen Regionen.

Finanzielle Anreize können auch an die Bevölkerung oder die Arbeitskräfte einer Region gerichtet sein, etwa in Form von Zuschüssen zu deren Ausbildungsaktivitäten oder in Form von Umsiedlungshilfen zur Unterstützung von regionaler Mobilität.

Auch Kommunen und sonstige Einrichtungen können zu Adressaten finanzieller Anreize in bestimmten Regionen werden, etwa dann, wenn Entwicklungsprojekte unterstützt werden, in die eine größere Zahl regionaler Akteure eingebunden sind.

Maßnahmen des Infrastrukturausbaues haben zum Teil eine ähnliche Wirkung wie finanzielle Anreize, etwa wenn durch Infrastrukturprojekte einzelne Standorte kostengünstiger und damit attraktiver für Betriebsansiedelungen werden als andere. Infrastrukturmaßnahmen beeinflussen aber darüber hinaus auch direkt den Handlungsspielraum von Unternehmern und Haushalten, da sie bestimmte Aktivitäten überhaupt erst ermöglichen. So ist etwa eine gewisse Mindestausstattung der Ver- und Entsorgung sowie des Verkehrs- und Telekommunikationswesens eine Voraussetzung für Betriebsgründungen und Ansiedlungen.

Infrastrukturmaßnahmen lassen sich in der Regel weniger gut als finanzielle Anreize auf spezifische Zielgruppen und Aktivitäten ausrichten, da sie in hohem Maße durch externe Effekte gekennzeichnet sind. Es gibt Unteilbarkeiten, und die Ausschließung bestimmter Nutzer ist oft nicht möglich. Sowohl die Betriebe wie die Haushalte können aus Infrastruktureinrichtungen Nutzen ziehen, die Verteilungswirkungen bleiben daher oft unklar.

Dennoch lassen sich Unterschiede in der Ausrichtung erkennen. Die klassische Rolle der Infrastrukturpolitik als Teil der Regionalpolitik bestand in der Unterstützung von betrieblicher Mobilität und Betriebsansiedlungen durch den Ausbau des Ver- und Entsorgungsnetzes (Energie, Wasserver- und -entsorgung, Abfallentsorgung), der Verkehrsinfrastruktur (Straße, Bahn, Schiffs- und Luftverkehr) und der Telekommunikationsinfrastruktur (Telefon, Telex, Telefax, Daten- und Computernetze). In gebündelter Form erfolgte ein solcher Ausbau oft in Entwicklungszentren oder in Industrieparks. In den letzten Jahren sind im Zuge einer stärkeren Orientierung auf das endogene Potential jene Infrastruktureinrichtungen in den Vordergrund gerückt, die Innovation, Unternehmensgründungen und die Bildung von organisatorischen Netzwerken unterstützen, also Einrichtungen der Aus- und Weiterbildung, der Forschung, des Technologietransfers und der Beratung. In gebündelter Form erfolgt dies oft in Forschungsparks, Technologie- und Gründerzentren. Stärker auf die Bevölkerung ausgerichtet ist hingegen die Bereitstellung von Wohnungen und die entsprechende Aufschließung, der Ausbau von Schulen und Ausbildungseinrichtungen sowie von Einrichtungen der sozialen und kulturellen Versorgung.

Anders als finanzielle Anreize, die relativ genau auf einzelne Zielgruppen ausgerichtet werden können, bewirken Infrastrukturmaßnahmen eher eine Verbesserung der allgemeinen Standortqualität. Dabei wirken sie meist verlässlicher

und nachhaltiger als finanzielle Anreize, da sie längerfristig Nutzen stiften und
die Attraktivität eines Standortes oder einer Region dauerhafter verbessern
können.

Regulative und administrative Maßnahmen schließlich stellen im Vergleich
zu Informationsmaßnahmen und Anreizen härtere Eingriffe dar, da sie bestimmte Handlungen und Verhaltensweisen erlauben und andere verbieten können. So können etwa Betriebs- oder Bevölkerungsansiedlungen in ökologisch
wertvollen und sensiblen Gebieten untersagt werden oder die industrielle Entwicklung in bereits stark belasteten Regionen durch Investitionskontrollen ge-
bremst werden.[3] Auch im Bereich von neuen Produktionstechnologien oder bei
Unternehmensgründungen spielt die administrative Regulierung eine bedeutende, in der Regel bremsende Rolle. Administrative Maßnahmen sind zumeist
darauf ausgerichtet, gesellschaftlich unerwünschte Entwicklungen zu verhindern
oder zu erschweren, z.B. eine zu starke Betriebsentwicklung in bestimmten Gebieten oder Sektoren. Sie sind aber tendenziell nicht in der Lage, in wirtschafts-
schwachen Regionen Entwicklung in positiver Weise zu stimulieren.

Im internationalen Konkurrenzkampf um Investoren spielt der Grad der
Regulierung allerdings durchaus eine bedeutende Rolle, wie die Erfahrungen
Osteuropas sowie von Ländern der Dritten Welt zeigen. Gerade in Industrien
mit großen potentiellen Auswirkungen auf die Umwelt, etwa in der Grundstoffindustrie oder in der Biotechnologie, üben ein geringer Grad der Regulierung
oder niedrige Umweltstandards oft eine stärkere Attraktion aus als z.B. finanzielle Anreize. Ein derartiges Umweltdumping läuft allerdings Gefahr, mittel-
und längerfristig die Voraussetzungen für wirtschaftliche und gesellschaftliche
Entwicklung selbst zu zerstören.

9.2   Strategien der Regionalpolitik

Wir haben bisher Begründungen, grundsätzliche Motive und Zielsetzungen der
Regionalpolitik erörtert, weiters wurde das in Marktwirtschaften hauptsächlich
eingesetzte Instrumentarium dargestellt. Für eine effiziente und wirkungsvolle
Regionalpolitik ist es allerdings notwendig, bestimmte Instrumente möglichst
konsistent, also widerspruchsfrei, zu verknüpfen und auf spezifische Ziele auszurichten.

„Strategien" sind derartige Kombinationen von Instrumenten, die auf bestimmte Ziele ausgerichtet sind, und die, basierend auf einer theoretischen Vorstellung der regionalen Entwicklung, eine gewisse Konsistenz aufweisen sollten.
In der Folge wollen wir uns auf jene Grundstrategien konzentrieren, die in der
Praxis der Regionalpolitik in der Vergangenheit eine stärkere Bedeutung erlangt haben oder eine solche noch immer aufweisen. In Anlehnung an Capellin
und Molle (1988) unterscheiden wir in der Folge zwischen jenen Strategien,
die sich vornehmlich auf externe Entwicklungsimpulse der regionalen Entwicklung stützen (mobilitätsorientierte Strategien; Abschn. 9.2.1), und jenen, die

---

[3]Derartige Investitionskontrollen wurden in den sechziger und siebziger Jahren z.B. in den
Regionen London und Paris für neue Industrie- und Bürobauten angewendet.

die Mobilisierung und Weiterentwicklung endogener Faktoren in den Vordergrund stellen (endogene Ansätze; Abschn. 9.2.2), ergänzen diese Klassifikation aber noch um Regional- und Stadtmarketing (Absch. 9.2.3), eine Strategie, die in jüngster Zeit besondere Bedeutung erlangt hat.

9.2.1 Mobilitätsorientierte Strategien

Externe Entwicklungsimpulse in Form von interregionaler Mobilität von Produktionsfaktoren oder von Handelsbeziehungen werden in mehreren strategischen Ansätzen der Regionalpolitik in den Vordergrund gestellt. Wir können hier, je nach dem zugrunde liegenden theoretischen Modell, den neoklassischen Ansatz, den keynesianischen Ansatz und den Wachstumspol-Ansatz unterscheiden.

Neoklassische Strategie

Sie stützt sich auf das neoklassische Modell der Regionalentwicklung (s. Kap. 4). Die Grundvorstellung dabei ist, dass der Marktmechanismus im Prinzip eine optimale Allokation der Faktoren zwischen den Regionen gewährleistet und auch für eine entsprechende Einkommensverteilung sorgt. Im Falle von größeren Einkommensunterschieden bewirken sowohl der interregionale Handel als auch die Mobilität von Kapital und Arbeit tendenziell einen Ausgleich der Pro-Kopf-Einkommen. Die Faktoren fließen dabei jeweils in jene Regionen, in denen sie relativ knapp sind und daher hohe Grenzerträge und Entlohnungen aufweisen. Kapital wird von den höheren Renditen in Regionen mit reichlich verfügbaren Arbeitskräften und niedrigen Löhnen (Peripherie) angezogen, Arbeitskräfte der Peripherie hingegen suchen die bessere Entlohnung in den wirtschaftsstarken Zentren.

Die Rolle der Regionalpolitik wird nach dieser Konzeption grundsätzlich als bescheiden erachtet. Sie sollte sich im wesentlichen auf die Beseitigung von Marktunvollkommenheiten konzentrieren und ansonsten nicht stärker intervenieren, um Verzerrungen möglichst klein zu halten. Die folgenden Maßnahmen stärken tendenziell die Wirkung des Marktmechanismus und sind somit als konsistent im Sinne dieses Theorieansatzes zu betrachten:

- der Abbau von Monopolen und Oligopolen stärkt das Konkurrenzprinzip und verbessert damit die Wirkung des Marktmechanismus;
- Maßnahmen der Deregulierung verringern verzerrende Eingriffe des Staates und erhöhen die Flexibilität auf den Märkten (etwa durch eine möglichst geringe Regulierung des Arbeitsmarktes oder des Handels);
- die Förderung der Mobilität von Arbeitskräften und Kapital sowohl zwischen Sektoren als auch zwischen Regionen erleichtert es den Faktoren, zum Ort ihrer höchsten Entlohnung zu wandern;
- die Förderung des Informationstransfers verbessert den Informationsstand über regionale Unterschiede der Faktorausstattung und Entlohnung und erhöht damit die Rationalität von Entscheidungen;

- der Ausbau des Verkehrs- und Telekommunikationswesens zwischen stark und schwach entwickelten Regionen reduziert ebenfalls Barrieren der Mobilität von Gütern, Faktoren und Information.

Eine derartige neoklassische Ausrichtung der Regionalpolitik wurde in den achtziger Jahren insbesondere in Großbritannien unter Thatcher und in den USA unter Reagan vorgenommen. Die Erfolge blieben bescheiden und entsprachen keineswegs den Erwartungen (Martin 1993). Dies sollte eigentlich nicht überraschen, weist doch das neoklassische Modell erhebliche konzeptuelle Defizite auf (vgl. Abschn. 4.4). Wesentliche Probleme liegen insbesondere in der Vernachlässigung von Skalen- und Agglomerationseffekten, in der Vernachlässigung von Monopolen und Oligopolen, der Verleugnung von großen und multinationalen Unternehmungen, und in z.T. dauerhaften Informationsproblemen und Mobilitätsbarrieren. Nicht beachtet wird weiters der Umstand, dass Ökonomien in umfassender Weise in die Gesellschaft und ihre Institutionen eingebettet sind, eine Einbettung, die insbesondere die von der Neoklassik geforderte radikale Deregulierung als sehr problematisch erscheinen lässt.

Keynesianische Nachfragesteuerung

Keynes' makroökonomische Theorie hat gezeigt, dass der Marktmechanismus allein Vollbeschäftigung nicht gewährleisten kann und dass zur Erreichung dieses Zieles der Staat eingreifen sollte. Nach dieser Konzeption sollten sich Eingriffe auf die Steuerung der Nachfrage konzentrieren, etwa in Form der Stimulierung des öffentlichen oder privaten Konsums oder durch die Anregung der Investitionstätigkeit von Unternehmen. In der Regionalpolitik hat sich dieser Ansatz vor allem in Form der Exportbasiskonzeption niedergeschlagen (s. Abschn. 3.1). Hier wird im regionalen Güterexport und in dem von Exportaktivitäten ausgelösten Einkommensmultiplikator der zentrale Ansatzpunkt für regionales Wirtschaftswachstum gesehen.

Die Regionalpolitik ist daher darauf ausgerichtet, exportintensive industrielle Unternehmungen in den betreffenden Regionen anzusiedeln. Wichtige Instrumente sind die Schaffung der infrastrukturellen Voraussetzungen (Ver- und Entsorgung, interregionale Verkehrsverbindungen) sowie Investitionsanreize. Auch die gezielte Vergabe öffentlicher Aufträge an Unternehmungen in Problemregionen ist ein nachfragestimulierendes Instrument.

Auf die konzeptuelle Schwäche des Exportbasisansatzes wurde bereits in Abschn. 3.1 hingewiesen. Es sind dies insbesondere

- die Vernachlässigung der Angebotsseite der regionalen Wirtschaft (gibt es entsprechende freie Kapazitäten und Faktoren?) und
- die Vernachlässigung interregionaler Interdependenzen (Handel und Faktorflüsse in einem System von mehreren Regionen).
- Auch die zentrale Frage, warum sich exportierende Industrien in bestimmten Regionen ansiedeln und in anderen nicht, ist nicht entsprechend in den Ansatz integriert.

Wachstumspolansatz

Die Grundvorstellung ist hier, dass Skalen- und Agglomerationsvorteile für die Regionalentwicklung von großer Bedeutung sind. Der Marktmechanismus kann weder eine optimale Allokation der Ressourcen noch eine ausgeglichene regionale Entwicklung gewährleisten, da aufgrund von Polarisationsprozessen regionale Ungleichheiten oft dauerhaft sind oder sich auch weiter vergrößern können (s. Kap. 5). Anders als in der neoklassischen Konzeption wird daher eine stärker interventionistische Regionalpolitik und eine stärkere Rolle des Staates als notwendig erachtet.

Wie sollte dies nach den Vorstellungen der Polarisationstheorie geschehen? Die Schaffung von Skalen- und Agglomerationsvorteilen durch einen räumlich konzentrierten Infrastrukturausbau und durch größere Projekte der Industrialisierung stehen im Zentrum dieser Strategie. Die in Wachstumspolen und Entwicklungszentren geförderten Aktivitäten sollten dabei Charakteristika einer motorischen Einheit aufweisen, also größere Unternehmungen sein, einer stark wachsenden Industrie angehören und technologisch fortgeschritten sein. Darüber hinaus sollten sie über Input-Output-Beziehungen stark mit der übrigen regionalen Wirtschaft verflochten sein. Die Erwartung ist, dass derartige sektorale und regionale Pole als Motor der Entwicklung in der Region fungieren und über Ausbreitungseffekte auch das Hinterland wirtschaftlich stimulieren. Der Staat sollte nicht nur die Agglomerationen, sondern auch die Ausbreitungseffekte unterstützen, und zwar durch

- den Ausbau der Verkehrs- und Kommunikationsverbindungen vom Zentrum ins Hinterland,
- die Förderung komplementärer Industrien und Betriebsansiedlungen im Hinterland sowie
- die Unterstützung des Technologietransfers.

Der Polarisationsansatz hat insbesondere in den sechziger und siebziger Jahren in der Regionalpolitik in vielen Ländern eine bedeutende Rolle gespielt, wobei die konkrete Ausprägung dieser Strategie im einzelnen durchaus unterschiedlich war. Es gab große Unterschiede sowohl in Bezug auf die zugrunde liegenden Zielsetzungen (Wachstumsorientierung oder Ausgleichsorientierung) als auch in Bezug auf die räumliche Ausrichtung und die Auswahl der Zentren.

In Frankreich wurden in den sechziger und siebziger Jahren „metropoles d'equilibre" (Gleichgewichtsmetropolen) als Gegengewicht zu Paris ausgewählt und durch Infrastrukturausbau gefördert. Dazu zählte die „zweite Liga" der Städte wie Lyon, Marseille, Toulouse, Lille oder Straßburg. Die Intention war es, die dynamische Region Paris im Wachstum zu verlangsamen und die übrigen französischen Regionen zu stärken. In der Großregion Paris hatten Entlastungszentren um Paris die Funktion, das Wachstum in geordnete Bahnen zu lenken. In Großbritannien spielten New Towns eine ähnliche Rolle in Bezug auf London und die Süd-Ost-Region. In Spanien wurden Wachstumspole gefördert, um in peripheren Regionen die Industrialisierung voranzutreiben, beispielsweise Huelva, Sevilla und Granada im Süden und La Coruna, Vigo und Oviedo im Norden des Landes. In Deutschland und auch in Österreich wurden demgegenüber eher mittlere und kleinere Zentren im ländlichen Raum als Entwicklunszentren bestimmt, wobei diese Politik im Grunde eher der Zentrale-Orte-Konzeption entsprach (die Zentren fungierten als Dienstleistungs- und Versorgungszentren im ländlichen Raum) als der Theorie der Wachstumspole.

9.2.2   Endogene Strategien

Sowohl der neoklassische als auch der keynesianische Ansatz und die Wachstumspolstrategie stellen jeweils externe Faktoren der Regionalentwicklung wie die Mobilität von Arbeit und Kapital und die entsprechende Infrastrukturerschließung in den Vordergrund. Regionalentwicklung wird nach dieser Sichtweise in erster Linie durch externe Impulse bewirkt, wobei Betriebsansiedlungen durch größere Unternehmungen, Zuflüsse von Kapital und Know-how sowie Infrastrukturbereitstellung und finanzielle Anreize durch übergeordnete Ebenen wie Nationalstaat oder Europäische Union eine große Rolle spielen.

In den siebziger und achtziger Jahren wurde in einigen Studien auf die nur eingeschränkte Wirksamkeit und die geringe Nachhaltigkeit dieser Strategien hingewiesen.[4] Kritisiert wurde insbesondere die Ansiedlungsstrategie aufgrund folgender Charakteristika:

- ungünstige Struktureffekte (Ansiedlung von vornehmlich extern kontrollierten Zweigwerken mit standardisierter Produktion);
- Schaffung von Arbeitsplätzen mit niedrigen Qualifikationsanforderungen;
- geringe Persistenz angesiedelter Betriebe und eine hohe Konjunkturanfälligkeit der geschaffenen Arbeitsplätze;
- geringe intraregionale Verflechtungen und Multiplikatorwirkungen und
- Vorhandensein von Mitnahmeeffekten.

Der geringe Erfolg der Ansiedlungsstrategie und auch das aufgrund der Globalisierung der Wirtschaft verringerte Potential mobiler Betriebe in Industrieländern hat Ende der siebziger Jahre in zahlreichen Ländern eine grundlegende Neuorientierung der Regionalpolitik bewirkt (OECD 1986, 1993). Trotz unterschiedlicher Ausprägungen ist diesen Ansätzen eine stärkere Orientierung jeweils am endogenen Potential der betroffenen Region gemeinsam. Während der neoklassische Ansatz und die Wachstumspolstrategie die Mobilität der Faktoren und insbesondere die Effekte der Betriebsansiedlungen auf die Region in den Vordergrund stellen, gehen endogene Ansätze der Frage nach, ob die in der Region vorhandenen Faktoren und Ressourcen bestmöglich genutzt werden und wie es um die Wettbewerbsfähigkeit der in der Region ansässigen Unternehmungen steht. Letztere hängt mit der Art der erzeugten Produkte, der Produktionsverfahren und der Organisation der Produktion zusammen, darüber hinaus spielt die Qualität des regionalen Umfeldes eine wesentliche Rolle.

---

[4]Siehe u.a. Stöhr und Tödtling (1982), Brugger (1985).

Tabelle 9.2: Eigenständige Regionalentwicklung im Vergleich zur mobilitätsorientierten Strategie

Eigenständige Regionalentwicklung	Mobilitätsorientierte Strategie
Modernisierung bestehender Unternehmen	Ansiedlungsförderung (Exportaktivitäten)
Entwicklung regionaler Ressourcen (Unternehmertum, Wissen, Qualifikationen u.a.)	Anziehung außerregionaler Ressourcen (Kapital, Technologie)
sektorübergreifende Strategie	Konzentration auf Industrie
Einbeziehung von Energie- und Umweltprojekten	
innerregionale Verkehrs- erschließung	interregionale Verkehrs- erschließung
konkurrenzfähig durch Produktqualität und Innovation	konkurrenzfähig durch kapital- intensive, moderne Verfahren, niedrige Arbeitskosten
breite Beteiligung regionaler Interessensgruppen	unternehmenszentriert

Eigenständige Regionalentwicklung

Nach Hahne (1985) zielt diese Strategie darauf ab, „regionale Probleme durch Nutzung der regional vorhandenen Potentiale und unter Beachtung regionaler Eigenheiten zu lösen. Mit der Stärkung der regionalen Steuerung ‚von unten' wird die Erwartung verbunden, die wirtschaftliche, kulturelle und politische Eigenständigkeit zu erhöhen" (S. 1). In der Literatur wird diese Art der Regionalentwicklung zuweilen auch mit anderen Begriffen belegt, wie etwa dem Begriff der „endogenen Regionalentwicklung" (Brugger 1985) oder der „Entwicklung von unten" (Stöhr 1981). Obwohl es hier Unterschiede im Detail gibt, sind die Grundprinzipien im wesentlichen identisch.

Diese Strategien wurden Ende der siebziger und Anfang der achtziger Jahre gleichsam als Gegenkonzept zur Ansiedlungsstrategie formuliert und insbesondere auf periphere ländliche Regionen angewendet. Aufgrund dieser Negativabgrenzung stellt sie weniger eine eigene kohärente Konzeption dar, vielmehr handelt es sich um eine Zusammenstellung von Prinzipien der Regionalpolitik, die formuliert wurden, um Fehler der mobilitätsorientierten Strategie zu vermeiden. Die wichtigsten dieser Prinzipien sind die folgenden (s. Tabelle 9.2):

- Regionalentwicklung wird nicht nur als Wirtschaftswachstum begriffen, sondern auch als qualitative Verbesserung der Wirtschaftsstruktur und der Lebensbedingungen. Sie sollte insbesondere Problemgruppen besser stellen und an die sozio-ökonomischen, natürlichen und kulturellen Charakteristika der Region angepasst sein.

- Die regionalen Akteure sollten in die Lage versetzt werden, den Entwicklungsprozess an den eigenen Zielen auszurichten und zu kontrollieren. Dies schließt die Fähigkeit ein, sich aus eigenen Kräften erfolgreich an veränderte Rahmenbedingungen anzupassen. Die Fähigkeit zur Innovation im weiten Sinn und kollektive Lernprozesse sind dabei wichtige Elemente. Darüber hinaus werden eine breite Beteiligung von lokalen und regionalen Interessensgruppen und die Verlagerung von Aufgaben und Entscheidungsbefugnissen auf die regionale Ebene als wesentlich erachtet.

- Regionalpolitik sollte dabei an den in der Region vorhandenen Potentialen anknüpfen. Diese sollten genutzt und weiterentwickelt werden. Diese Potentialfaktoren umfassen beispielsweise natürliche Ressourcen (Umwelt, Rohstoffe, Energie), Boden, Kapital, Infrastruktur, Arbeitskräfte, Qualifikationen und Kenntnisse, unternehmerische Fähigkeiten, Entscheidungsfunktionen, sozio-kulturelle Faktoren und das Marktpotential.

- Diese Faktoren und Ressourcen sollten dabei „nachhaltig" genutzt, d.h. es sollten ökologische und Umweltaspekte in hohem Maße berücksichtigt werden.

- Die Nutzung und Entwicklung regionaler Potentiale sollte sektorübergreifend erfolgen, d.h., es sollen auch die in der traditionellen Regionalpolitik oft vernachlässigten Sektoren wie Landwirtschaft, Energie, Kleingewerbe und Dienstleistungen in die Regionalkonzepte stärker einbezogen werden und deren Verflechtung gefördert werden. Intention dieses sektorübergreifenden Vorgehens ist die Nutzung von Komplementaritäten und das Auslösen von Synergien.

- Die Entwicklung von kleinen und mittleren Unternehmungen nimmt einen hohen Stellenwert ein. Diese Unternehmungen sollen in ihrer Innovations- und Wettbewerbsfähigkeit gestärkt werden, u.a. durch Bildung von Kooperationen und Netzwerken in der Region. Anleihen werden dabei insbesondere beim Modell der „industrial districts" genommen (s. Abschn. 8.2).

- Lokale und regionale Akteure werden als die treibenden Kräfte der Regionalentwicklung angesehen. Neben den Unternehmungen sind dies Arbeitskräfte, Gewerkschaften, politische Entscheidungsträger u.a.

Einzelne Elemente und Varianten endogener Strategien der Regionalentwicklung wurden in mehreren Ländern in den achtziger Jahren eingeführt (OECD 1986, 1993). Eine gewisse Pionierrolle spielte dabei anfangs die Förderaktion für eigenständige Regionalentwicklung in Österreich, die 1979 für periphere

Berggebiete eingeführt wurde. Es folgten andere Länder und Regionen nach, inhaltlich erfolgte zunehmend eine Anlehnung ans Modell der „industrial districts".

Bisherige Erfahrungen (s. Gerhardter und Gruber 2000) zeigen, dass die endogenen Strategien und Projekte im Vergleich zu traditionellen Strategien besser auf die Erfordernisse und Bedingungen der jeweiligen Region Rücksicht nehmen. Die wirtschaftlichen, unternehmerischen und sozialen Zielgruppen werden durch Projektentwicklung vor Ort und durch eine höhere lokale Beteiligung in der Regel besser erreicht. Schließlich sind auch die qualitativen Wirkungen (Qualität der Arbeitsplätze, Innovationsfähigkeit der Betriebe) zumeist besser als bei den mobilitätsorientierten Strategien. Andererseits sind gewisse Probleme auch bei diesem Ansatz nicht zu übersehen. Zunächst sind hier Schwächen in der theoretischen Fundierung zu nennen. Die zentralen Prinzipien wurden weitgehend als Negativbild zur Ansiedlungsstrategie oder induktiv am Beispiel der „industrial districts" entwickelt, es fehlt dem Ansatz daher an theoretischer Geschlossenheit und Konsistenz.

Darüber hinaus zeigen sich auch praktische Probleme in der regionalpolitischen Anwendung, insbesondere in den benachteiligten Regionen. Im Gegensatz zu den „industrial districts" des Dritten Italien, die gleichsam als Modell der endogenen Entwicklung gedient haben, ist in vielen peripheren Regionen das endogene Potential an Betrieben, Qualifikationen und Institutionen zu gering, um eine nennenswerte wirtschaftliche Entwicklung auszulösen. Die quantitativen Wirkungen (Produktions-, Beschäftigungs- und Einkommenswachstum) bleiben in diesen Regionen daher zumeist relativ bescheiden, eine stärkere Reduzierung von regionalen Disparitäten des Einkommensniveaus und der Arbeitslosigkeit ist somit nicht zu erwarten. In alten Industrieregionen andererseits wurden mit diesem Ansatz oft die Probleme der alten Industrien und der großen, oft extern kontrollierten Unternehmen nicht in adäquater Weise erfasst. Bei den Letzteren lagen die Herausforderungen in hohem Maße in der organisatorischen und technologischen Erneuerung der Unternehmungen, ein Anliegen, das insbesondere der Innovationsansatz in höherem Maße berücksichtigt.

Innovationsansatz

In den letzten beiden Jahrzehnten wurde die Regionalpolitik in den meisten Industrieländern immer stärker auf die Förderung von Technologie und Innovation ausgerichtet. Diese innovationsorientierte Regionalpolitik knüpft zwar ebenfalls an dem in einer Region vorhandenen Potential an, ist im Vergleich zur eigenständigen Regionalentwicklung allerdings stärker auf die innovatorischen und technologischen Fähigkeiten der Unternehmungen fokussiert und weniger umfassend angelegt. Hintergrund für die stärkere Innovationsorientierung ist einerseits die anhaltende Tendenz zu Liberalisierung und Globalisierung, die zu verschärftem Wettbewerb führt. Zum anderen werden durch die Verbreitung neuer Technologien (Informations- und Kommunikationstechnologien, Biotechnologie, neue Materalen) Produktlebenszyklen verkürzt und wird der technologische Wandel beschleunigt. Technologie und Innovation werden daher in der Wettbewerbsstrategie von Unternehmungen immer wichtiger.

Staatliche Eingriffe in den Innovationsprozess lassen sich mit den Eigenschaften von Innovationen begründen, die zu externen Effekten und Marktversagen[5] führen (s. Kap. 6 und 7 sowie Band 1, Kap. 5). Aus der Sicht der modernen Innovationsansätze (s. Kap. 7) können auch noch Faktoren auftreten, die zu einem „Systemversagen" führen, also das Funktionieren eines regionalen Innovationssystems beeinträchtigen und Wissensflüsse zwischen seinen Komponenten hemmen. Zu solchen „systemic failures" (OECD 1999) zählen insbesondere eine schlechte Ausstattung mit innovationsrelevanten Organisationen, institutionelle Rigiditäten und auch das Fehlen einer intensiven Kommunikation und Vernetzung im Innovationssystem.

Hinsichtlich der Ausprägung der Politik gibt es erhebliche Unterschiede. Sie hängt insbesondere davon ab, ob eher technologiepolitische oder regionalpolitische Ziele[6] verfolgt werden. Folgende Ziele lassen sich dabei unterscheiden:

- Unterstützung von Hochtechnologie und technologischen Clustern und
- Verbesserung der Innovationsfähigkeit von Unternehmen in benachteiligten Regionen.

Bei der ersten Ausprägung geht es um die Verbesserung der technologischen Position einer Region oder eines Landes in bestimmten Industrien. Ausgehend von vorhandenen Stärken in Forschung und Entwicklung einer Wirtschaft gilt es, existierende oder potentielle „Cluster" zu identifizieren (also Ballungen von Firmen, zwischen denen technologische oder andere Beziehungen bestehen; s. Band 1, Kap. 5 und den folgenden Abschnitt). Aufgabe einer regional ausgerichteten Technologiepolitik ist es dann, solche Cluster durch gezielte Investitionen in Grundlagen- und angewandte Forschung und durch eine regionale Fokussierung von Maßnahmen zu stärken. Derartige Maßnahmen betreffen etwa die Ausbildung, die Intensivierung der Zusammenarbeit zwischen Forschung und Industrie, die Bereitstellung von Risikokapital und die Förderung spezialisierter Produzentendienste. Die Errichtung technologiespezifischer Forschungsparks kann eine solche Bündelung von Maßnahmen an geeigneten Standorten unterstützen. Implizit werden durch eine derartige Politik aber eher die hochrangigen Agglomerationen gefördert, da sie in hohem Maße die F&E-Einrichtungen und Technologie-Cluster eines Landes beherbergen. Besonders deutlich wird dies bei Regionalprogrammen, die über Wettbewerbsverfahren vergeben werden, wie dies etwa beim BioRegio-Wettbewerb (Dohse 2000, 2003) in Deutschland der Fall war. Die Zielsetzung, die Stärken zu stärken, führt wohl eher nicht zum Ausgleich regionaler Disparitäten.

Bei der zweiten Ausprägung geht es um eine Verbesserung der Innovationsfähigkeit von Unternehmungen in benachteiligten Regionen und um eine

---

[5]Wie wir in Abschn. 6.2.2 gesehen haben, kann die Konsequenz sowohl zu wenig als auch zu viel Innovation sein.

[6]Dabei orientieren sich die technologiepolitischen Ziele eher am Wachstumsziel, die regionalpolitischen hingegen eher am Ausgleichsziel.

Beschleunigung der Technologiediffusion. „Innovationsfähigkeit" ist hier weiter zu verstehen als die Entwicklung von Hochtechnologie. Sie umfasst sowohl
Neuerungen an den Produkten (Produktinnovation und -modifikation) als auch
die Einführung neuer Verfahren und Organisationsformen in einer regionalen
Wirtschaft. Vielfach geht es um die raschere Einführung der jeweiligen „best
practice technology", also um Technologietransfer, und weniger um Technolo-
gieführerschaft und radikale Produktinnovation.

Bei dieser Strategie müssen zunächst die wichtigsten Innovationsbarrieren
der jeweiligen Regionalwirtschaften geortet und darauf ausgerichtet gezielte
Maßnahmen gesetzt werden. Innovationsbarrieren liegen häufig in einer un-
genügenden Beobachtung von Markt- und Technologieentwicklungen durch die
Unternehmen, in einer zu schwachen Ausprägung von Schnittstellen zur Umwelt (F&E, Marketing, Unternehmensplanung), in einer zu geringen Nutzung
von externen Informationsquellen und Ressourcen, in zu geringen oder veralteten Qualifikationen der Mitarbeiter sowie in überkommenen Management- und
Organisationsstrukturen.

Maßnahmen können zum einen an den Unternehmungen ansetzen, etwa in
Form finanzieller Unterstützung von F&E-Aktivitäten und von Innovations-
projekten oder in Form von Maßnahmen der Unternehmensberatung sowie des
Informations- und Technologietransfers[7]. Zum anderen kann durch den Ausbau der Verkehrs- und Telekommunikationsinfrastruktur, des Ausbildungswe-
sens und des Technologietransfers versucht werden, das regionale Umfeld zu
verbessern.

Die wichtigste Zielgruppe derartiger innovationspolitischer Maßnahmen sind
in der Regel kleine und mittlere Unternehmen, da diese in besonders hohem Maße von ihrem Umfeld abhängen und daher in benachteiligten Regionen stärkeren
Innovationsbarrieren ausgesetzt sind. Gerade diese Zielgruppe erfordert allerdings zumeist ein aktives Herangehen von Seiten der Innovationspolitik (aktive
Kontaktierung, dezentrales Angebot von Beratung, Informations- und Technologietransfer), da die Betriebe Innovationsprobleme oft gar nicht wahrnehmen.

Das neuere Verständnis des Innovationsprozesses (nicht-lineares Innovationsmodell, Innovationssysteme; s. Kap. 7) beginnt sich auch auf die innovationsorientierte Regionalpolitik auszuwirken. Das breitere Innovationsverständnis
und die systemorientierte Sicht führen dazu, dass neben technologischen Aspekten und F&E verstärkt andere innovationsrelevante Bereiche wie Organisation,
Finanzierung, Ausbildung und Vermarktung zum Gegenstand der Innovationspolitik werden. Auch die zwischenbetriebliche Zusammenarbeit sowie Verbindungen zwischen Unternehmen und Forschungs- und Bildungseinrichtungen in
Form von Netzwerken und Clustern werden gefördert. Hier ergibt sich ein glei-
tender Übergang zu der nachfolgend diskutierten Clusterpolitik.

Die Tatsache, dass im Rahmen des Innovationssystem-Ansatzes die regionale Politik als ein Teil des Systems gesehen wird, fördert eine stärker interaktive

---

[7]Realtransfers, also die Bereitstellung von realen Leistungen im Gegensatz zu finanziellen
Transfers, spielen in der innovationsorientierten Regionalpolitik eine stärkere Rolle als in
mobilitätsorientierten Strategien.

Rolle der Politik und damit auch Instrumente wie Mediation, Brokering oder die Förderung des regionalen Dialogs (Nauwelaers und Morgan 1999). Diese Sicht der Politik rückt aber auch die Frage der Abstimmung sowohl zwischen den Politikbereichen der Region (horizontale Koordination) als auch zwischen denen der regionalen, nationalen und europäischen Ebenen (vertikale Koordination) in den Vordergrund.

Clusterpolitik

In der letzten Dekade wurden in vielen Regionen und Ländern[8] Maßnahmen zur Förderung von Clustern ergriffen. Cluster sind räumliche Zusammenballungen von Betrieben der gleichen Branche oder ähnlicher Branchen sowie diese unterstützender Umfeldorganisationen wie etwa Forschungs- oder Bildungseinrichtungen. Die regionale Konzentration von Industrien lässt sich theoretisch mit positiven Agglomerationseffekten begründen (siehe Band 1, Kap. 5). Durch die Ballung ökonomischer Aktivitäten kommt es für die Unternehmen zu Kostenvorteilen, die z.B. aus „Economies of Scale", der Inanspruchnahme spezialisierter Zulieferbetriebe oder der gemeinsamen Nutzung von Infrastruktur resultieren. Cluster weisen zudem gute Innovationsbedingungen auf, da die Unternehmen einerseits miteinander konkurrieren, andererseits aber auch von qualifizierten Arbeitskräften, spezialisierten Forschungsinstituten oder dem Wissen der anderen Betriebe (über „Knowledge Spillovers") profitieren können.

Clusterorientierte Regionalpolitik zielt darauf ab, durch die Stärkung positiver externer Effekte die Attraktivität der Region als Wirtschaftsstandort zu erhöhen. Solche Strategien sind klarerweise mehr dem Wachstumsziel als dem Ausgleichsziel der Regionalpolitik verpflichtet. Bereits starke Regionen werden durch Agglomerationsvorteile und den Zuzug von Unternehmen aus anderen Regionen weiter gestärkt.

Die Praxis der Clusterpolitik ist sehr vielfältig. Meist zielt sie darauf ab, bestehende regionale Industriekonzentrationen weiter zu entwickeln. Allerdings sieht man auch oft den Versuch, neue Cluster „auf der grünen Wiese" entstehen zu lassen. Enright (2003) hat darauf aufbauend versucht, Cluster zu typisieren, und sie nach ihrem Entwicklungsstand und der politischen Einflussnahme klassifiziert (s. Tabelle 9.3). Seine Darstellung illustriert die Vielfalt dessen, was als Cluster bezeichnet wird und die damit verbundene Unschärfe des Begriffs.

Clusterpolitische Ansätze zielen vor allem darauf ab, die vorhandenen Potentiale einer Region zu stärken. Allerdings kombinieren sie damit auch Elemente einer mobilitätsorientierten Strategie, weil in vielen Initiativen zur Clusterförderung auch externe Entwicklungsimpulse (etwa die Ansiedlung internationaler Firmen oder die Teilnahme an internationalen F&E-Kooperationen und Vertriebsnetzwerken) einen großen Stellenwert einnehmen.

In der regionalpolitischen Praxis weisen viele Ansätze zur Entwicklung von

---

[8]Eine Websuche liefert alleine für Österreich knapp 30 verschiedene offiziell ausgewiesene Cluster, die meisten davon in den Bundesländern Oberösterreich und Steiermark. Thematisch liegen die Schwerpunkte bei Automobil, Gesundheit und Holz.

Tabelle 9.3: Klassifizierung von Clustern (nach Enright 2003, S. 104)

Clustertyp	Merkmale
„working" Cluster	Funktionierende Cluster, in denen kritische Massen an Betrieben, spezialisierten Arbeitskräften, Fähigkeiten und Wissen Agglomerationsvorteile generieren, die von den Unternehmen im Wettbewerb genutzt werden
latente Cluster	Cluster, die eine kritische Masse an Unternehmen aufweisen; jedoch bestehen Defizite bei Interaktionen und dem Wissensaustausch
potentielle Cluster	Einige wichtige Elemente funktionierender Cluster sind vorhanden, diese sind jedoch noch nicht ausreichend entwickelt, um Agglomerationseffekte entstehen zu lassen
politikgetriebene Cluster	Cluster, in denen eine kritische Masse an Unternehmen nicht gewährleistet ist; dennoch werden sie aufgrund verschiedener politischer Interessen gefördert
„wishful thinking" Cluster	Politisch geförderte Cluster, die weder eine kritische Masse von Betrieben noch spezielle Ressourcen aufweisen, auf denen eine eigenständige Entwicklung basieren könnte

Clustern einige gemeinsame Elemente auf (Boekholt und Thuriaux 1999, Enright 2003):

Identifikation von Clustern: Um regionale Cluster zu identifizieren und ihre spezifischen Profile sowie Stärken und Schwächen zu bestimmen, werden häufig so genannte „cluster mapping studies" durchgeführt.

Optimierung von allgemeinen Rahmenbedingungen: In manchen Fällen werden im Rahmen von Clusterstrategien auch Änderungen bei den Rahmenbedingungen vorgenommen. Beispielsweise werden steuerliche Regelungen oder Regulierungen, welche das Wachstum oder die Innovationskraft des Clusters hemmen, angepasst oder beseitigt.

Informationsbereitstellung: Ein wichtiges Instrument der Clusterförderung besteht im Sammeln und Aufbereiten von Informationen über Marktentwicklungen und neue Technologien, die für die Clusterbetriebe von Relevanz sind.

Forcierung von Neugründungen: Um das Wachstum von Clustern anzukurbeln und eine kritische Masse von Betrieben an einem Standort zu erreichen, wird im Rahmen von Clusterpolitik oft die Gründung neuer regionaler Unternehmen gefördert.

Attraktion regionsexterner Direktinvestitionen: Häufig wird versucht, mit Hilfe von Subventionen oder anderen Anreizen Betriebe von außerhalb der Region anzuziehen, um so Lücken in der Wertschöpfungskette zu schließen oder einfach nur die Ballung an Betrieben im Cluster zu erhöhen.

Stimulation von Netzwerken: Da oft vermutet wird, dass stärkere Agglomerationsvorteile möglich wären, würden die Unternehmen nur enger kooperieren, beinhalten viele Clusterinitiativen Maßnahmen, um (formelle oder informelle) Netzwerke zwischen den Clusterpartnern zu fördern. Die dabei zum Einsatz gelangenden Instrumente reichen von der Einrichtung von Kooperationsbörsen, der Organisation von informellen Treffen bis hin zur finanziellen Unterstützung von Kooperationen.

Investitionen in die clusterspezifische Infrastruktur: Hierzu zählt etwa die Etablierung von Forschungs- und Qualifizierungseinrichtungen, deren Leistungen auf die spezifischen Bedürfnisse der Firmen des Clusters zugeschnitten sind.

Standortmarketing: Um den Bekanntheitsgrad des Clusters und des Standortes zu fördern, beinhalten viele clusterpolitische Ansätze auch Aktivitäten zu deren internationaler Vermarktung (s. auch Abschn. 9.2.3).

Zur Förderung von regionalen Clustern kommt also ein Mix von bereits bekannten Instrumenten zum Einsatz. Sie werden im Rahmen der Clusterpolitik neu kombiniert. Die konkrete Ausgestaltung einer Clusterpolitik hängt allerdings stark von der Entwicklungsphase ab, in der sich ein Cluster befindet (Porter 1998). Für junge, im Entstehen begriffene Cluster sind vor allem Fördermaßnahmen zum Erreichen einer kritischen Masse an Firmen und der Aufbau einer spezialisierten Infrastruktur besonders wichtig. Für reife Cluster hingegen stellt die Beseitigung von innovationshemmenden Faktoren und die Unterstützung der Suche nach neuen Anwendungsmöglichkeiten für die akkumulierte Wissensbasis oft die vordringliche Aufgabe der Politik dar (Tichy 1998).

9.2.3 Regional- und Stadtmarketing

Eine Strategie der Regionalpolitik, die in den letzten Jahrzehnten stark an Bedeutung gewonnen hat, lässt sich mit dem Begriff Regional- und Stadtmarketing – oder umfassender Gebietsmarketing – beschreiben. Diese Strategie unterscheidet sich von den zuvor diskutierten nicht so sehr durch ihre Instrumente, sondern durch die Art des Zugangs zur Regionalpolitik. Schon im 19. Jahrhundert und zuvor haben Städte und Regionen um Bevölkerung, Investoren oder Touristen geworben (Ward 1998). Allerdings hat sich erst in der ersten Hälfte der achtziger Jahre des 20. Jahrhunderts Gebietsmarketing sowohl in der regionalpolitischen Praxis als auch in der wissenschaftlichen Diskussion als spezielle regionalpolitische Strategie entwickelt.

Hintergrund ist die Tatsache, dass sich aus verschiedenen Gründen der Wettbewerb zwischen Städten und Regionen massiv verschärft hat. Van den

Berg und Braun (1999, S. 987) machen dafür „fundamental changes in the economy, technology, demography and politics" verantwortlich und schließen daraus, dass Verwaltungen stärker marktorientiert agieren, Chancen und Risiken im Auge behalten und die Stärken und Schwächen ihres Gebietes berücksichtigen müssen. Regional- und Stadtmarketing sieht die Verwaltung als Unternehmen und fordert, dass diese auch wie ein Unternehmen denken und agieren soll. „Places that want to win must think more like businesses, with specific products and specific customers for those products" (Kotler et al. 1993, S. 17).

Aus theoretischer Sicht ist Gebietsmarketing mehr als nur das bloße Bewerben einer Stadt oder Region, sondern rückt die strategische Komponente der Regionalpolitik in den Vordergrund. Kotler et al. (1993) sprechen in diesem Zusammenhang sogar von „strategic market planning". Aus ihrer Sicht sind dabei folgende Elemente essentiell:

„Place identity" Was sind die Stärken und Schwächen, Möglichkeiten und Herausforderungen der Region? Diese müssen auf der Grundlage einer umfassenden Analyse herausgearbeitet werden.

„Place products" Welche Produkte kann das Gebiet anbieten? Gemeint sind damit nicht die Produkte der Unternehmen der Region, sondern die zentralen Charakteristika der Region selbst wie Art und Qualität der öffentlichen Leistungen, Erholungsmöglichkeiten, kulturelle Einrichtungen und die Fähigkeiten und Besonderheiten ihrer Bewohner, die üblicherweise als Standortbedingungen bezeichnet werden.

„Place buyers" Wo liegt der Markt für die Region? Wer könnte in der Region investieren, sich ansiedeln, die Region besuchen etc.? Wie können potenzielle Käufer erreicht werden und wie fallen die entsprechenden Entscheidungen?

„Place selling" Wie kann die Region am besten verkauft werden? Welches Image hat die Region? Wie kann dieses verbessert werden? Welche Vertriebskanäle sollen genutzt werden?

Während es ähnlich wie im Marketing selbst sehr verschiedene Auffassungen darüber gibt, was genau Gebietsmarketing alles umfasst, wird klar, dass die Strategie darauf abzielt, die regionalpolitischen Aktivitäten auf gemeinsame Ziele auszurichten, zielgruppenorientiert zu agieren und zu erreichen, dass möglichst alle wichtigen Akteure gemeinsam an dem vom Gebietsmarketing definierten Strang ziehen.

In der regionalpolitischen Praxis wurden Elemente des Stadt- und Regionalmarketing in den letzten Jahren von vielen Gebietskörperschaften übernommen; nicht zuletzt aus Wettbewerbsgründen, um nicht gegenüber konkurrierenden Regionen zurück zu fallen. Die Umsetzung fällt allerdings in den meisten Fällen weit weniger ambitioniert aus, als es das theoretische Konzept vorsieht. Während Werbe- und Public-Relations-Maßnahmen wie Präsenz auf internationalen Messen, ein ansprechender Web-Auftritt, Videos, Folder und Broschüren heute zum Standardrepertoire der Regionalpolitik vieler Regionen gehören, haben nur wenige Städte und Regionen versucht, das ambitioniertere theoretische Konzept tatsächlich umzusetzen. In der Literatur diskutierte Beispiele sind etwa Manchester (Ward 2000), Glasgow (Paddison 1993), Offenbach (Amberger 1997) und Orange County, Kalifornien (Kero 2002).

Häufig werden Gebietsmarketing und Teilbereiche davon nicht von den Stadt- oder Regionalverwaltungen selbst durchgeführt, sondern an eigens gegründete Unternehmen oder unternehmensähnliche Einrichtungen (z.B. Vereine) übertragen, in denen oft auch die lokale Wirtschaft vertreten ist. Dies ist sinnvoll, weil diese Betriebsansiedlungsgesellschaften, Wirtschaftsförderungsfonds, Stadtmarketingvereine udgl. eher wie Unternehmen agieren und ihre Tätigkeit meist auch effizienter organisieren können.

Allerdings werden damit auch einige der problematischen Seiten des Gebietsmarketing transparent (s. etwa Paddison 1993):

- Die externen Gebietsmarketingunternehmen übernehmen teilweise auch öffentliche Aufgaben, insbesondere vertreten sie die Region gegenüber den „Place buyers", v.a. gegenüber ansiedlungsinteressierten Unternehmen.

- Die Definition von und Ausrichtung auf zentrale Ziele erfordert eine Vorstellung davon, wohin sich das Gebiet entwickeln soll, und ist damit eine zutiefst politische Entscheidung. Je umfassender Gebietsmarketing definiert und je stärker es ausgelagert ist, umso eher besteht die Gefahr, dass diese politischen Entscheidungen nicht von den dafür demokratisch legitimierten Einrichtungen getroffen werden, sondern von Managern der Gebietsmarketingunternehmen.

- Die Notwendigkeit, sich auf Ziele festzulegen, die im Rahmen des Gebietsmarketings umgesetzt werden können, birgt die Gefahr in sich, dass sich v.a. die Ziele der Wirtschaft oder anderer einflussreicher Lobbys durchsetzen und andere Gruppen der Region in diesem Prozess nicht entsprechend berücksichtigt werden.

- Die Notwendigkeit, die Region aus Gründen des Gebietsmarketings „gut aussehen" zu lassen, kann dazu führen, dass Probleme verdrängt oder in andere Teile der Region oder andere Regionen abgedrängt werden. Dies geschieht etwa dann, wenn aus Gründen des Tourismus die Kriminalität aus den Stadtzentren fern gehalten und in Vororte abgedrängt wird. Gebietsmarketing kann damit erhebliche Verteilungseffekte innerhalb der Region, aber auch mit benachbarten Regionen haben.

Gebietsmarketing ist eine zumindest in Teilbereichen in der regionalpolitischen Praxis akzeptierte Strategie, die allerdings eine fundierte Regionalpolitik nicht ersetzen kann. Es darf auch nicht übersehen werden, dass der Gestaltungsspielraum einer Stadt oder Region für das Marketing wesentlich geringer ist als der eines Unternehmens. Städte und Regionen sind das Ergebnis eines historischen Entwicklungsprozesses und können sich aufgrund der bestehenden Infrastruktur, Bausubstanz, Bevölkerungsstruktur und ihrer räumlichen Lage kurzfristig kaum grundlegend ändern. Ein Anpassen des Produktes an die Bedürfnisse der Kunden, wie es das Marketing fordert, ist im Rahmen des Regional- und Stadtmarketings nur in sehr bescheidenem Umfang möglich und auch nicht immer sinnvoll.

9.3 Zusammenfassung

In diesem Kapitel sind wir auf die Grundlagen der Regionalpolitik eingegangen. Wir haben zunächst untersucht, warum in einer Marktwirtschaft Regionalpolitik überhaupt notwendig ist. Als wesentliche Motive haben wir dabei sowohl ökonomische (wachstumsoptimale räumliche Allokation von Ressourcen) als auch soziale (Ausgleich von regionalen Disparitäten) und ökologische (Reduzierung der Umweltbelastung, Erhaltung von Naturräumen) identifiziert. Wir haben sodann die in einer Marktwirtschaft grundsätzlich zur Verfügung stehenden Instrumente dargestellt und nach der Intensität unterschieden zwischen Instrumenten der Information und Beratung, finanziellen Anreizen, Infrastrukturmaßnahmen und regulativen Maßnahmen. Zielgruppen sind Unternehmen sowie auch die Wohnbevölkerung, Kommunen und andere Institutionen.

Strategien stellen Kombinationen von Instrumenten dar, die auf bestimmte Ziele ausgerichtet sind. Zu den mobilitätsorientierten Strategien zählt die neoklassische. Hier hält man grundsätzlich den Marktmechanismus als geeignet, eine optimale Raumentwicklung zu gewährleisten und auch Einkommensdisparitäten auszugleichen. Notwendig sind allenfalls Instrumente, die seine Wirkung verbessern, wie etwa der Abbau von Monopolen, Informationsinstrumente oder die Förderung der Mobilität von Arbeit und Kapital.

Die keynesianische Nachfragesteuerung und der Wachstumspolansatz versuchen stärker zu intervenieren, hier geht es um die Ansiedlung exportorientierter und motorischer Unternehmen und um die Schaffung von Agglomerationsvorteilen an ausgewählten Standorten. Wichtige Instrumente sind Kapitalanreize und Infrastrukturausbau. Es gibt dabei die Erwartung, dass sich von den industriellen Zentren Entwicklungsimpulse auch auf das Hinterland ausbreiten. Sowohl der neoklassische als auch der Wachstumspolansatz erwiesen sich in der Vergangenheit allerdings als nur beschränkt erfolgreich. Eine deutliche Verbesserung der jeweiligen regionalen Betriebsstruktur und eine Reduzierung der Disparitäten zwischen den Regionen konnten zumeist nicht erreicht werden.

Seit den achtziger Jahren werden daher in stärkerem Maße Strategien angewandt, die am endogenen Potential der jeweiligen Region anknüpfen. Die eigenständige Regionalentwicklung stellt hier einen umfassenden Ansatz dar, der darauf abzielt, regionale Akteure zu mobilisieren und ansässige Unternehmen zu stärken. Dabei sollen vorhandene Ressourcen weiterentwickelt sowie naturräumliche und sozio-kulturelle Faktoren berücksichtigt werden. Bisherige Erfahrungen zeigen, dass qualitative Aspekte der Regionalentwicklung hier meist besser abgedeckt werden als bei der mobilitätsorientierten Strategie, dass in bestimmten Problemregionen jedoch die quantitativen Wirkungen aufgrund eines geringen Potentials oft gering bleiben. Der Innovationsansatz hat eine vergleichsweise engere Ausrichtung. Hier geht es um eine bessere Fähigkeit zur technologischen und organisatorischen Innovation in den Unternehmen. Je

nach Ausrichtung – Ausbau der Hochtechnologie oder beschleunigte Technologiediffusion – sieht die konkrete Ausgestaltung dieser Politik im einzelnen
sehr unterschiedlich aus. Die Clusterpolitik zielt darauf ab, regionale Unternehmenskonzentrationen durch eine Stärkung von Agglomerationsvorteilen zu
fördern oder zu entwickeln. Dabei wird besonderes Augenmerk auf die Vernetzung der Akteure gelegt. Die konkreten Ausformungen von Clusterpolitik
können aber sehr unterschiedlich ausfallen.

Die Strategie des Gebietsmarketings unterscheidet sich von den anderen
insbesondere dadurch, dass sie Städte und Regionen als ähnlich in Konkurrenz
stehend betrachtet wie Unternehmen. Daher haben die Gebiete auch ähnlich
zu agieren. Sie müssen ihren Markt und ihr Produkt identifizieren und sich um
die Beziehung zu ihren Kunden kümmern. Die Strategie wirft aber auch eine
Reihe von Problemen auf, die insbesondere aus der oft naiven Übertragung von
Unternehmenskonzepten auf Regionen resultieren.

9.4   Übungsaufgaben und Kontrollfragen

1. *Mit welchen Argumenten lassen sich regionalpolitische Interventionen begründen? Erläutern Sie die theoretische Basis dieser
   Argumente.*

2. *Welche Instrumente stehen der Regionalpolitik in Marktwirtschaften zur Verfügung? Typisieren Sie diese Instrumente nach
   verschiedenen Kriterien.*

3. *Vergleichen Sie den neoklassischen Ansatz der Regionalpolitik
   mit dem Wachstumspolansatz hinsichtlich grundsätzlicher Ausrichtung und spezifischer Instrumente.*

4. *Charakterisieren Sie die Strategie der eigenständigen Regionalentwicklung und stellen Sie den Vergleich mit der mobilitätsorientierten Strategie an.*

5. *Nennen Sie Gründe für eine innovationsorientierte Regionalpolitik und beschreiben Sie deren Ausprägung.*

6. *Skizzieren Sie die Grundzüge der Clusterpolitik. Welche Instrumente werden zur Entwicklung von Clustern eingesetzt?*

7. *Was ist die Besonderheit des Stadt- und Regionalmarketings?
   Welche potentiellen Probleme sind mit dieser Strategie verbunden?*

Kapitel 10

Praxis der Regionalpolitik am Beispiel der Europäischen Union

Nach der Theoriedarstellung und -diskussion wollen wir abschließend auf die Praxis der Regionalpolitik eingehen. Am Beispiel der EU wollen wir konkrete Probleme, Strategien und Instrumente darstellen und dabei auch versuchen, Verbindungen zu einzelnen Kapiteln der Theorie herzustellen.

In Europa wie auch in anderen großen Wirtschaftsräumen der Welt (Nordamerika, Südamerika, Ferner Osten) lief in den vergangenen Jahrzehnten ein mehr oder weniger kontinuierlicher Prozess der wirtschaftlichen Integration ab. Dabei wurden sowohl Barrieren des Handels von Gütern und Diensten abgebaut als auch Hindernisse in der Mobilität von Produktionsfaktoren (Kapital, Arbeitskräfte, Wissen und Technologie).

Im Raum der heutigen EU erfolgte der Integrationsprozess schrittweise (Molle 1991, Vanhove 1999). Aus der europäischen Wirtschaftsgemeinschaft (EWG) der sechs Gründerstaaten (Belgien, BRD, Frankreich, Italien, Luxemburg, Niederlande) entwickelte sich nach dem Beitritt von Großbritannien, Irland und Dänemark im Jahr 1972 zunächst die europäische Gemeinschaft (EG) der Neun. Nach der Süderweiterung in den achtziger Jahren (Griechenland 1981, Portugal und Spanien 1986) wurde sie zur Zwölfergemeinschaft und nach dem Beitritt von Finnland, Schweden und Österreich im Jahr 1995 entstand schließlich die Europäische Union (EU) der Fünfzehn.[1] Im Zuge dieses Prozesses wurden immer mehr Länder der Freihandelszone EFTA in die EU integriert. Auch die Qualität der Integration hat sich dabei verändert. In den Anfängen stand der Abbau von Handelshemmnissen im Vordergrund, sodann wurden gemeinsame Politiken entwickelt (Agrarpolitik, Regionalpolitik). In den späten achtziger Jahren brachte das Projekt des Binnenmarktes mit seinen vier Freiheiten einen neuen Integrationsschub. Hier ging es um die Beseitigung technischer Handelshemmnisse, die Freiheit im Dienstleistungsverkehr, den Abbau von Barrieren der Kapitalmobilität (Niederlassungsfreiheit) sowie denen der Arbeitskräftemobilität (Freiheit der Arbeitsplatzwahl). Seit den neunziger Jahren wurden mit dem Maastricht-Vertrag (1992), der Einrichtung des Kohäsionsfonds (1993), der Wirtschafts- und Währungsunion und Einführung des Euro (2002) sowie mit der Erweiterung auf 25 Mitgliedsländer (Osterweiterung, 2004) neue Integrationsschritte gesetzt.

Zur Frage, wie sich Prozesse der wirtschaftlichen Integration auf Regionen auswirken, geben einzelne Theorien durchaus unterschiedliche Antworten. Die

---

[1] In der Folge werden wir aus Gründen der Einfachheit nur den Begriff „Europäische Union" (EU) verwenden und nicht explizit zwischen EWG, EG und EU unterscheiden.

neoklassische Theorie (Kap. 4) etwa erwartet einen tendenziellen Ausgleich des Einkommensniveaus im Integrationsraum. Die Polarisationstheorie (Kap. 5) und die endogene Wachstumstheorie (Kap. 6) orten aufgrund von Skalen- und Agglomerationseffekten eine hohe Wahrscheinlichkeit für divergente Entwicklungen zwischen stark und schwach entwickelten Regionen. Für die EU ist die Frage der regionalen Entwicklungsunterschiede von großer Bedeutung, da bei zu starken Disparitäten eine Spaltung der Gemeinschaft in ein Kern- und Randeuropa und in ein Europa unterschiedlicher Geschwindigkeiten befürchtet wird, ein Prozess, der längerfristig die Gemeinschaft insgesamt bedrohen würde.

Das beträchtliche Ausmaß regionaler Disparitäten in der EU wurde bereits in Kap. 1 dargestellt. Dort wurde auch gezeigt, dass in den sechziger bis Ende der achtziger Jahre deutliche Angleichungsprozesse stattgefunden haben, während seit den neunziger Jahren es eine differenzierte Entwicklung festzustellen ist: in Bezug auf das Pro-Kopf Einkommen gibt es keine eindeutige Tendenz der Entwicklung regionaler Ungleichheiten, in Bezug auf Arbeitslosenraten und Innovationsindikatoren gibt es anhaltend große Unterschiede. Im Folgenden befassen wir uns mit der regionalpolitischen Antwort der EU, also mit dem Ansatz und den Instrumenten, mittels welchen die EU auf Probleme der Regionalentwicklung reagiert.

10.1   Entwicklung der europäischen Regionalpolitik

Die Zielsetzung eines ausgeglichenen Wachstums in allen Regionen der Gemeinschaft ist zwar bereits in der Präambel des Vertrags von Rom (1958) verankert, konkrete Maßnahmen wurden jedoch erst mit der Einrichtung des Regionalfonds im Jahr 1975 gesetzt. Zunächst wurde mit den Mitteln des Regionalfonds nur die jeweilige Regionalpolitik der einzelnen Mitgliedsländer unterstützt. Nach der Fondsreform 1979 wurde jedoch sukzessive der autonome Spielraum des Regionalfonds für gemeinschaftliche Interventionen von zunächst 5% auf etwa 20% in den achtziger Jahren erhöht.

Eine neue Dimension erhielt das Regionalproblem sodann durch die Süderweiterung in den achtziger Jahren (Griechenland 1981, Spanien und Portugal 1986), der auch eine Intensivierung der Regionalpolitik folgte. Von der Einführung des europäischen Binnenmarktes wurden zwar erhebliche gesamteuropäische Wachstumsimpulse erwartet, jedoch auch Nachteile insbesondere für die peripheren und rückständigen Regionen und damit für den wirtschaftlichen und sozialen Zusammenhalt Europas (Cecchini-Bericht 1988). Als Konsequenz wurden daher im Jahr 1989 die europäische Regionalpolitik und der Einsatz der Strukturfonds reformiert und die Mittel dafür stark erhöht. Die Grundprinzipien dieser Reform haben im wesentlichen auch heute noch Gültigkeit. Bereits in der Einheitlichen Europäischen Akte (1986) war die Regionalpolitik als eigenständiger Politikbereich der europäischen Gemeinschaft anerkannt worden. Sie wurde auf die Ziele Stärkung des wirtschaftlichen und sozialen Zusammenhalts, die harmonische Entwicklung der Gemeinschaft und die Verringerung des Abstandes zwischen den Regionen, also auf das Ausgleichsziel, ausgerichtet. Die

Hauptprinzipien der Reform 1989 waren die folgenden:

- Das Prinzip der Konzentration beabsichtigte eine Fokussierung der Mittel der Strukturfonds auf die am meisten benachteiligten Regionen, die als Zielgebiete festgelegt wurden (siehe unten).
- Mit dem Programmprinzip ist man von der Förderung einzelner Projekte oder Aktivitäten abgegangen und hat die Strukturfondsgelder an regionale Entwicklungsprogramme und mehrjährige Finanzpläne gebunden.
- Durch das Prinzip der Additionalität werden die Gelder der Strukturfonds grundsätzlich nur zusätzlich zu den Unterstützungen der Mitgliedstaaten und zu den privaten Investitionen vergeben. Dadurch sollte vermieden werden, dass die Mitgliedstaaten nationale Förderungen durch die Mittel der Strukturfonds ersetzen.
- Das Prinzip der Partnerschaft bedeutet, dass an den gemeinschaftlichen Strukturmaßnahmen alle betroffenen Verwaltungsebenen (Region, Mitgliedsstaat, Kommission) beteiligt sein und zusammenarbeiten sollten. Die Strukturpolitik bleibt juristisch gesehen zwar eine Angelegenheit zwischen der Kommission und den Mitgliedstaaten, aber die Regionen spielen bei der Vorbereitung und bei der Durchführung der Programme eine zentrale Rolle. Dies wird mit dem Subsidiaritätsprinzip begründet. Danach sollten Politikmaßnahmen grundsätzlich auf der jeweils untersten Ebene, die möglich und sinnvoll ist (also möglichst „bürgernahe", lokal oder regional), angesiedelt werden. Die höheren Regierungsebenen (Nationalstaat, europäische Union) sollten nur in jenen Bereichen tätig werden, die über die Kompetenzen und den Aktionsradius der unteren Ebenen hinausgehen.
- Der Grundsatz der Evaluation erfordert, dass Programme sowohl vor dem Beginn (Ex-ante-Evaluierung) als auch während (Monitoring) und nach Abschluss (Ex-post-Evaluierung) auf ihre Wirksamkeit hin zu püfen sind.

Diese Grundprinzipien wurden auch für die Programmperioden 1994—1999, 2000–2006 und für die aktuelle Periode 2007-2013 im Wesentlichen beibehalten.

Die wichtigsten Instrumente der europäischen Regionalpolitik sind die Strukturfonds. Darunter zählen aktuell insbesondere der „Regionalfonds" (EFRE: seit 1975) und der „Sozialfonds" (ESF: seit 1961und der Kohäsionsfonds. Die einzelnen Strukturfonds haben laut Inforegio (2011a) die folgenden Ziele und Förderungsschwerpunkte: Das Ziel des EFRE ist die Stärkung der wirtschaftlichen und sozialen Kohäsion in der Europäischen Union durch Abbau der Ungleichheiten zwischen den einzelnen Regionen. Der EFRE finanziert aktuell u.a.

- direkte Hilfen bei Investitionen von Unternehmen (besonders kleiner und mittlerer Unternehmen) zur Schaffung von dauerhafter Beschäftigung;
- Infrastrukturen, insbesondere im Zusammenhang mit Forschung und Innovation, Telekommunikation, Umwelt, Energie und Transport;
- Finanzierungsinstrumente (Risikokapitalanlage, Fonds zur Unterstützung der regionalen und lokalen Entwicklung);

• technische Hilfsmaßnahmen.

Der *Sozialfonds* unterstützt insbesondere Maßnahmen zur Berufsbildung, die
Einstellung in neu geschaffene stabile Arbeitsplätze, Existenzgründungen und
Systeme der allgemeinen und beruflichen Ausbildung. Mit Hilfe des ESF soll-
te die Beschäftigungssituation in der Europäischen Union verbessert werden.
Bereiche der Unterstützung waren u.a.: Anpassungsmaßnahmen von Arbeitneh-
mern und lebenslanges Lernen, soziale Eingliederung benachteiligter Personen
und Kampf gegen Diskriminierung auf dem Arbeitsmarkt und die Stärkung des
Humankapitals durch die Reform von Bildungssystemen.

Der *Kohäsionsfonds* wurde 1993 eingerichtet, um wirtschaftlich schwächere
Länder (mit einem Pro-Kopf-Einkommen unter 90% des EU-Durchschnittes) in
der Erreichung der für die Währungsunion festgesetzten makroökonomischen
Kohäsionsziele zu unterstützen. In der Vergangenheit wurden daraus die vier
„Kohäsionsländer" Spanien, Portugal, Griechenland und Irland gefördert. Aktuell (2007–13) sind insbesondere die neuen Mitgliedsländer wichtige Empfängerländer. Mit den Mitteln des Kohäsionsfonds werden insbesondere Maßnahmen der Verkehrserschließung sowie der Umweltverbesserung unterstützt.

10.2 Programmperioden 1989–93 und 1994–99

In den neunziger Jahren hatte die EU einen stark wachsenden Anteil ihrer Haushaltsmittel für regionalpolitische Interventionen eingesetzt. Waren es 1988 noch
knapp 18% der Budgetmittel, die dafür verwendet wurden, so waren es 1999 bereits 33%. Durch den Beitritt der mittel- und osteuropäischen Länder im Jahr
2004 hat sich der Anteil der Haushaltsmittel für Struktur- und Regionalpolitik
seither weiter erhöht. Die Interventionen der Strukturfonds konzentrierten sich
1989–93 auf 5, nach dem Beitritt Österreichs, Schwedens und Finnlands (1995)
auf 6 Ziele:

Ziel 1: Förderung der Regionen mit Entwicklungsrückstand,

Ziel 2: Umstellung der Regionen, die von rückläufiger Entwicklung betroffen sind,

Ziel 3: Bekämpfung der Langzeitarbeitslosigkeit und Erleichterung der
Eingliederung der Jugendlichen in das Erwerbsleben,

Ziel 4: Erleichterung der Anpassung der Arbeitskräfte an die industriellen Wandlungsprozesse und an Veränderungen der Produktions-
systeme,

Ziel 5a: beschleunigte Anpassung der Agrarstrukturen,

Ziel 5b: Förderung der Entwicklung und der strukturellen Anpassung des
ländlichen Raumes.

Ziel 6: Förderung von Regionen mit extrem niedriger Bevölkerungsdichte (weniger als 8 Einwohner je km^2).

Die Ziele 1, 2, 5b und 6 hatten einen räumlichen Bezug, 3, 4 und 5a waren horizontale Ziele und galten für sämtliche Regionen der Gemeinschaft. Diese Zielgebiete wiesen die folgenden Charakteristika auf.

Ziel-1-Regionen waren Regionen mit erheblichem wirtschaftlichem Entwicklungsrückstand. Sie hatten ein BIP je Einwohner, das unter 75% des EU-Durchschnitts lag (auf Ebene NUTS II)^2. Darüber hinaus waren sie vielfach durch eine hohe Arbeitslosigkeit, eine starke Abhängigkeit von der Landwirtschaft und eine unzulängliche Infrastruktur gekennzeichnet. Dazu gehörten ganz Griechenland, Portugal, Irland, große Teile Spaniens, der italienische Mezzogiorno und Nordirland. Die Ziel-1-Regionen erfassten in der Programmperiode 1994–1999 26,6% der EU-Bevölkerung und auf sie entfielen 68% der Strukturfondsmittel (Tabelle 10.1). Die Förderprioritäten lagen hier insbesondere in der ersten Programmperiode im Infrastrukturausbau (35% der Mittel: vor allem dem Verkehrsausbau, aber auch Telekommunikation und Energie- und Wasserversorgung) (vgl. Tabelle 10.2). Dreißig Prozent der Mittel wurden für Maßnahmen in der Aus- und Weiterbildung und für die Verbesserung des Humankapitals aufgewendet. In der zweiten Programmperiode (1994–99) erhielten die unternehmensbezogenen Maßnahmen mit 37% der Mittel gegenüber dem Infrastrukturausbau ein größeres Gewicht.

Der zweite Typ von Problemgebieten der Periode 1989–99, die *Ziel-2-Regionen*, waren vormals wohlhabende Gebiete, die veraltete Industrien wie Kohlebergbau, Stahl-, Schiffbau- und Textilindustrie und eine rückläufige Entwicklung aufwiesen. Diese Regionen befanden sich großteils in Großbritannien, in Frankreich, in Belgien sowie in Deutschland. Ziel-2-Regionen wurden nach Kriterien überdurchschnittliche Arbeitslosenrate, hoher Industrieanteil und rückläufige Industriebeschäftigung abgegrenzt. 16,4% der EU-Einwohner waren in der Periode von 1994 bis 1999 Ziel-2-Regionen zuzuzählen, auf sie entfielen 11,1% der Strukturfondsmittel. Die Maßnahmen betrafen hier vor allem die Förderung neuer Wirtschaftstätigkeit, die Umstrukturierung von Unternehmen sowie die Unterstützung von Technologietransfer und Innovation (45–55% der Ausgaben, Tabelle 10.2). Darüber hinaus hatten Maßnahmen der Aus- und Weiterbildung (35% der Ausgaben in der zweiten Programmperiode) sowie Maßnahmen der Sanierung von veralteten industriellen Standorten und der Umwelt (18–24%) eine hohe Bedeutung.

Der dritte Typ waren die *ländlichen Problemgebiete*, die *Ziel-5b-Gebiete*. Sie waren insbesondere durch eine ungünstige agrarische Struktur und geringes Pro-Kopf-Einkommen geprägt. Die Wirtschaftsstruktur dieser Gebiete erforderte einer stärkere Diversifizierung. Die Ziel-5b-Regionen umfassten in der Pe-

---

^{2}NUTS (nomenclature des unités territoriales statistiques) ist die Systematik der statistischen Gebietseinheiten in der EU. NUTS I sind Großregionen unterhalb des gesamtstaatlichen Territoriums (z.B. Bundesländer in Deutschland), NUTS II und III sind jeweils darunter liegende Abgrenzungen (z.B. Regierungsbezirke und Kreise oder Aggregate davon).

Tabelle 10.1: Strukturfondsmittel nach Zielen 1989–1999 (in Mio. Euro zu Preisen 1994, Quelle: Europäische Kommission 1996 und 2001b)

	1989–1993		1994–1999	
	Mio. Euro	%	Mio. Euro	%
Ziel 1	43.818	69,6	93.972	68,0
Ziel 2	6.130	9,7	15.352	11,1
Ziel 5b	2.232	3,5	6.860	5,0
Ziel 6			697	0,5
Ziel 3+4	6.669	10,6	15.184	11,0
Ziel 5a	4.102	6,5	6.136	4,4
Summe Zielgebietsförderung	62.951	100,0	138.201	100,0

Tabelle 10.2: Aufteilung der Strukturfonds nach Ausgabenkategorien (in %, Quelle: Europäische Kommission 1996)

Gebiet	Periode	Infrastruktur	Sanierung d. Umwelt	Humankapital	Produktive Rahmenbed.	Sonst. Ausg.
Ziel 1	1989–93	35,2		29,6	33,6	1,6
	1994–99	29,5		29,8	37,1	3,6
Ziel 2	1989–93		23,9	20,9	55,1	0,1
	1994–99		18,2	34,8	45,4	1,6
Ziel 5b	1989–93	20,0	12,1	20,0	47,2	0,7
	1994–99	8,4	10,3	15,3	64,7	1,3

riode 1994–99 8,2% der Einwohner und sie erhielten 5,0% der Mittel. Die Maßnahmen waren hier insbesondere auf die Schaffung nicht-landwirtschaftlicher Arbeitsplätze ausgerichtet, z.B. durch Unterstützung des Gewerbes, der Dienstleistungen und des Fremdenverkehrs. Einen hohen Stellenwert hatte die Unterstützung von kleinen und mittleren Unternehmen. Nahezu 65% der Mittel wurden in der zweiten Programmperiode (1994–99) für derartige unternehmensbezogene Maßnahmen aufgewendet. Weitere wichtige Maßnahmen betrafen die Verbesserung der Telekommunikation und die Aus- und Weiterbildung.

Die Ziele 3 (Bekämpfung der Langzeitarbeitslosigkeit und der Jugendarbeitslosigkeit) und 4 (Anpassung der Arbeitskräfte an industrielle Wandlungsprozesse) waren horizontale Ziele. Unter diesen Titeln wurden in der ganzen Gemeinschaft die Berufsbildung und die Einstellung von Langzeitarbeitslosen, die Grundausbildung und Berufsbildung von Jugendlichen sowie die Weiterbildung und Schulung gefördert.

Neben den Zielgebietsprogrammen stellen die *Gemeinschaftsinitiativen* (GI) einen wichtigen Teil der EU-Regionalpolitik dar. Mit diesem Instrument verfolgt die Kommission ihre eigenen Intentionen und Zielvorstellungen wie z.B. die Unterstützung grenzüberschreitender Aktivitäten, transnationaler Erfahrungsaustausch sowie Programme mit experimentellem und innovativem Charakter. Wichtige Gemeinschaftsinitiativen waren etwa INTERREG zur Förderung von Grenzregionen dieser Periode, LEADER zur Unterstützung der ländlichen Entwicklung, ADAPT zur Anpassung der Arbeitskräfte an den industriellen Wandel und URBAN zur Unterstützung städtischer Problemgebiete. Für den Zeitraum 1994 bis 1999 wurde für die Gemeinschaftsinitiativen ein Finanzvolumen von ca. 14 Mrd. Euro bereitgestellt, also knapp 10% der Strukturfondsmittel.

Durch die starke Konzentration der Mittel auf die Ziel-1-Regionen erreichten die Einkommenseffekte durch die Strukturfonds in den Kohäsionsländern Griechenland, Irland, Portugal und Spanien beträchtliche Größenordnungen (bis zu 4% des BIP). In den übrigen Mitgliedstaaten hatten die Strukturfonds mit weniger als 1% des BIP ein deutlich geringeres Gewicht.

10.3 Programmperiode 2000–2006

Für die Programmperiode 2000–06 waren 195 Mrd. Euro für die Strukturfonds vorgesehen, 18 Mrd. Euro für den Kohäsionsfonds (als Unterstützung von Griechenland, Irland, Portugal, Spanien), und weitere 21,8 Mrd. Euro wurden als spezielle Hilfen für die mittel- und osteuropäischen Beitrittsländer (MOEL) bereitgestellt (für PHARE, ISPA und SAPPARD) (siehe Europäische Kommission 2001b und Tabelle 10.3). Es gab das Bemühen, die EU-Regionalpolitik wiederum einfacher zu gestalten und die Mittel stärker zu konzentrieren. Dies drückte sich in einer Reduzierung sowohl der Zahl der Ziele als auch jener der Gemeinschaftsinitiativen aus. Der Anteil der in Förderregionen wohnenden Bevölkerung wurde von zuletzt 52% auf 40% reduziert. Die Strukturfonds sind auf zwei gebietsabhängige Ziele sowie auf ein thematisches Ziel ausgerichtet.

Ziel 1 betraf – wie in den vorherigen Programmperioden – die Regionen mit Entwicklungsrückstand. Diese Regionen hatten in der Regel ein geringes Investitionsniveau, eine überdurchschnittliche Arbeitslosenquote, ein unzureichendes Dienstleistungsangebot und eine schwache Grundversorgung mit Infrastrukturen. Aus diesen Gründen wurden insbesondere die Infrastruktur ausgebaut und Investitionen in Unternehmen gefördert. Unter das Ziel 1 dieser Periode fielen ca. 50 Regionen, in denen etwa 22% der EU-Bevölkerung lebten. Gegenüber der Periode 1994–99 mit einem Ziel-1-Bevölkerungsanteil von 26% bedeutet das eine stärkere Konzentration. Mit 70% der Strukturfondsmittel stand ein etwa gleich hoher Anteil wie in den Vorperioden für Ziel 1 zur Verfügung (Europäische Kommission 2001b).

Das *Ziel 2* dieser Periode umfasste Gebiete mit Strukturproblemen. Hier sollten insbesondere die wirtschaftliche und soziale Umstellung unterstützt werden und zwar unabhängig davon, ob die Gebiete industriell, ländlich oder städ-

Tabelle 10.3: EU-Strukturhilfen 2000–2006 in Mrd. Euro. (Quelle: Europäische Kommission 2001b)

Strukturfonds	195,00
vorrangige Ziele	182,45
Ziel 1	135,90
Ziel 2	22,50
Ziel 3	24,05
Gemeinschaftsinitiativen	10,44
Fischerei	1,11
Innovative Maßnahmen	1,00
Kohäsionsfonds	18,00

tisch geprägt sind. Es wurden somit Teile der früheren industriellen Ziel-2-Gebiete, der ländlichen Ziel-5b-Gebiete sowie auch städtische Problemgebiete zusammen gefasst. 18% der EU-Bevölkerung lebten hier, auf sie entfielen 11,5% der Mittel.

Mit dem thematisch ausgerichteten *Ziel 3* sollten die Bildungs- und Ausbildungssysteme modernisiert und die Beschäftigung gefördert werden. Es entsprach in etwa dem früheren Ziel 3 und Ziel 4. Die Finanzierung des Ziels 3 erstreckte sich auf die gesamte Union mit Ausnahme der Ziel-1-Regionen.

In der Verteilung der Strukturfondsmittel nach Ländern zeigen sich einige Änderungen gegenüber den Vorperioden (siehe Tabelle 10.4). Aufgrund der stärkeren Mittelkonzentration verzeichnen 10 Länder eine Abnahme ihrer Anteile an den Mitteln der Strukturfonds, wie etwa Irland (von 4,4% auf 1,7%), Spanien (von 25,3% auf 23,5%) und Frankreich (von 8,9% auf 7,9%). Im Falle von Irland und Spanien war dies insbesondere auf eine relativ dynamische Entwicklung in einigen Regionen zurückzuführen. Mehr Strukturfondsmittel als in der Vorperiode bekammen hingegen Deutschland, Griechenland, Italien und das Vereinigte Königreich. In Deutschland war dies auf die anhaltenden Wirtschafts- und Arbeitsmarktprobleme der neuen Länder zurückzuführen. In Griechenland war der bisherige Strukturwandel zu gering, um die wirtschaftliche Situation nennenswert zu verbessern. Eine ähnliche Stagnation zeigte sich, wie schon in den vergangenen Jahrzehnten, im Süden Italiens, wo der wirtschaftliche und soziale Abstand zum Norden und zum übrigen Europa kaum verringert werden konnte (vgl. Europäische Kommission 1999).

Die *Gemeinschaftsinitiativen* wurden in dieser Programmperiode stark reduziert, sowohl was die Anzahl der Initiativen als was die Höhe der Mittel anlangt. Verblieben sind vier Programme, auf die nur mehr ein Betrag in der Größenordnung von 5,4% der Strukturfondsmittel (vorher 10,1%) entfällt. Diese Verringerung an Programmen ist einerseits auf den bürokratischen Aufwand einer großen Zahl kleiner Programme zurückzuführen. Andererseits kommt dar-

Tabelle 10.4: Strukturfondsmittel nach Ländern 1989–2006 (Preise 1994 bzw. 1999, Quelle: Europäische Kommission 1996 und 2001b)

Land	Durchschnittl. jährl. Strukturfondsmittel in Periode					
	1989–93		1994–99		2000–06	
	Mio. Euro	%	Mio. Euro	%	Mio. Euro	%
B	173	1,2	349	1,2	256	1,0
DK	86	0,6	140	0,5	78	0,3
D	1.680	11,5	3.622	13,0	4.007	15,4
GR	1.834	12,5	2.956	10,6	2.994	11,5
E	3.017	20,6	7.066	25,3	6.127	23,5
F	1.387	9,5	2.491	8,9	2.056	7,9
IRL	980	6,7	1.234	4,4	441	1,7
I	2.374	16,2	3.608	12,9	4.055	15,6
L	15	0,1	17	0,1	11	0,0
NL	163	1,1	436	1,6	372	1,4
P	1.892	12,9	2.940	10,5	2.718	10,4
UK	1.066	7,3	2.164	7,7	2.216	8,5
A			316	1,1	210	0,8
FIN			331	1,2	258	1,0
S			261	0,9	264	1,0
EU 12/15	14.667	100,0	27.931	100,0	26.065	100,0

in auch ein gewisser Widerstand von Seiten der Mitgliedsländer gegenüber zentral konzipierten Programmen zum Ausdruck. Verblieben sind die vier Gemeinschaftsinitiativen INTERREG III, LEADER+, URBAN II und EQUAL. INTERREG III unterstützte, ähnlich wie die vorangegangenen derartigen Programme, die Zusammenarbeit von regionalen Akteuren über die nationalen Grenzen hinweg. Dabei sollte eine ausgewogene Raumentwicklung von Grenzregionen und transnationalen Gebieten gefördert werden. LEADER+ sollte, wie sein Vorläufer, die relevanten Akteure in ländlichen Gebieten zusammenbringen, um neue lokale Strategien für eine nachhaltige Entwicklung umzusetzen. URBAN II unterstützte vor allem innovative Strategien zur Wiederbelebung von krisenbetroffenen Städten und Stadtvierteln. EQUAL schließlich sollte mit Mitteln des ESF Ungleichheit und Diskriminierung am Arbeitsmarkt verringern helfen(Europäische Kommission 2001b).

10.4 Programmperiode 2007–2013

Im Zuge der Erweiterung der EU auf 27 Mitglieder im Jahr 2004 hatten sich markante Veränderungen in Bezug auf die Adressaten der EU-Regionalpolitik ergeben, die nun mit dem Begriff „Kohäsionspolitik" versehen wird. Die Kohäsionspolitik für die Programmperiode 2007–13 weist folgende Grundzüge auf

Tabelle 10.5: Strukturfonds: neue Struktur von Zielen und Instrumenten (Quelle: Inforegio, 2011)

2000–2006		2007–2013	
Finanzinstrumente		Politische Ziele	Finanz-instrumente
Kohäsionsfonds	Kohäsionsfonds		
Ziel 1	EFRE, ESF, EAGFL - Ausrichtung, IFOP	Konvergenz und Wettbewerbs-fähigkeit	Kohäsionsfonds des EFRE, ESF
Ziel 2	EFRE, ESF	Wettbewerbs-fähigkeit und Beschäftigung	EFRE, ESF
Ziel 3	ESF	-regional: EFRE -national: ESF -Reserve ca. 5%	
INTERREG	EFRE	Kooperation	EFRE
URBAN	EFRE		
LEADER+	EAGFL-Ausrichtung		
EQUAL	ESF		
ländliche Räume und Fischerei ausserhalb Ziel 1	FIAF/EAGFL-Garantie		
9 Ziele	6 Instrumente	3 Ziele	3 Instrumente

(siehe Inforegio 2011a). Es gibt drei neue Hauptziele, für die insgesamt 347 Mrd. Euro oder 35,7% des EU Haushalts vorgesehen sind: Konvergenz (81,5% der Mittel), Wettbewerbsfähigkeit und Beschäftigung (16%) und Europäische territoriale Zusammenarbeit (2,5%). Im Vergleich zur Vorperiode zeigt sich eine deutliche Vereinfachung des gesamten Politik und des Instrumentariums, da die Ziele von 9 auf 3 und die Instrumente von 6 auf 3 verringert wurden (siehe Tabelle 10.5)

Das Ziel „Konvergenz" ähnelt dem früheren Ziel 1 und soll die wirtschaftliche Konvergenz der Regionen mit dem größten Entwicklungsrückstand beschleunigen. Unterstützt werden u.a. Investitionen in Kapital und Humanressourcen, Innovation und Wissensgesellschaft, Umweltschutz und eine effiziente Verwaltung. Das Konvergenzziel wird wie das bisherige Ziel 1 auf jene Regionen ausgerichtet, deren Pro-Kopf-Bruttoinlandsprodukt unter 75% des Durchschnitts der erweiterten Union liegt. Dies trifft in erster Linie auf den Großteil der neuen Mitgliedstaaten zu, sie erhalten 51% der gesamten Mit-

Tabelle 10.6: Kohäsionspolitik 2007-2013: Mittelverteilung in Mio. Euro zu laufenden Preisen (Quelle: Inforegio, 2011)

| Land | Konvergenzziel | | | WuB* Ziel | | Europ. terr. Koop. | Gesamt |
	Kohäs. Fonds	Konvergenz	Phasing out	Phasing in	WuB*		
B			638		1425	194	2256
BG	2283	4391				179	6853
CZ	8819	17064			419	389	26692
DK					510	103	613
D		11864	4215		9409	851	26340
EST	1152	2252				52	3456
IRL				458	293	151	901
GR	3697	9420	6458	635		210	20420
E	3543	21054	1583	4955	3522	559	35217
F		3191			10257	872	14319
I		21211	430	972	5353	846	28812
CY	213			399		28	640
LV	1540	2991				90	4620
LT	2305	4470				109	6885
L					50	15	65
H	8642	14248		2031		386	25307
M	284	556				15	855
NL					1660	247	1907
A			177		1027	257	1461
PL	22176	44377				731	67284
P	3060	17133	280	448	490	99	21511
RO	6552	12661				455	19668
SLO	1412	2689				104	4205
SK	3899	7013			449	227	11588
FIN				545	1051	120	1716
S					1626	265	1891
GB		2738	174	965	6014	722	10613
IK*						445	445
TU*							868
Gesamt	69578	199322	13955	11409	43556	8723	347410

*WuB: Wettbewerbsfähigkeit und Beschäftigung; IK: Interregionale Kooperation; TU: Technische Unterstützung

tel (siehe Tabelle 10.6 und Abbildung 10.1). Für jene früheren Ziel-1-Gebiete, die den Grenzwert von 75% aufgrund des statistischen Effektes der Erweiterung überschreiten), ist eine vorübergehende und degressive Unterstützung bis

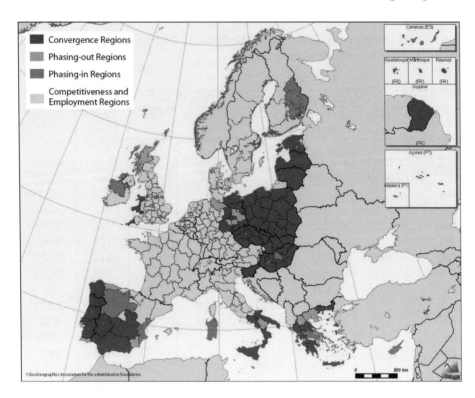

Abbildung 10.1: Förderregionen 2007-2013 (Quelle: Inforegio, 2011)

2013 vorgesehen („Phasing out": 4% der Mittel). Das Konvergenzziel wird
darüber hinaus durch den Kohäsionsfonds in jenen Ländern unterstützt, deren Pro-Kopf-Einkommen unter 90% des Unionsdurchschnittes liegt (20% der
Mittel).Mit den Mitteln des Kohäsionsfonds werden insbesondere Verkehrsin-
vestitionen und Maßnahmen des Umweltschutzes in den betroffenen Ländern
unterstützt.

Das Ziel „Regionale Wettbewerbsfähigkeit und Beschäftigung" (16% der
Mittel) gilt für die übrigen Regionen der Union, also für jene, in denen das
Konvergenzziel nicht zur Anwendung kommt. Eine Liste relevanter Regionen
wird von den einzelnen Mitgliedstaaten vorgeschlagen. Hier gilt es anhand von
regionalen Entwicklungsprogrammen (EFRE) die Wettbewerbsfähigkeit und
Attraktivität der Regionen zu stärken, u.a. durch Förderung von Innovation,
Wissensgesellschaft, Unternehmertum und Umweltschutz. Darüber hinaus werden mit Hilfe nationaler und regionaler Programme des ESF die Beschäftigungs-
möglichkeiten der Arbeitnehmer unterstützt. Das Ziel „Europäische territoriale
Zusammenarbeit" (2,5% der Mittel) schließlich stützt sich auf die Erfahrungen
der Gemeinschaftsinitiative INTERREG und soll grenzüberschreitende Zusammenarbeit durch gemeinsame Programme und Netzwerke unterstützen.

Aus diesen Veränderungen ist zu erkennen, dass eine stärkere Unterstützung von Regionen durch mehrere Instrumente, inklusive investiver Maßnahmen und Infrastrukturausbau, eher nur mehr in den entwicklungsschwachen Regionen der neuen Mitgliedsländer und in den schwächsten der bisherigen Ziel-1-Gebiete möglich sein wird. Die übrigen Fördergebiete erhalten deutlich weniger Fördermittel der EU-Regionalpolitik. Insgesamt ergibt sich eine stärkere Bedeutung von regionalen Entwicklungsstrategien, die die Faktoren Innovation und Wissen, Humankapital und Qualifizierung sowie Kooperation und Netzwerke in den Vordergrund rücken.

10.5 Einschätzung der EU-Regionalpolitik

Die Regionalpolitik der EU ist im wesentlichen eine ausgleichsorientierte Politik. Das heißt, sie unterstützt Regionen, die vom Integrationsprozess bisher nicht ausreichend Nutzen ziehen konnten, sowie solche, die negativ davon betroffen sind, also wirtschaftlich schwach entwickelte Regionen und Regionen im Prozess der Umstrukturierung. In dieser Orientierung unterscheidet sie sich etwa von der Forschungs- und Technologiepolitik, die auf eine Verbesserung der technologischen Wettbewerfähigkeit der EU insgesamt gegenüber den anderen großen Wirtschaftsblöcken (Nordamerika, Fernost) ausgerichtet ist und tendenziell die europäischen Großunternehmen und Zentralräume begünstigt.

Im Gegensatz zu der auf Unternehmungen ausgerichteten allgemeinen Wirtschaftsförderung, die von den Wettbewerbsregeln stark eingeschränkt wird, gilt die Regionalpolitik als akzeptierter Politikbereich, der tatsächliche Wettbewerbsnachteile in Problemregionen zu kompensieren trachtet. Voraussetzung ist allerdings auch hier, dass die Förderungen nicht einzelne Unternehmungen begünstigen, sondern im Wege etwa der Infrastrukturverbesserung allen Unternehmungen einer Region zugute kommen können.

Die Art der Regionalpolitik war lange Jahre eine mobilitätsorientierte (s. Abschn. 9.2.1), wobei insbesondere die Mobilität des Kapitals in schwach entwickelte Gebiete durch Infrastrukturprojekte und Industrieansiedlung unterstützt wurde. In dieser Orientierung hat sie sich nicht wesentlich von den Strategien unterschieden, die auf Ebene einzelner Länder in den sechziger und siebziger Jahren dominiert haben und die als nur wenig erfolgreich angesehen wurden. Seit den 90er Jahren hat die EU diese Orientierung daher mit Elementen der endogenen Strategie kombiniert, da seit der Strukturfondsreform 1989 statt Einzelprojekten nur mehr integrierte Entwicklungsprogramme in den Zielregionen gefördert wurden, und da auch die Beteiligung regionaler Akteure vorausgesetzt wurde. Im letzten Jahrzehnt sind in zunehmendem Maße Elemente der innovationsorientierten Strategie zu finden, da Projekte, die auf F&E, Technologietransfer, unternehmerische Innovation und Ausbildung und somit auf die Verbesserung des regionalen Innovationssystems ausgerichtet sind, mit Priorität unterstützt werden (Barca, 2009).

Zur Frage der Auswirkungen der EU-Regionalpolitik hat es zum Einen Untersuchungen zur Entwicklung in den spezifischen Zielgebiete gegeben (z.B.

Tabelle 10.7: Kumulierte Effekte der Strukturfondsinterventionen der Förderperiode 2000–2006 in Prozent des BIP (Quelle: Europäische Kommission, 2010c)

	HERMIN		QUEST	
	2000-09	2000-15	2000-09	2000-15
EU4	15,63	18,31	9,80	21,07
EU10	4,57	6,85	3,71	10,22

Europäische Kommission 1996, 2001a; Ernst & Young 1998; Bachtler und Taylor 1999). Zum Anderen hinaus gab es thematische Untersuchungen, etwa zum Stellenwert von Innovation in den Zielgebieten oder zur Entwicklung der KMU. Ökonometrische Analysen liegen insbesondere für die Kohäsionsländer vor, die fast zur Gänze Ziel-1-Gebiete darstellen (Europäische Kommission 1999, 2004).

Die Entwicklung in den Förderregionen zeigt für die Ziel-1-Gebiete der EU 15 jedenfalls ein deutliches Aufholen beim Pro-Kopf-Einkommen von 63% des EU-Niveaus im Jahr 1988 auf ca. 70% im Jahr 1998 (Europäische Kommission 2001a). Da die Erwerbsbevölkerung stärker als die Beschäftigung zugenommen hat, gab es bei der Arbeitslosigkeit bis zum Jahr 1999 allerdings keine Verbesserung gegenüber 1988: Die Arbeitslosenraten betrugen in beiden Jahren ca. 16% gegenüber einem Wert von unter 10% für die EU15. Für die Periode 2000-2007 zeigt sich für die Konvergenzregionen der EU27 ebenfalls ein starkes wirtschaftliches Aufholen: diese Regionen verzeichneten zwischen 2000-2007 ein wesentlich stärkeres Wachstum des Pro-Kopf Einkommens (3% pro Jahr) als die gesamte EU27(1,8%). Der Hauptanteil wurde in den Konvergenzregionen vom Wachstum der Produktivität beigetragen (2,5 Prozentpunkte), nur gering war hingegen der Beitrag des Beschäftigtenwachstums (EU-Kommission 2010a, S. 23). In der zukünftigen Erhöhung der Beschäftigtenquote wird daher von Seiten der EU Kommission ein hohes Potential für eine weitere Steigerung des Regionalproduktes und des Einkommens gesehen.

Makroökonomische Analysen zeigen einen erheblichen Beitrag der Strukturfondsinterventionen zum BIP-Wachstum in den Ziel-1-Regionen bzw. Konvergenzländern. In diesen Analysen wurde versucht, die Effekte der jeweiligen gesamten Strukturfondsinterventionen (diese inkludieren auch die ko-finanzierten nationalen und privaten Mittel der Strukturfondsprogramme) auf die Kapitalstockbildung, die Beschäftigung und das Einkommenswachstum mit Hilfe von ökonometrischen Modellen abzuschätzen. So wurden beispielsweise die Effekte der Strukturfondspolitik 2000-2006 mittels zweier makroökonomischer Modelle untersucht (EU Kommission 2010a). Das QUEST Modell wird von der EU Kommission für die Analyse wirtschaftspolitischer Maßnahmen und struktureller Reformen eingesetzt. Das HERMIN Modell wurde speziell für die Analyse der Wirkungen der Kohäsionspolitik entwickelt. Unterschiede liegen u.a. im Einbezug von Ländern bzw. Regionen: das QUEST Modell bezieht alle Länder

der EU ein, während das HERMIN Modell vor allem auf die Konvergenzregionen und Länder abzielt. Differenzen gibt es auch in der Spezifizierung und in der zeitlichen Verteilung ermittelter Wirkungen. Das HERMIN Modell betont die nachfrageseitig wirkenden Multiplikatoren und damit die kürzere Frist, das QUEST Modell die Angebotsfaktoren und damit die mittlere und längere Zeitperiode von Wirkungen. Beide Modelle kommen zum Ergebnis, dass die EU Kohäsionspolitik der Periode 2000-2006 erhebliche ökonomische Effekte auf die Empfängerländer gehabt hat (EU-Kommission, 2010b). Die kumulativen Wirkungen werden für den Zeitraum 2000-2009 für die vier „alten" Kohäsionsländer (Irland, Griechenland, Portugal, Spanien) auf 15,6% des GDPs geschätzt, und für die 10 neuen Beitrittsländer (sie haben nennenswerte Hilfen erst ab 2004 erhalten) auf 4,6%. Das QUEST Modell kommt auf 9,8% bzw. 3,7% (siehe Tabelle 10.7). Für die längere Frist, d.h. für den Zeitraum 2000-2015 werden die Effekte vom QUEST Modell höher eingeschätzt (21% für die alten Kohäsionsländer und 10,2% für die neuen) gegenüber 18% (EU4) und 6,9 (EU10) beim HERMIN Modell.

Für die früheren Ziel-2- und die Ziel-5b-Regionen liegen derartige ökonometrische Analysen wegen der kleinräumigen Abgrenzung und unzureichender Daten nicht vor. Es ist jedoch davon auszugehen, dass die ökonomischen Effekte aufgrund wesentlich geringerer Mittelflüsse deutlich schwächer sind. Für die Ziel-2-Gebiete zeigte sich im Zeitraum 1988 bis 1996 nur eine leichte Verbesserung beim Pro-Kopf-Einkommen (von 94% des EU-Durchschnitts auf 96%;und bei der Arbeitslosigkeit (Verringerung von 12,5% auf 11,9% Europäische Kommission 1999). Nach Ernst & Young (1998) wurden in den Ziel-2-Gebieten der Programmperiode 1989–93 ca. 500.000 Arbeitsplätze mit Hilfe der Strukturfonds geschaffen. In einer weiteren Untersuchung stellen Bachtler und Taylor (1999) darüber hinaus auch eine Verbesserung der Wirtschaftsstruktur und der Innovationstätigkeit in den Ziel-2-Gebieten als Folge der EU-Regionalpolitik fest.

Für die Förderperiode 2000-2006 wird in einem Bericht der EU Kommission (2010c) die Zahl der in den (nun erweiterten) Ziel-2 Gebieten geschaffenen und von ERDF unterstützten Arbeitsplätze mit 730000 (brutto) angegeben. Darüber hinaus stellt der Synthesis Report auf der Basis von 12 Fallstudien von Ziel-2 Regionen fest, dass trotz der relativ geringen Mittel die Ziel-2 Unterstützung sehr bedeutend für die Umstrukturierung dieser Regionen seit 1990 gewesen ist. Die interviewten Gesprächspartner gaben an, dass die Unterstützung durch den ERDF eine wichtige Hilfe war, um eine längerfristige Strategie für die Entwicklung der Region zu erarbeiten und die wirtschaftliche Umstrukturierung in die Wege zu leiten (EU Kommssision 2010b, S. 75f).

Im Bereich von Forschung und Entwicklung und von Innovation sind die regionalen Disparitäten in der EU besonders groß, insbesondere die Ziel-1-Gebiete haben diesbezüglich große Schwächen (vgl. Europäische Kommission 1999 und Hollanders 2006). Es stellt sich daher die Frage, in welchem Maße durch die Strukturfonds Innovationsaktivitäten in den Zielgebieten unterstützt worden sind. Einschlägige Untersuchungen haben ergeben, dass in den Ziel-1-Regionen der Anteil der innovativen Maßnahmen in der ersten Programmperiode (1989–93) mit 2,7% der Gelder sehr niedrig war. In der zweiten Periode (1994–99) wurde er immerhin auf 5% angehoben. In den industriellen Ziel-2-Regionen nahmen Innovationsmaßnahmen von vorneherein einen etwas höheren Stellenwert ein: in der Periode 1989–93 entfielen 9% auf diesen Bereich, und von 1994–99 waren es 12% (Bachtler et al. 1999). Auf Grund der Lissabon Agenda (2000) hat sich der Fokus der EU Regionalpolitik wesentlich stärker in Richtung Innovationspolitik verschoben. Allerdings sind die Innovationsunterschiede noch immer sehr groß (EU Kommission 2010, S 49). So haben die Konvergenzregionen bei den EPA Patentanmeldungen 2006-7 pro Einwohner nur etwa ein Zehntel (Index 11,3) des EU Durchschnittes (100), während der Index für die besser entwickelten Regionen bei 153 liegt.

Die bisher vorliegenden Ergebnisse kommen somit zum Befund, dass die Bemühungen im Rahmen der EU-Regionalpolitik insbesondere in den Ziel-1 bzw. Konvergenz-Regionen erhebliche Effekte auf Investitionen, Wachstum und Beschäftigung gehabt haben. Nur geringe Verbesserungen gab es hingegen bislang im Innovationsbereich. In den früheren Ziel-2-Regionen waren die ökonomischen Effekte wegen des niedrigeren Mitteleinsatzes zwar geringer, jedoch war der Innovationsanteil der Maßnahmen höher. Über die sonstigen strukturellen und qualitativen Wirkungen der EU-Regionalpolitik (Struktur geschaffener Arbeitsplätze, Qualifikation, Technologieintensität) sowie auch über die sozialen und die Verteilungsaspekte ist bisher allerdings nur wenig bekannt. Schließlich ist auch festzustellen, dass das Ziel der Umwelt- und Ressourcenschonung im Sinne einer nachhaltigen Regionalentwicklung bis vor kurzem nur wenig berücksichtigt wurde. Erst in der aktuellen Programmperiode haben diese Aspekte einen deutlich höheren Stellenwert erhalten (Barca, 2009).

10.6 Beteiligung Österreichs an der Regionalpolitik der EU

Wie hat sich nun die EU-Regionalpolitik auf ein Mitgliedsland wie Österreich ausgewirkt? In welcher Weise hat Österreich an den Interventionen der Strukturfonds partizipiert? Österreich konnte sich seit seinem Beitritt 1995 an den regionalen Programmen der EU-Strukturfonds beteiligen. Diese stellen neben der Agrarförderung und den Forschungsförderungsprogrammen eine der wichtigsten Quellen dar, aus welchen Österreich als „Nettozahler" Gelder von der EU wieder zurückerhalten konnte.

In der *Programmperiode von 1995 bis 1999* wurden für Österreich insgesamt 1,6 Mrd. Euro aus den Strukturfonds bereitgestellt. Für die einzelnen Ziele waren die in Tabelle 10.8 zusammengestellten Werte festgelegt worden. Diese Mittel wurden jeweils als Zuschüsse zusätzlich zu den von Bund, Land und allenfalls auch Gemeinden getätigten Investitionen und vergebenen Förderungen gewährt, wobei eine Reihe von Voraussetzungen zu erfüllen waren.

Hinsichtlich der regionalen Verteilung der Mittel war im Rahmen der ÖROK ein Vorschlag für die regionalen Förderungsgebiete, Zielgebiete gemäß EU-Strukturfonds, ausgearbeitet und in modifizierter Form von der EU-Kommission beschlossen worden. Diese Fördergebiete enthielten das Burgenland als Ziel-1-Gebiet mit einem Einwohneranteil von 3,5%. Hier war die Beteiligung der EU-Strukturfonds an staatlichen Investitionen in Infrastruktur und Wirtschaftsförderung am höchsten. Etwa 10% der gesamten Strukturfondsmittel entfielen auf das Burgenland. Auf die Regionen mit rückläufiger Industrie-Entwicklung (Ziel 2) entfielen 8,2% der Bevölkerung und etwa 6% der Strukturfondsmittel. Vom Umfang her die größte Bedeutung hatten in Österreich 1995–99 allerdings die ländlichen Ziel-5b-Gebiete. Auf sie entfielen 29,2% der Bevölkerung und etwa 25% der Strukturfondsgelder. Insgesamt umfasste diese Fördergebietskulisse 40,8% der Wohnbevölkerung Österreichs.

Auf die Gemeinschaftsinitiativen entfielen ca. 150 Mio. Euro oder 9% der Strukturfondsmittel, wobei INTERREG, LEADER und BESCHäFTIGUNG die wichtigsten Initiativen waren. Die INTERREG-Mittel waren für grenzüberschreitende (II A) und transnationale (II C) Projekte vorgesehen. Im Falle von II A entfielen die größten Anteile auf die Grenzregionen mit Ungarn (26% der Mittel), Slowenien (21%), der Slowakischen Republik (13%) und der Tschechischen Republik (11%).

Wegen der im Rahmen der EU-Regionalpolitik notwendigen Programmplanungen (s. Abschn. 10.1) stand die Raumplanung und Regionalpolitik in Österreich erstmals vor der Aufgabe einer integrierten Darstellung aller raumwirksamen Finanzierungsvorhaben der Gebietskörperschaften und ihrer Fachressorts für einen Zeitraum von fünf Jahren. Von Gutachtern ausgearbeitete regionale Entwicklungsprogramme bildeten großteils die Basis für die Aufstellung der Programmplanungsdokumente für österreichische Regionen durch die Länder, welche schließlich mit der Kommission der EU verhandelt wurden.

In der *Programmperiode 2000-2006* wurden für Österreich insgesamt 1939 Mio. Eurobereitgestellt. Der von den Zielgebieten erfasste Bevölkerungsanteil wurde von 41% auf 28,5% reduziert.

Auf die Ziel-1-Region *Burgenland* entfielen bei einem Bevölkerungsanteil von 3,4% 240 Mio. Euro, das waren ca. 12% der gesamten Strukturfondsmittel (Tabelle 10.8). Das Burgenland hatte in den neunziger Jahren nicht zuletzt aufgrund der Ziel-1-Förderung aufgeholt, und es konnte sein BIP pro Kopf von 61% des EU-Durchschnittes im Jahr 1988 auf 69% im Jahr 1998 steigern. Mit Hilfe der Strukturfondsgelder 2000-2006 wurde das Land weiter modernisiert und auf die EU-Osterweiterung vorbereitet. Die regionale Entwicklungsstrategie war stärker als in der Vorperiode am endogenen Potential der Region ausgerichtet, wobei insbesondere der KMU-Sektor und Gründungen, Innovation und Technologietransfer sowie Unternehmensnetzwerke unterstützt wurden. Mit den EU-Geldern wurden Maßnahmen in den Schwerpunktbereichen Unternehmen und Industrie (33%),Forschung und Technologie-Entwicklung (11%),Tourismus und Kultur (19%),Land- und Forstwirtschaft, Naturschutz, Fischerei (15%),und Verbesserung der Humanressourcen (20%) finanziert.

Die Ziel-2-Regionen der Förderperiode 2000–2006 waren industrielle, ländliche und städtische Gebiete mit Umstrukturierungsproblemen. Sie wurden mit 25% der österreichischen Bevölkerung begrenzt und erhielten mit 751 Mio. Euro

Tabelle 10.8: EU Strukturfondsmittel für Österreich (Quelle: ÖROK, 1999, Inforegio, 2011)

1995–1999			2000–2006			2007–2013		
Ziel1	166	10,2	Ziel1	240	12,4	1) Konvergenz (Phasing out)	180	12,2
Ziel2	101	6,2	Ziel2	751	38,9	2) Regionale Wettbewerbs-fähigkeit	1030	70,1
Ziel3	334	20,6	Ziel3	583	30,2			
Ziel4	61	3,8						
Ziel5a	388	23,9						
Ziel5b	411	25,3	Übergangshilfen	103	5,3			
Gemeinschafts-initiativen	146	9,0	Gemeinschafts-initiativen	356	18,4	3) territoriale Zusammenarbeit	260	17,7
Pilotaktionen	16	1,0						
gesamt	1623	100	gesamt	1930	100	gesamt	1470	100

39% der Strukturfondsgelder. Die höchsten Ziel-2-Förderungen entfielen auf die Steiermark (215 Mio. Euro), Niederösterreich (177 Mio.) und Oberösterreich (121 Mio.).

Auf die vier Gemeinschaftsinitiativen entfiel mehr als das Doppelte als in der Vorperiode. Der Anteil der GI betrug damit 18% der österreichischen Strukturfonds-Gelder, ein im EU-Vergleich stark überdurchschnittlicher Wert. Dieser ergab sich insbesondere aus der starken Bedeutung von INTEREG III, auf das etwa die Hälfte der GI-Gelder entfielen. Weitere 71 Mio. Euro kamen mit LEADER+ den ländlichen Regionen zugute.

Für die *Programmperiode 2007-2013* wurden für Österreich 1,47 Mrd. an Strukturfondsgeldern breitgestellt. Davon entfällt der Löwenanteil (70%) auf das Ziel „regionale Wettbewerbsfähigkeit und Beschäftigung", dem in etwa die Ziele 2 und 3 der Vorperiode zuzuordnen wären (Tabelle 10.8). Für das Konvergenzziel sind 12% und 18% für das Ziel „Europäische territoriale Zusammenarbeit" vorgesehen. Das Konvergenzziel bezieht sich auf die frühere Ziel-1 Region Burgenland, die sich nun bereits im „Phasing out" befindet. Das Ziel der regionalen Wettbewerbsfähigkeit bezieht sich auf alle übrigen Regionen des Landes. Die „Europäische territoriale Zusammenarbeit" ersetzt die früheren INTER-REG Programme und unterstützt die Teilnahme Österreichs an 14 Programme der grenzüberschreitenden, transnationalen und interregionalen Zusammenarbeit.

Wie können wir die EU-Regionalpolitik für Österreich nun einschätzen? Wie oben dargestellt wurde, hat sich mit dem Beitritt Österreichs zur EU die Bedeutung der Regionalpolitik und der für sie zur Verfügung stehenden Mittel deutlich erhöht. Die höchste Förderintensität gab es für das Ziel-1 Burgenland. Eine Ex-Post Evaluierung der Programmperiode 1995-1999 ergab für das Burgenland erhebliche Investitionseffekte der EU Förderung in den Bereichen Industrie, Handwerk und Tourismus und eine Steigerung der Anlageinvestitionen in diesen Sektoren (Stumm 2002). Allerdings haben einzelne dominierende Leitprojekte mit z.T. zweifelhafter Wirkung einen großen Teil der Mittel absorbiert. Der Bericht kommt daher zum Schluss, dass das Burgenland eine vergleichsweise positive Entwicklung bei der Annäherung des Einkommensniveaus und der Kaufkraft an den EU-Durchschnitt in den Jahren 1995 bis 1999 genommen hat. Allerdings wird auch festgestellt, dass das Ziel-1 Programm nicht in der Lage war den Anteil Burgenlands am nationalen Bruttoinlandsprodukt wesentlich zu erhöhen. Auch ist es schwierig, die genauen ökonomischen Auswirkungen der Strukturfondsinvestitionen zu bestimmen.

Weitere Auswirkungen betreffen die Abläufe und den Prozess der Regionalpolitik. Die mit der EU-Regionalpolitik verknüpfte Notwendigkeit der Erstellung mehrjähriger regionaler Entwicklungsprogramme hat seit den neunziger Jahren jedenfalls eine stärkere Auseinandersetzung verschiedener Verwaltungsstellen und Interessensgruppen mit regionalen Entwicklungsproblemen und stärkere Anstrengungen im Bereich der Konzept- und Projektentwicklung zur Folge gehabt. Einen wichtigen Beitrag zur Projektgenerierung lieferten in diesem Zusammenhang die aus EFRE-Mitteln kofinanzierten Einrichtungen des

Regionalmanagements. Dieser Prozess hat die Beteiligten einerseits vor hohe Anforderungen und neue bürokratische Hürden gestellt. Andererseits wurden dadurch die Abläufe der Regionalpolitik auch verbessert und rationaler gestaltet.

Aufgrund der mehrjährigen Programmplanung ist auch ein stärkerer Anreiz zur horizontalen und vertikalen Koordination im Rahmen der Regionalpolitik entstanden. Dies hat zumindest für die Zielgebiete eine bessere Abstimmung von sektoralen Instrumenten (Wirtschafts-, Arbeitsmarkt- und Infrastrukturpolitik) und auch eine bessere Koordination der verschiedenen Ebenen (EU, Bund, Bundesland, Gemeinde) im Rahmen der Erstellung der mehrjährigen Finanzpläne erforderlich gemacht. Schließlich ist auch aufgrund der EU-Beihilfenkontrolle für große Bereiche des Förderungswesens implizit ein Druck zur Regionalisierung entstanden. Abgebaut wurden insbesondere jene Förderungen, die einzelne Unternehmungen begünstigt haben (etwa Subventionen, Investitionszuschüsse). An Bedeutung zugenommen haben hingegen standortbezogene Maßnahmen wie etwa Qualifizierung, Infrastrukturausbau, Innovationsförderung und Technologietransfer.

Die Teilnahme Österreichs an der EU-Regionalpolitik hatte aber nicht nur positive Effekte. Kritisiert wurden insbesondere der große bürokratische Aufwand und das z.T. starre und unflexible Regelungssystem (z.B. hinsichtlich der Zielgebietsabgrenzung in den vergangenen Programmperioden). Auch hatte die Verfügbarkeit von reichlich Geld insbesondere im früheren Ziel-1-Gebiet Burgenland dazu geführt, dass z.T. wieder verstärkt auf kapitalintensive Großprojekte und auf Betriebsansiedlung gesetzt wurde. Die Unterstützung von Innovation hatte zwischen 1995-99 einen geringeren Stellenwert. Nicht zuletzt aufgrund solcher Kritik hat es in der Programmperiode 2000–2006 von Seiten der Kommission wiederum eine Vereinfachung der Strukturfondsregelungen gegeben und eine höhere Flexibilität insbesondere in der Abgrenzung der neuen Ziel-2-Gebiete. Nicht zuletzt auf Grund der Lissabon Agenda kommt auch dem Innovationsaspekt in einzelnen regionalen Entwicklungsprogrammen jetzt ein höherer Stellenwert zu.

10.7 Zusammenfassung

Nach den theoretischen Grundlagen sind wir am Beispiel der Europäischen Union und Österreichs auf die Praxis der Regionalpolitik eingegangen.

Aufgrund der starken wirtschaftlichen Unterschiede innerhalb der EU nimmt die Regionalpolitik eine wichtige Rolle ein. Neben der Agrarpolitik ist sie der bedeutendste Politikbereich. Wesentliches Ziel ist die Verringerung regionaler Disparitäten, wobei die EU für dieses Ziel mittlerweile erhebliche Mittel einsetzt. Das Hauptinstrument der EU-Regionalpolitik sind die Strukturfonds, für die derzeit ca. 35 Prozent der Haushaltsmittel aufgewendet werden. Der größte Teil dieser Mittel floss in entwicklungsschwache Regionen der europäischen Peripherie (frühere Ziel-1 bzw. Konvergenzregionen). Daneben wurde auch die Umstrukturierung in ländlichen Gebieten, in Industriegebieten und Städten (vormals Ziel-2-Regionen) unterstützt. In den Ziel-1-Regionen stand in den ersten Perioden der klassische Infrastrukturausbau (Verkehr, Kommunikation, Ausbildung) und die Unterstützung von Unternehmensinvestitionen und Betriebsansiedelung im Vordergrund, also eine mobilitätsorientierte Strategie (siehe Kapitel 9). In zunehmendem Maße gab es auch Elemente einer endogenen und innovationsorientierten Politik, sowie zuletzt eine stärkere Ausrichtung auf Nachhaltigkeit.

Die EU beeinflusste seit der Strukturfondsreform 1989 auch den Ablauf und Prozess der Regionalpolitik in den Mitgliedsländern. So kontrollierte sie die eingesetzten Instrumente und Gebietsabgrenzungen. Weiters wurde die Förderung über die Strukturfonds an einer mehrjährige Programmplanung gebunden. Diese Anforderung hat in nicht unbeträchtlichem Ausmaß konzeptive Arbeiten und Planungen in den betroffenen Regionen und Mitgliedsländern ausgelöst. Dadurch wurden zum Einen Initiativen und Projekte stimuliert und zum Anderen dazu beigetragen, die Politik transparenter zu machen. Diesen positiven Aspekten steht allerdings ein nicht unerheblicher bürokratischer Aufwand gegenüber. Aufgrund des erheblichen Mitteleinsatzes von Seiten der Strukturfonds stellt sich weiters die Frage der Effizienz und der Wirkungen dieses Instrumentariums. In einigen vorliegenden Studien wurden der bisherigen EU Regionalpolitik positive Effekte in Bezug auf den Strukturwandel, und die Erhöhung der Produktivität und des Einkommens zugeschrieben. Diese Effekte waren insbesondere in den früheren Ziel-1 Regionen nicht unbeträchtlich. Allerdings blieb in diesen Regionen die Innovationsorientierung der Strukturfondspolitik bis zur Förderperiode 2000-2006 relativ gering. In den früheren Ziel-2 Gebieten gab es hingegen zwar weniger Mittel aber eine stärkere Ausrichtung auf Strukturverbesserungen und Innovation. Umweltverbesserungen und -maßnahmen wurden in der Vergangenheit zwar durch den Kohäsionsfonds und in den Ziel-2 Regionen unterstützt, eine stärkere Priorität erhielt das Nachhaltigkeitsziel aber erst seit der aktuellen Förderperiode.

10.8   Übungsaufgaben und Kontrollfragen

1. *Beschreiben Sie die wichtigsten Institutionen und Instrumente der Regionalpolitik der Europäischen Union.*

2. *Welche expliziten Ziele verfolgt die Europäische Union mit ihrer Regionalpolitik?*

3. *Diskutieren Sie die Beziehung zwischen Regionalpolitik und Wettbewerbspolitik der EU.*

4. *Welche sind die typischen Empfängerländer der Förderungen der EU-Regionalpolitik?*

5. *Skizzieren Sie die Entwicklung der EU-Regionalpolitik in den letzten Jahren.*

6. *Was versteht man unter Gemeinschaftsinitiativen und welche Aufgabe erfüllen sie?*

7. *Wie lässt sich die EU-Regionalpolitik in die theoretischen Vorstellungen von Regionalentwicklung einordnen?*

8. *Diskutieren Sie die Beziehung zwischen der nationalen Regionalpolitik eines Mitgliedstaates und der EU-Regionalpolitik.*

Literatur

Aghion, P., P. Howitt, 1990. *A Model of Growth through Creative Destruction*, NBER Working Paper Nr. 3223, Cambridge, Mass.

Aldenderfer, M.S., R.K. Blashfield, 1984. *Cluster Analysis*, Quantitative Applications in the Social Sciences Series, Nr. 44, Beverly Hills: Sage.

Amberger, J., 1997. Stadtmarketing Offenbach. Ein Praxisbericht zur Anwendung des Marketingansatzes in der Stadtentwicklung, *Gesellschaft für Regionalforschung, Seminarberichte* Nr. 39, S. 5-17.

Amin, A., K. Robins, 1990. The Re-emergence of Regional Economies? The Mythical Geography of Flexible Accumulation, *Environment and Planning D: Society and Space*, Jg. 8, S. 7-34.

Andrews, R.B., 1953. Mechanics of the Urban Economic Base: Historical Development of the Base Concept, *Land Economics*, Jg. 29, S. 161-167.

Archibugi, D., S. Iammarino, 1999. The policy implications of the globalisation of innovation. In: D. Archibugi, J. Howells, J. Michie (Hrsg.), *Innovation policy in a global economy*, Cambridge University Press, Cambridge: Cambridge University Press.

Armstrong, H., J. Taylor, 1993. *Regional Economics and Policy*. New York, London: Harvester Wheatsheaf.

Arrow, K.J., 1962. Economic Welfare and the Allocation of Resources for Inventions. In: R.R. Nelson (Hrsg.), *The Rate and Direction of Inventive Activity*, Princeton: Princeton University Press.

Asheim, B.T., 1992. Flexible Specialisation, Industrial Districts and Small Firms: A Critical Appraisal. In: H. Ernste, V. Meier (Hrsg.), *Regional Development and Contemporary Industrial Response: extending Flexible Specialisation*, London, New York: Belhaven Press.

Asheim, A., M. Gertler, 2005. The Geography of Innovation: Regional Innovation Systems. In: J. Fagerberg, D. Mowery, R. Nelson, (Hrsg.), *The Oxford Handbook of Innovation*, Oxford: Oxford University Press.

Autio, E., 1998. Evaluation of RTD in Regional Systems of Innovation, *European Planning Studies*, Jg. 6, S. 131-140.

Aydalot, P., D. Keeble (Hrsg.), 1988. *High Technology Industry and Innovative Environments: The European Experience*, London: Routledge.

Bachtler, J., 1993. Regional Policy in the 1990s – The European Perspective. In: R. Harrison, M. Hart (Hrsg.), *Spatial Policy in a Divided Nation*, London: Jessica Kingsley Publishers.

Bachtler, J., S. Taylor, 1999. *Objective 2: Experiences, Lessons and Policy Implications*, European Policies Research Centre, University of Strathclyde, Glasgow.

Barca, F., 2009. An Agenda for a Reformed Cohesion Policy – A place based approach to meeting European Union challenges and expectations. Independent Report prepared for the Commissioner for Regional Policy. Brussels.

Barro, R.J., 1990. Government Spending in a Simple Model of Endogenous Growth, *Journal of Political Economy*, Jg. 98, S. S103-S125.

Barro, R.J., 1991. Economic Growth in a Cross Section of Countries, *The Quarterly Journal of Economics*, Jg. 106, S. 407-443.

Barro, R.J., X. Sala-i-Martin, 1991. *Convergence across States and Regions*, Discussion Paper Nr. 629, Economic Growth Center, Yale University, New Haven, Conn.

Batt, H.L., 1994. *Kooperative regionale Industriepolitik*, Beiträge zur Politikwissenschaft, Band 57, Frankfurt am Main: Peter Lang Verlag.

Boekholt, P., B. Thuriaux, 1999. Public Policies to Facilitate Clusters: Background, Rationale and Policy Practices in International Perspective. In: OECD (Hrsg.), *Boosting Innovation. The Cluster Approach*, Paris: OECD.

Borts, G.H., J.L. Stein, 1964. *Economic Growth in a Free Market*, New York: Columbia University Press.

Bosch, K., 1989. *Mathematik für Wirtschaftswissenschaftler*, 5. Auflage, München, Wien: Oldenbourg.

Bottazzi, L., G. Peri, 2003. Innovation and spillovers in regions: Evidence from European patent data, *European Economic Review*, Jg. 47, S. 687-710.

Boyer, R., 1986. *La théorie de la régulation: une analyse critique*, Paris: La Decouverte.

Braczyk, H.-J., P. Cooke, M. Heidenreich (Hrsg.), 1998. *Regional Innovation Systems*, London: UCL Press.

Breschi, S., F. Malerba, 1997. Sectoral Innoation Systems: Technological Regimes, Schumpeterian Dynamics and Spatial Boundaries. In: C. Edquist (Hrsg.), *Systems of Innovation: Technologies, Institutions and Organizations*, London: Pinter.

Bröcker, J., 1994. Die Lehren der neuen Wachstumstheorie für die Raumentwicklung und die Regionalpolitik. In: U. Blien, H. Herrmann, M. Koller (Hrsg.), *Regionalentwicklung und regionale Arbeitsmarktpolitik, Konzepte zur Lösung regionaler Arbeitsmarktprobleme?*, Beiträge zur Arbeitsmarkt- und Berufsforschung Nr. 184, Nürnberg: Landesarbeitsamt Nordbayern.

Brugger, E.A., 1985. *Regionalwirtschaftliche Entwicklung: Strukturen, Akteure und Prozesse*, Bern: Haupt Verlag.

Buckley, P.H., 1992. A Transportation-Oriented Interregional Computable General Equilibrium Model of the United States, *The Annals of Regional Science*, Jg. 26, S. 331-348.

Buttler, F., K. Gerlach, P. Liepmann, 1977. *Grundlagen der Regionalökonomie*, Reinbeck: Rowohlt.

Camagni, R., 1991. Space, Networks and Technical Change: An Evolutionary Approach. In: Camagni, R. (Hrsg.), *Innovation Networks*, London: Belhaven Press.

Capellin, R., W.T.M. Molle, 1988. The Coordination Problem in Theory and Policy. In: W.T.M. Molle, R. Capellin (Hrsg.), *Regional Impact of Community Policies in Europe*, Aldershot: Avebury.

Capello, R., 1999. SME Clustering and Factor Productivity: A Milieu Production Function Model, *European Planning Studies*, Jg. 7, S 719-735.

Carlsson, B., R. Stankiewicz, 1995. On the Nature, Function and Composition of Technological Systems. In: Carlsson, B. (Hrsg.), Technological Systems and Economic Performance: The Case of Factory Automation, Dordrecht: Kluwer.

Cecchini, P. 1988. *Europa '92: der Vorteil des Binnenmarktes*, Baden-Baden: Nomos.

Cooke, P., P. Boekholt, F. Tödtling, 2000. *The Governance of Innovation in Europe*, London: Pinter.

Cooke, P., K. Morgan, 1993. The Network Paradigm – New Departures in Corporate and Regional Development, *Environment and Planning D: Society and Space*, Jg. 11, S. 543-564.

David, P., D. Foray, 1995. Accessing and expanding the science and technology knowledge base, *STI Review*, Jg. 16, Paris: OECD.

Derwa, L., 1957. Analyse input-output de la région Liègeois, *Révue du Conseil Économique Wallon*.

Dirmoser, D., R. Gronemeyer, G. Rakelmann (Hrsg.), 1991. *Mythos Entwicklungshilfe*, Gießen: Focus.

Dixit, A.K., J.E. Stiglitz, 1977. Monopolistic Competition and Optimum Product Diversity, *American Economic Review*, Jg. 67, S. 297-308.

Dohse, D., 2000. Technology policy and the regions - the case of the BioRegio contest. *Research Policy*, Jg. 29, S. 1111-1133.

Dohse, D., 2003. Taking Regions Seriously: Recent Innovations in German Technology Policy. In: J. Bröcker, D. Dohse, R. Soltwedel (Hrsg.), *Innovation Clusters and Interregional Competition*, Berlin: Springer.

Dornbusch, R., S. Fischer, 1981. *Macroeconomics*, Auckland: McGraw-Hill.

Dosi, G., 1988. The Nature of the Innovative Process. In: Dosi, G., C. Freeman, R. Nelson, G. Silverberg, L. Soete (Hrsg.), *Technical Change and Economic Theory*, London, New York: Pinter.

Duesenberry, J.S., 1950. Some Aspects of the Theory of Economic Development, *Explorations in Entrepreneurial History*, Jg. 3, S. 63-102.

Edquist, C., 2005. Systems of Innovation - Perspectives and Challenges. In: J. Fagerberg, D. Mowery, R. Nelson (Hrsg.), *The Oxford Handbook of Innovation*, Oxford: Oxford University Press.

Eltges, M., S. Maretzke, A. Peters, 1993. Zur Entwicklung von Arbeitskräfteangebot und -nachfrage auf den regionalen Arbeitsmärkten Deutschlands, *Informationen zur Raumentwicklung*, Heft 12.1993, S. 831-852.

Enright, M., 2003. Regional Clusters: What We Know and What We Should Know. In: J. Bröcker, D. Dohse, R. Soltwedel (Hrsg.), *Innovation Clusters and Interregional Competition*, Berlin: Springer.

Ernst & Young, 1998. *Ex-Post Evaluation of the 1989-1993 Objective 2 Programmes*, Synthesis Report to the Directorate-General for Regional Policies, Commission of the European Communities, Brüssel.

Europäische Kommission, 1994. *Wettbewerbsfähigkeit und Kohäsion: Tendenzen in den Regionen. Fünfter periodischer Bericht über die sozioökonomische Lage und Entwicklung der Regionen der Gemeinschaft*, Luxemburg: Amt für amtliche Veröffentlichungen der Europäischen Gemeinschaften.

Europäische Kommission, 1996. *Erster Bericht über den wirtschaftlichen und sozialen Zusammenhalt*, Luxemburg: Amt für amtliche Veröffentlichungen der Europäischen Gemeinschaften.

Europäische Kommission, 1999. *Sechster Periodischer Bericht über die sozioökonomische Lage und Entwicklung der Regionen der Europäischen Union*, Luxemburg: Amt für amtliche Veröffentlichungen der Europäischen Gemeinschaften.

Europäische Kommission, 2001a, *Einheit Europas, Solidarität der Völker, Vielfalt der Regionen – Zweiter Bericht über den wirtschaftlichen und sozialen Zusammenhalt*, Luxemburg: Amt für amtliche Veröffentlichungen der Europäischen Gemeinschaften.

Europäische Kommission, 2001b. *Im Dienst der Regionen*, Luxemburg: Amt für amtliche Veröffentlichungen der Europäischen Gemeinschaften.

Europäische Kommission, 2002. 2002 European Innovation Scoreboard, Technical Paper no. 3, EU Regions. http://trendchart.cordis.lu /reports/documents/report3.PDF, 7.9.2005.

Europäische Kommission, 2004. *Eine neue Partnerschaft für die Kohäsion, Konvergenz Wettbewerbsfähigkeit Kooperation*, Dritter Bericht über den wirtschaftlichen und sozialen Zusammenhalt, Luxemburg: Amt für amtliche Veröffentlichungen der Europäischen Gemeinschaften.

Europäische Kommission, 2010a. In Europas Zukunft investieren - Fünfter Bericht über den wirtschaftlichen, sozialen und territorialen Zusammenhalt. Luxemburg, Amt für Veröffentlichungen der Europäischen Union.

Europäische Kommission, 2010b. Cohesion policy: Strategic Report 2010 on the implementation of the programmes 2007-2013. Communication from the Commission tot he European Parliament, the Council, The European

Economic and Social Committee and the Committee of the Regions. Brussels.

Europäische Kommission, 2010c. Ex Post Evaluation of Cohesion Policy Programmes 2000-2006 finaced by the European Regional Development Fund in Objective 1 and 2 Regions (Synthesis Report) http://ec.europa.eu/regional_policy/sources/docgener/evaluation/expost2006/wp3_en.htm

European Commission, 2003. *Third European Report on Science & Technology Indicators 2003*, towards a knowledge-based economy, Luxemburg: Amt für amtliche Veröffentlichungen der Europäischen Gemeinschaften.

Feldman, M., 1994. *The Geography of Innovation*, Boston: Kluwer Academic Publishers.

Feldman, M. 2000. Location and innovation: the new economic geography of innovation, spillovers, and agglomeration. In: G. Clark, M. Feldman, M. Gertler (Hrsg.), *The Oxford Handbook of Economic Geography*, Oxford: Oxford University Press.

Freeman, C., C. Perez, 1988. Structural crisis of adjustment, business cycles and investment behaviour. In: G. Dosi, C. Freeman, R. Nelson, G. Silverberg, L. Soete (Hrsg.), *Technical Change and Economic Theory*, London: Pinter.

Friedmann, J.R.P., 1972. A General Theory of Polarized Development. In: N.M. Hansen (Hrsg.), *Growth Centers in Regional Economic Development*, New York: The Free Press, S. 82-107.

Fruit, R., 1960. Les effets de la croissance d'un pôle sur l'environment, analyse du développement du centre et du sud de Département du Nord, *Revue Économique*.

Fürst, D., P. Klemmer, K. Zimmermann, 1976. *Regionale Wirtschaftspolitik*, Tübingen: J.C.B. Mohr.

Fujita, M., P.R. Krugman, A.J. Venables, 1999. *The Spatial Economy*, Cambridge, Mass.: MIT Press.

Gerhardter, G., M. Gruber, 2000. *Förderungsaktion eigenständige Regionalentwicklung (FER): Außenseiter oder Mitspieler in Österreichs Regionalpolitik? Evaluation der FER-Projektförderung 1979-1999*, Graz, Wien: Institut für Technologie- und Regionalpolitik, Joanneum Research.

Glasmeier, A., 1991. Technological Discontinuities and Flexible Production Networks: The Case of Switzerland and the World Watch Industry, *Research Policy*, Jg. 20, S. 469-485.

Grabher, G., 1994. *Lob der Verschwendung*, Berlin: Edition Sigma.

Gravelle, H., R. Rees, 1981. *Microeconomics*, London: Longman.

Grossman, G.M., E. Helpman, 1991a. Quality Ladders in the Theory of Growth, *Review of Economic Studies*, Jg. 58, S. 43-61.

Grossman, G.M., E. Helpman, 1991b. *Innovation and Growth in the Global Economy*. Cambridge, Mass.: MIT Press.

Hackl, P., W. Katzenbeisser, 1995. *Mathematik für Sozial- und Wirtschaftswissenschaften*, 8. Auflage, München, Wien: Oldenbourg.

Hagedoorn, J., 2002. Inter-firm R&D partnerships: an overview of major trends and patterns since 1960, *Research Policy*, Jg. 31, S. 477-492.

Hahne, U., 1985. *Regionalentwicklung durch Aktivierung intraregionaler Potentiale*, München: Verlag Florentz.

Harborth, H.J., 1992. Sustainable Development – dauerhafte Entwicklung. In: D. Nohlen, F. Nuscheler (Hrsg.) *Handbuch der Dritten Welt: Grundprobleme, Theorien, Strategien*, Bonn: J.H.W. Dietz Nachf.

Harrigan, F., P.G. McGregor, J.K. Swales, N. Dourmashkin, 1992. Imperfect Competition in Regional Labour Markets: a Computable General Equilibrium Analysis, *Environment and Planning A*, Jg. 24, S. 1463-1481.

Harrison, B., 1992. Industrial Districts: Old Wine in New Bottles? *Regional Studies*, Jg. 26, S. 469-483.

Harvey, D., 1989. *The Condition of Postmodernity: An Enquiry into the Origins of Cultural Change*, London: Basil Blackwell.

Hauff, V., 1987. *Unsere gemeinsame Zukunft: Der Brundtland-Bericht der Weltkommission für Umwelt und Entwicklung*, Green: Eggenkamp.

Heckscher, E.F., B. Ohlin, 1991. *Heckscher–Ohlin Trade Theory*, Cambridge, Mass.: MIT Press.

Helpman, E., P.R. Krugman, 1985. *Market Structure and Foreign Trade*, Cambridge, Mass.: MIT Press.

Hewings, G.J.D., 1985. *Regional Input-Output Analysis*, Scientific Geography Series, Nr. 6, Beverly Hills: Sage.

Hirschman, A.O., 1958. *The Strategy of Economic Development*, New Haven, Conn.: Yale University Press.

Hodgson, G.M., 1988. *Economics and Institutions – A Manifesto for a Modern Institutional Economics*, Cambridge: Polity Press.

Hollanders, H., 2006. 2006 European Regional Innovation Scoreboard, European Trend Chart on Innovation. Brussels.

Howe, E.C., J.C. Stabler, 1992. The Regional Structure of the United States Economy. *Papers in Regional Science*, Jg. 71, S. 175-191.

Inforegio, 2001. *Die Strukturfonds in Österreich 2000–2006*, Europäische Gemeinschaften, (http://inforegio.cec.eu.int/wbover/overmap/A/Aut_de.htm, 3.12.2001)

Inforegio, 2011a. http://ec.europa.eu/regional_policy/policy/history/index_en.htm

Isserman, A.M., 1996. „It's Obvious, It's Wrong, and Anyway They Said It Years Ago"? Paul Krugman on Large Cities, *International Regional Science Review*, Jg. 19, Nr. 1&2, S. 37-48.

Iversen, G.R., H. Norpoth, 1976. *Analysis of Variance*, Quantitative Applications in the Social Sciences Series, Nr. 1, Beverly Hills, Kalif.: Sage.

Jaffe, A. 1989. The real effects of academic research, *American Economic Review*, Jg. 79, S. 957-970.

Jeglitsch, H., 1989. *Volkswirtschaftliche Gesamtrechnung nach Bezirken*, Schriftenreihe Nr. 72, Wien: Österreichische Raumordnungskonferenz.

Johnson, B., 1992. Institutional Learning. In: B.-A. Lundvall (Hrsg.), *National Systems of Innovation. Towards a Theory of Innovation and Interactive Learning*, London: Pinter.

Kay, N.M., 1988. The R and D Function: Corporate Strategy and Function. In: G. Dosi, Ch. Freeman, R. Nelson, G. Silverberg, L. Soete (Hrsg.), *Technical Change and Economic Theory*, London: Pinter.

Keeble, D., F. Wilkinson (Hrsg.), 1999. Special Issue: Regional Networking, Collective Learning and Innovation in HighTechnology SMEs in Europe, *Regional Studies*, Jg. 33.

Keeble, D., F. Wilkinson (Hrsg.), 2000. *High-Technology Clusters, Networking and Collective Learning in Europe*, Aldershot: Ashgate.

Kero, F., 2002. *Regional marketing and the strategic market planning approach to attract business and industry: case study: Orange County, California, USA*, Diplomarbeit, Wirtschaftsuniversität Wien.

Kim, T.J., D.E. Boyce, G.J.D. Hewings, 1983. Combined Input-Output and Commodity Flow Models for Interregional Development Planning: Insights from a Korean Application, *Geographical Analysis*, Jg. 15, S. 330-342.

Klaus, J., H. Schleicher, 1983. *Räumliche Wirtschaftspolitik*, München: Vahlen.

Kline, S.J., N. Rosenberg, 1986. An Overview of Innovation. In: R. Landau, N. Rosenberg (Hrsg.), *The Positive Sum Strategy*. Washington: National Academy Press.

Kneese, A.V., J.L. Sweeney (Hrsg.), 1982a. *Handbook of Natural Resource and Energy Economics*, Bd. I, Amsterdam: North-Holland.

Kneese, A.V., J.L. Sweeney (Hrsg.), 1982b. *Handbook of Natural Resource and Energy Economics*, Bd. II, Amsterdam: North-Holland.

Kneese, A.V., J.L. Sweeney (Hrsg.), 1993. *Handbook of Natural Resource and Energy Economics*, Bd. III, Amsterdam: North-Holland.

Kommission der Europäischen Gemeinschaften, 1987. *Die Regionen der erweiterten Gemeinschaft: Dritter periodischer Bericht über die sozioökonomische Lage und Entwicklung der Regionen der Gemeinschaft*, Luxemburg: Amt für amtliche Veröffentlichungen der Europäischen Gemeinschaften.

Kommission der Europäischen Gemeinschaften, 1991. *Die Regionen in den 90er Jahren: vierter periodischer Bericht über die sozioökonomische Lage und Entwicklung der Regionen der Gemeinschaft*, Luxemburg: Amt für amtliche Veröffentlichungen der Europäischen Gemeinschaften.

Kotler, P., D. Haider, I. Rein, 1993. There's no place like your place - the marketing of cities, regions, and nations, *The Futurist*, Nov.-Dec. 1993, S. 14-21.

Krugman, P.R., 1980. Scale Economies, Product Differentiation, and the Pattern of Trade, *American Economic Review*, Jg. 70, S. 950-959.

Krugman, P.R., 1991a. *Geography and Trade*, Cambridge, Mass.: MIT Press.

Krugman, P.R., 1991b. Increasing Returns and Economic Geography, *Journal of Political Economy*, Jg. 99, S. 483-499.

Kuklinski, A.R., 1972. *Growth Poles and Growth Centres in Regional Planning*, Paris: UNRISD.

Läpple, D., 1989. Neue Technologien in räumlicher Perspektive, *Informationen zur Raumentwicklung*, Heft 4.1989, S. 213-226.

Laestadius, S., 1998. Technology Level, Knowledge Formation and Industrial Competence in Paper Manufacturing. In: G. Eliasson, C. Green (Hrsg..), *Microfoundations of Economic Growth. A Schumpeterian Perspective*, Ann Arbor: University of Michigan Press.

Lasuén, J.R., 1973. Urbanisation and Development, the Temporal Interaction between Geographical and Sectoral Clusters, *Urban Studies*, Jg. 10, S. 163-188.

Lawson, C., 2000. Collective Learning, System Competences and Epistemically Significant Moments. In: D. Keeble, F. Wilkinson (Hrsg.), *High-Technology Clusters, Networking and Collective Learning*, Aldershot: Ashgate.

Lebourgne, D., A. Lipietz, 1988. New Technologies, New Modes of Regulation: Some Spatial Implications, *Environment and Planning D: Society and Space*, Jg. 6, S. 263-280.

Leontieff, W.W., A. Strout, 1963. Multiregional Input-Output Analysis. In: T. Barna (Hrsg.), *Structural Interdependence and Economic Development*, London: Macmillan, S. 119-149.

Lundvall, B.-A. (Hrsg), 1992. *National Systems of Innovation: Towards a Theory of Innovation and Interactive Learning*, London: Pinter.

Lundvall, B.-A., B. Johnson, 1994. The Learning Economy, *Journal of Industry Studies*, Jg. 1, S. 23-42.

Lundvall, B.-A., S. Borrás, 1999. *The globalising learning economy: Implications for innovation policy*, Luxembourg: Office for Official Publications of the European Communities.

Maier, G., 1983. *Bildungs- und altersspezifische Migration in Österreich 1966–1971*, IIR-Forschung, Nr. 4, Wien: Wirtschaftsuniversität Wien.

Maier, G., 1985. Cumulative Causation and Selectivity in Labour Market-Oriented Migration Caused by Imperfect Information, *Regional Studies*, Jg. 19, S. 231-241.

Maier, G., 2001. History, Spatial Structure, and Regional Growth: Lessons for Policy Making. In: B. Johansson, Ch. Karlsson, R.R. Stough (Hrsg.), *Theories of Endogenous Regional Growth: Lessons for Regional Policies*, Berlin: Springer.

Maier, G., S. Sedlacek, 2005. Spillovers and Innovation, Environment and Space: an Introduction, In: G. Maier, S. Sedlacek (Hrsg.) *Spillovers and Innovation – Space, Environment, and the Economy*, Wien, New York: Springer.

Maier, G., F. Tödtling, 2005. *Regional- und Stadtökonomik: Standorttheorie und Raumstruktur*, 4. Auflage, Wien: Springer.

Maier, G., P. Weiss, 1988. Regionale Arbeitsmarktsegmentierung in Österreich, *Wirtschaft und Gesellschaft*, Jg. 14, S. 505-522.

Maier, G., P. Weiss, 1991. Segmentation, Mobility, and the Spatial Distribution of Activities, *Labour, Review of Labour Economics and Industrial Relations*, Jg. 5, S. 3-22.

Malecki, E.J., 1986. Research and Development and the Geography of High-Technology Complexes, In: J. Rees (Hrsg.) *Technology, Regions, and Policy*, Totowa: Rowan and Allanheld.

Malmberg, A., P. Maskell, 2002. The elusive concept of localization economies: towards a knowledge-based theory of spatial clustering, *Environment and Planning A*, Jg. 34, S. 429-449.

Marshall, A., 1891. *Principles of Economics*, 2. Auflage, London: Macmillan.

Martin, R., 1993. Reviving the Economic Case for Regional Policy. In: R. Harrison, M. Hart (Hrsg.), *Spatial Policy in a Divided Nation*, London: Jessica Kingsley Publishers.

Martinelli, F., E. Schoenberger, 1991. Oligopoly is Alive and Well: Notes for a Broader Discussion of Flexible Accumulation. In: G. Benko, M. Dunford (Hrsg.), *Industrial Change and Regional Development: The Transformation of New Industrial Spaces*, London: Bellhaven Press.

Massey, D., R. Meegan, 1982. *The Anatomy of Job Loss: The How, Why and Where of Employment Decline*, London: Methuen.

Molle, W.T.M., 1991. *The Economics of European Integration: Theory, Practice, Policy*, Aldershot: Dartmouth.

Morgan, K., 2004. The exaggerated death of geography: learning, proximity and territorial innovation systems, *Journal of Economic Geography*, Jg. 4, S. 3-21.

Moritz, K.H., B. Schuknecht, A. Spielkamp, 1994. *Mikroökonomische Theorie der Unternehmung*, München, Wien: Oldenbourg.

Myrdal, G., 1957. *Economic Theory and Underdeveloped Regions*, London: Duckworth.

Myrdal, G., 1974. *Ökonomische Theorie und unterentwickelte Regionen*, Frankfurt am Main: Fischer Taschenbuch Verlag.

Nauwelaers, C., K. Morgan, 1999. The New Wave of Innovation-Oriented Regional Policies: Retrospect and Prospects. In: K. Morgan, C. Nauwelaers (Hrsg.) *Regional Innovation Strategies. The Challenge for Less-Favoured Regions*, London: The Stationery Office and Regional Studies Association.

Nelson, R.R. (Hrsg.), 1993. *National Innovation Systems - A Comparative Analysis*, Oxford: Oxford University Press.

Nelson, R.R., S.G. Winter, 1977. In Search of a Useful Theory of Innovation, *Reseach Policy*, Jg. 6, S. 36-76.

Nelson, R.R., S.G. Winter, 1982. *An Evolutionary Theory of Economic Change*, Cambridge, Mass.: Harvard University Press.

Nohlen, D., F. Nuscheler, 1992. Was heißt Entwicklung? In: D. Nohlen, F. Nuscheler (Hrsg.) *Handbuch der Dritten Welt: Grundprobleme, Theorien, Strategien*, Bonn: J.H.W. Dietz Nachf., S. 55-75.

North, D.C., 1955. Location Theory and Regional Economic Growth, *Journal of Political Economy*, Jg. 63, S. 243-258.

Nurske, R., 1953. *Problems of Capital Formation in Under-developed Countries*, Oxford: Oxford University Press.

OECD, 1986. *Restructuring the Regions: Analysis, Policy Models and Prognosis*, Paris: Organization for Economic Cooperation and Development.

OECD, 1993. *Territorial Development and Structural Change: A New Perspective on Adjustment and Reform*, Paris: Organization for Economic Cooperation and Development.

OECD, 1996. *The Knowledge-based Economy*, Paris: Organization for Economic Cooperation and Development.

OECD, 1999. *Managing National Innovation Systems*, Paris: Organization for Economic Cooperation and Development.

Oinas, P., Malecki, E., 2002. The evolution of technologies in time and space: from national and regional to spatial innovation systems. *International Regional Science Review*, Jg. 25, S. 102-131.

Österreichische Raumordnungskonferenz (ÖROK), 1999. *Neunter Raumordnungsbericht*, Geschäftsstelle der Österreichischen Raumordnungskonferenz, Wien.

Paddison, R., 1993. City Marketing, Image Reconstruction and Urban Regeneration, *Urban Studies*, Vol. 30, S. 339-350.

Paelinck, J., 1968. Systématisation de la théorie du développement régional polarisé. In: J.R. Boudeville (Hrsg.), *L'espace et les pôles de croissance*, Paris: Presses universitaires de France, S. 85-100.

Perroux, F., 1950. Economic Spaces: Theory and Application, *Quarterly Journal of Economics*, Jg. 64, S. 90-97.

Perroux, F., 1952. La Ruhr pôle complexe de développement, *Cashiers de I.S.E.A.*

Perroux, F., 1955. Notes sur la notion de 'pôle de croissance', *Économie appliquée*, Jg. 7, S. 307-320.

Perroux, F., 1961. *L'Économie du XXe siècle*, Paris: Presses universitaire de France.

Polanyi, M., 1967. *The Tacit Dimension*, New York: Anchor Books.

Polanyi, K., 1978. *The Great Transformation: politische und ökonomische Ursprünge von Gesellschaften und Wirtschaftssystemen*, Frankfurt am Main: Suhrkamp.

Polenske, K.R., 1972. The Implementation of a Multiregional Input-Output Model for the United States. In: A.P. Carter, A. Brody (Hrsg.), *Contributions to Input-Output Analysis*, Amsterdam: Elsevier-North-Holland.

Porter, M., 1998. *On Competition*. Boston: Harvard Business School Press.

Powell, W., S. Grodal, 2005. Networks of Innovators. In: J. Fagerberg, D. Mowery, R. Nelson, (Hrsg.), *The Oxford Handbook of Innovation*, Oxford: Oxford University Press.

Prebisch, R., 1959. Commercial Policy in the Underdeveloped Countries, *American Economic Review, Papers and Proceedings*, Jg. 49, S. 251-273.

Putnam, R., 1993. *Making Democracy Work. Civic Traditions in Modern Italy*, Princeton: Princeton University Press.

Puu, T., 2000. *Attractors, Bifurcations, and Chaos: Nonlinear Phenomena in Economics*, Berlin: Springer.

Rebelo, S., 1991. Long Run Policy Analysis and Long Run Growth. *Journal of Political Economy*, Jg. 99, S. 500-521.

Richardson, H.W., 1969. *Regional Economics: Location Theory, Urban Structure and Regional Change*, London: Weidenfeld and Nicolson.

Richardson, H.W., 1973. *Regional Growth Theory*, New York: Wiley.

Richardson, H.W., 1978. *Regional and Urban Economics*, New York: Penguin Books.

Richter, U., 1994. *Geographie der Arbeitslosigkeit in Österreich: Theoretische Grundlagen – Empirische Befunde*, Beiträge zur Stadt- und Regionalforschung, Bd. 13, Wien: Verlag der Österreichischen Akademie der Wissenschaften.

Romanoff, E., 1974. The Economic Base Model: A Very Special Case of Input-Output Analysis, *Journal of Regional Science*, Jg. 14, S. 121-130.

Romer, P.M., 1986. Increasing Returns and Long Run Growth. *Journal of Political Economy*, Jg. 94, S. 1002-1037.

Romer, P.M., 1987. Growth Based on Increasing Returns Due to Specialization, *American Economic Review*, Jg. 77, Nr. 2, S. 56-62.

Romer, P.M., 1990. Endogenous Technological Change. *Journal of Political Economy*, Jg. 98, S. S71-S102.

Sabel, C., 1989. Flexible Specialisation and the Re-emergence of Regional Economies. In: P. Hirst, J. Zeitlin (Hrsg.), *Reversing Industrial Decline*, New York: St. Martin's Press.

Sabel, C., 1992. Studied Trust: Building New Forms of Cooperation in a Volatile Economy. In: F. Pyke, W. Sengenberger (Hrsg.), *Industrial Districts and Local Economic Regeneration*, Genf: International Institute for Labor Studies.

Sachs, W., 1989. Zur Archäologie der Entwicklungsidee, *epd-Entwicklungspolitik*, Heft 10.

Saxenian, A., 1983. The Genesis of Silicon Valley, *Built Environment*, Jg. 9, S. 7-17.

Saxenian, A., 1985. The Genesis of Silicon Valley. In: P. Hall, A. Markussen (Hrsg.) *Silicon Landscapes*, Boston: Allen & Unwin.

Saxenian, A., 1994. *Regional Advantage: Culture and Competition in Silicon Valley and Route 128*, Cambridge, Mass.: Harvard University Press.

Sayer, A., 1984. *Method in Social Science: A Realist Approach*, London: Hutchinson.

Sayer, A., 1989. Postfordism in Question, *International Journal of Urban and Regional Research*, Jg. 13, S. 666-95.

Schätzl, L., 1986. *Wirtschaftsgeographie 3: Politik*, Paderborn: Schöningh.

Schätzl, L., 1988. *Wirtschaftsgeographie 1: Theorie*, 3. Auflage, Paderborn: Schöningh.

Schilling-Kaletsch, I., 1976. *Wachstumspole und Wachstumszentren: Untersuchung zu einer Theorie sektoral und regional polarisierter Entwicklung*, Arbeitsberichte und Ergebnisse zur wirtschafts- und sozialgeographischen Regionalforschung, Nr. 1, Hamburg.

Schumpeter, J., 1935. *Theorie der wirtschaftlichen Entwicklung: eine Untersuchung über Unternehmergewinn, Kapital, Kredit, Zins und den Konjunkturzyklus*. München: Duncker & Humblot (erste Auflage: 1911).

Scott, A.J., 1988. *New Industrial Spaces: Flexible Production Organization and Regional Development in North America and Western Europe*, London: Pion.

Scott, A.J., M. Storper, 1992. Regional Development Reconsidered. In: H. Ernste, V. Meier (Hrsg.), *Regional Development and Contemporary Industrial Response: Extending Flexible Specialisation*. London: Belhaven Press.

Seers, D., 1979. The Birth, Life and Death of Development Economics, *Development and Change*, Jg. 10, S. 707-718.

Segerstrom, P.S., T.C.A. Anant, E. Dinopoulos, 1990. A Schumpeterian Model of the Product Life Cycle, *American Economic Review*, Jg. 80, S. 1077-1092.

Solow, R.M., 1956. A Contribution to the Theory of Economic Growth. *Quarterly Journal of Economics*, Jg. 70, S. 65-94.

South Commission, 1990. *The Challenge to the South*, Oxford: Oxford University Press.

Spence, M., 1976. Product Selection, Fixed Costs, and Monopolistic Competition, *Review of Economic Studies*, Jg. 43, S. 217-235.

Sternberg, R., 1995. *Technologiepolitik und High-Tech Regionen: ein internationaler Vergleich*, Münster: Lit Verlag.

Sternberg, R., 2000. Innovation Networks and Regional Development - Evidence from the European Regional Innovation Survey (ERIS): Theoretical Concepts, Methodological Approach, Empirical Basis and Introduction to the Theme Issue. *European Planning Studies*, Jg. 8, S. 389-407.

Stöhr, W.B., 1981. Development from Below: The Bottom-Up and Periphery-Inward Development Paradigm. In: W.B. Stöhr, D.R.F. Taylor (Hrsg.), *Development from Above or Below?: The Dialectics of Regional Planning in Developing Countries*, Chichester: Wiley.

Stöhr, W.B., F. Tödtling, 1982. Quantitative, qualitative und strukturelle Aspekte der Regionalpolitik aus europäischer Sicht. In: G. Fischer (Hrsg.), *Erfolgskontrolle raumwirksamer Politikbereiche*, Diessenhofen: Verlag Ruegger.

Storper, M., 1997. *The Regional World*, New York: The Guilford Press.

Storper, M., R. Walker, 1989. *The Capitalist Imperative: Territory, Technology and Industrial Growth*, Oxford: Basil Blackwell.

Stumm, T., 2002. Ex-Post Evaluation of Objective 1, 1994-1999. National Report Austria: The Objective 1 Programme in Burgenland 1995-1999. Bericht der Eureconsult S.A., Luxembourg.

Tichy, G., 1998. Clusters: Less Dispensable and More Risky than Ever. In: M. Steiner (Hrsg.), *Clusters and Regional Specialisation*, London: Pion.

Tickell, A., J.A. Peck, 1992. Accumulation, Regulation and the Geographies of Post-Fordism: Missing Links in Regulationist Research, *Progress in Human Geography*, Jg. 16, S. 190-218.

Todaro, M.P., 1989. *Economic Development in the Third World*, 4. Auflage, New York: Longman.

Tödtling, F., 1992. Technological Change at the Regional Level – The Role of Location, Firm Structure and Strategy, *Environment and Planning A*, Jg. 24, S. 1565-1584.

Tödtling, F., 1994. The Uneven Landscape of Innovation Poles – Local Embeddedness and Global Networks. In: A. Amin, N. Thrift (Hrsg.), *Globalisation and Changing Economic Prospects: Examples from Europe*, Oxford: Oxford University Press.

Tödtling, F., P. Lehner, M. Trippl, 2004. Knowledge intensive industries, networks, and collective learning, SRE Discussion Paper 2004/02, Wien: Wirtschaftsuniversität Wien.

Tödtling, F., M. Trippl, 2005. One size fits all?: Towards a differentiated regional innovation policy approach, *Research Policy*, Jg. 34, S. 1203-1219.

Tondl, G., 2001. *Convergence after Divergence?: Regional Growth in Europe*, Wien: Springer.

van den Berg, L., E. Braun, 1999. Urban Competitiveness, Marketing and the Need for Organising Capacity, *Urban Studies*, Vol. 36, S. 987-999.

Vanhove, N., 1999, *Regional Policy: a European Approach*, 3. Auflage, Aldershot: Ashgate.

Vanhove, N., L. Klaassen, 1987. *Regional Policy – A European Approach*, Aldershot: Avebury.

Varga, A., 1998. *University Research and Regional Innovation: A Spatial Econometric Analysis of Academic Technology Transfer*s. Boston: Kluwer Academic Publishers.

Ward, S.V., 1998. *Selling places: the marketing and promotion of towns and cities 1850-2000*, London: Spon.

Ward, K.G., 2000. Front Rentiers to Ranties: 'Active Entrepreneurs', 'Structural Speculators' and the Politics of Marketing the City, *Urban Studies*, Vol. 37, S. 1093-1107.

Wicke, L., 1982. *Umweltökonomie*, München: Vahlen.

Wolfe D., 2002. Social Capital and Cluster Development in Learning Regions. In: M. Gertler, D. Wolfe (Hrsg.), *Innovation and Social Learning. Institutional Adaption in an Era of Technological Change*, Palgrave: Basingstoke.

Yuill, D., K. Allen, J. Bachtler, K. Clement, F. Wishlade, 1993. *European Regional Incentives, 1993-94*, London: Bowker-Saur.

Zeitlin, J., 1992. Industrial Districts and Local Economic Regeneration: Overview and Comment. In: F. Pyke, W. Sengenberger (Hrsg.), *Industrial*

Districts and Local Economic Regeneration, Genf: International Institute for Labor Studies.

Namen- und Sachverzeichnis

Abhängigkeit 15
Abschreibung 30, 60
Adoption von Innovationen 87
Agglomerationen 87, 129, 144, 147
Agglomerationseffekte 22, 26, 162
Agglomeration Wien 15
Aghion, P. 100
Akademikerarbeitslosigkeit 27
Akkumulationsregime 126
Akkumulation technologischen
    Wissens 99
Aldenderfer, M.S. 16
allgemeines Gleichgewichtsmodell 71,
    85
alte Industriegebiete 7, 8, 116
Amberger, J. 166
Amin, A. 135
Amsterdam 15
analytische Wissensbasis 113
Andrews, R.B. 33
Anstoßeffekt 79, 83
Appalachen 77
Arbeit 20, 62
Arbeitsbeziehungen 126
Arbeitskräfte 21
Arbeitslosenquote 2, 5, 15
Arbeitslosigkeit 27, 77, 145, 173
Arbeitsmarkt 2, 26
Arbeitsmarktregion 15
Arbeitsökonomik 85
Arbeitsorganisation 126
Arbeitsteilung 128
Archibugi, D. 121
Armstrong, H. 66, 83, 144
Arrow, K.J. 95
Asheim, B.T. 113, 139

Aufschließung 150
Ausbildung 27, 134, 137
Ausbildungseinrichtungen 151
Ausbreitungseffekt 83, 155
Ausgleichseffekt 84
Ausgleichsorientierung 155
Ausgleichstendenz des neoklassischen
    Modells 61
Ausgleichsziel 146, 162
Ausrichtungs- und Garantiefonds für
    die Landwirtschaft 171f
Austausch von Gütern, Menschen,
    Kapital und Wissen 13
Austausch von Wissen 119
Autio, E. 116f
Automobilindustrie 128
Autoritäts- und Abhängigkeitsbezie-
    hungen 89
Aydalot, P. 122

Bachtler, J. 148, 182f
backwash effect 83
Baden-Württemberg 6, 119, 133, 139
Ballungsvor- und -nachteile 87, 144
Baltikum 13
Barrieren, Hemmnisse 14
Barro, R.J. 97, 101, 101
basic sector 33
Basis-Innovationen 108
Batt, H.L. 143
Bayerischer Wald 15
Bayern 6
Bekleidung 127
Belgien 129, 173
Beratung 148
Berufserfahrung 27
Beschäftigte 40

Betriebsverlagerung 28
Bevölkerungsdichte 89
BioRegio-Wettbewerb 160
Biotechnologie 108, 159
Blashfield, R.K. 16
Boekholt, P. 117f, 163
Borrás, S. 107, 121
Borts, G.H. 64
Bosch, K. 43, 46
Boston 132
Bottazi, L. 121
Boyer, R. 126
Braczyk, H.-J. 118
Bremen 6
Bremseffekt 79, 83
Breschi, S. 115
Bröcker, J. 93, 96, 98, 101, 104
Brokering 162
Brugger, E.A. 156f
Brundtland-Bericht 19
Bruttoproduktionswert 43
Bruttosozialprodukt 18
Buckley, P.H. 71
Bundesrepublik Deutschland 6,
        13, 94, 129, 136, 143, 156,
        173
Burgenland 2, 184–186, 188
Buttler, F. 34, 64

Camagni, R. 118, 122
Cambridge 119, 132
Capellin, R. 152
Capello, R. 121f
Carlsson, B. 115
Cecchini-Bericht 170
chaotische Systeme 104
Christaller, W. 87
Cluster 16, 160, 161f, 164
Clusteranalyse 16
cluster mapping studies 163
Clusterpolitik 161, 163f, 168
Cobb–Douglas-Produktionsfunk-
        tion 57
codified knowledge 111
Computernetze 151

Connecticut 127
Cooke, P. 117f, 132

Dampfmaschine 108
Dänemark 136
David, P. 112
Deregulierung 141
Derwa, L. 86
Dienstleistungen 21
Diffusion 110
direkter Effekt 45
Dirmoser, D. 17
Disparitäten 146, 159, 170
Dixit, A.K. 94, 98
Dominationseffekt 90
Dornbusch, R. 27
Drittes Italien 133, 135f, 139, 159
Dritte Welt 17, 77, 152
Duesenberry, J.S. 33
Düsseldorf 133

Economies of scope 131, 133, 141
Edquist, C. 114
Effizienz 24, 26, 85
EFTA 169
eigenständige Regionalentwick-
        lung 167
Einkommen 18
        Einkommenskreislauf 48
        Einkommensmultiplikator 154
        Einkommensniveau 15
        Einkommenstransfer 175
        Einkommensverteilung 20
Elektrotechnik 108
Eliten 90
Eltges, M. 7
Emilia Romagna 136
Endnachfrage 25, 45, 48
endogene Regionalentwicklung 157
endogenes Potential 156
endogene Wachstumstheorie 11, 78,
        96–100, 102–103
England 127
Enright, M. 162f
Entwicklung 10, 13, 17, 84, 94

Entwicklungsdeterminanten 13
Entwicklungsindikatoren 18
Entwicklungsprobleme 77
Entwicklungsprozess 21
Entwicklungstheorie 17
Entwicklungszentren 155
Entwicklung von unten 20, 157
Entzugseffekt 83f
Erfindung 110
Ernst & Young 182f
Erstrundeneffekt 37
Erwartungen 26, 30
Estremadura 6
Europäische Investitionsbank 171
Europäische Kommission 3f, 6, 116,
          172, 174–177, 179f, 182f
Europäische Union 3, 6, 8, 11, 143,
          146, 156, 169, 188
Europaregion Tirol 13
Europa unterschiedlicher Geschwin-
          digkeiten 170
evolutionäre Ökonomie 114
explizites Wissen 111
Export 14, 49, 70
Exportbasis 33
          Konzeption 154
          Modell 10, 33, 48
          Multiplikator 34, 37, 39
          Theorie 10, 33, 39, 41
Exporteinkommen 35
Exportnachfrage 50
extensive Akkumulation 126
Externalität 11, 78, 103, 110
Externalitätenmodell 96
externe Effekte 27, 74, 95, 102, 103,
          129, 144, 151, 162
externe Ersparnisse 79

Faktorpreise 67
Faktorwanderung 62, 65
Feedback-Effekte 90
Feldman, M. 116, 120f
Ferner Osten 169
Finanzinstrument für die Ausrich-
          tung der Fischerei 171

Firmenübernahmen 139
Fischer, S. 27
Flexibilität 130
flexible Akkumulation 126, 130
flexible Preise 55
flexible Produktion 11, 141
Foray, D. 112
Ford, H. 128
Fördergebiet 6
Fordismus 128–130, 141
fordistische Arbeitsteilung 11
fordistisch-keynesianische Regulati-
          on 126
Forschung 94
Forschungspark 160
Forschung und Entwicklung 137
Fragmentierung 119
Frankfurt am Main 133
Frankreich 129, 133, 136, 155, 173
Freeman, C. 109
Freiheit 19
Fremdenverkehr 15
Friedmann, J.R.P. 89f
Fruit, R. 86
Fujita, M. 94
Funktionalitätskriterium 15
Fürst, D. 144, 148

Gebietsmarketing 164-166, 168
Geburtenrate 30
Gemeinschaftsinitiativen 176
          INTERREG 150
gesellschaftliche Prozesse 91
Gewichtung 21
Glasgow 166
Glasindustrie 128
Glasmeier, A. 139
Gleichgewicht 11, 55, 77
Gleichheit und Gerechtigkeit 20
globaler Wettbewerb 132
Globalisierung 132, 156
Grabher, G. 139
Granada 156
Gravelle, H. 74
Graz 129

Grenoble 133
Grenzen 14
Grenzprodukt 58
Grenzregionen 77
Griechenland 5, 173, 182
Großbetriebe 132, 134, 139
Großbritannien 129, 154f, 173
Grossman, G.M. 94–96, 100
Grundbedürfnisse 19
Grundlagenforschung 111
Grundstoffindustrie 127
Grundstücksbereitstellung 150
Güter 21
    Güterangebot 25
    Güterexport 25
    Güterimport 25
    Güternachfrage 25

Hackl, P. 43, 46
Hagedoorn, J. 121
Hahne, U. 157
Haider, D. 165
Halbleiterindustrie 7
Handel 65
Handelsbarrieren 85
Harborth, H.J. 20
Harrigan, F. 71
Harrison, B. 137
Hartford 127
Harvey, D. 131
Hauff, V. 19
Heckscher, E.F. 65
Heidenreich, M. 118
Helpman, E. 94–96, 100
Hewings, G.J.D. 48
Hirschman, A.O. 80, 84
historische Gegebenheiten 103
Hodgson, G.M. 115
Homogenitätskriterium 15
horizontale Koordination 162
Howe, E.C. 14
Howitt, P. 100
Huelva 156
Humankapital 97f
Hunger 17

Iammarino, S. 121
Imitation 110
implizites Wissen 111f
Import 14, 49
industrial district 11, 125, 136, 141,
    159
Industrieländer 17
Industrieparks 151
Industrieregionen 135
Ineffizienz 100
Inforegio 178, 185f
Information 21, 78, 148
    Informationsbedarf 52
    Informationseffekt 90
    perfekte Information 71, 73
    vollkommene Information 55
informelle Innovationsbeziehungen 122
informeller Sektor 18
Infrastruktur 5, 7f, 74, 151, 173
Infrastrukturausbau 151
inkrementale Neuerungen 108
Innovation 79, 88f, 110, 134, 137,
    150, 159
    Innovationsansatz 167
    Innovationsbarrieren 161
    Innovationsfähigkeit 161
    Innovationsmodelle 98
    Innovationspolitik 161
    Innovationsprozess 11
    Innovationssystem 114, 123, 161
    Innovationszentren 118, 138
innovationsorientierte Regionalpoli-
    tik 159
innovatives Milieu 121, 123f
Inputkoeffizienten 44
Input-Output-Analyse 44, 86
Input-Output-Beziehungen 155
Input-Output-Modell 10, 41
    interregionales 50f
    multiregionales 50
Input-Output-Multiplikator 50
Input-Output-Tabelle 41
Input-Output-Theorie 25, 41
institutional learning 115
Institutionen 25, 115

Instrumente der Regionalpolitik 148
intensive Akkumulation 126
interaktives Innovationsmodell 109
Interdependenzen 115
Intermediärverflechtung 48
Internationalisierung der Märkte 130,
    132
interne Migration 28
interregionale Güterströme 52
Invention 126
Invertierung einer Matrix 46
Investition 30, 34, 58, 85
Irland 5, 173, 182
Isar-Tal 133
Isserman, A.M. 103
Italien 13
Iversen, G.R. 16

Jaffe, A. 121
Jeglitsch, H. 2
Johnson, B. 112, 115
Joint-venture 28
Jugendarbeitslosigkeit 175
Just-in-time-Produktion 133

Kalifornien 7, 132, 166
Kanarische Inseln 6
Kapazitätsgrenze 39
Kapital 21, 62
    Abschreibung 97
    Akkumulation 58, 65, 100
    Angebot 26
    Bestand 27, 30
    Intensität 63, 66
    Nachfrage 26
    Zins 65
Katzenbeisser, W. 43, 46
Kay, N.M. 110
Keeble, D. 122
Keynes, J.M. 154
Keynesianismus 132
Kim, T.J. 50
Klaassen, L. 144
Klaus, J. 144
Kleinbetriebe 134

Klemmer, P. 144, 148
Kline, S.J. 111
Kneese, A.V. 62
know-how, know-what, know-who,
    know-why 112
knowledge spillover 162
kodifiziertes Wissen 111
Kohäsionsfonds 169, 171f, 176, 179
Kommunikationstechnologie 132
komparative Vorteile 71
Komplexität 10
Konkurrenz 134, 137
    atomistische Konkurrenz 55
    monopolistische Konkurrenz 94,
        98
    unvollkommene Konkurrenz 102
kontinuierliche Innovation 107
Kontrollbeziehungen 134
Konvergenz 101
Kooperation 134, 137, 150, 164
Korsika 6
Kotler, P. 165
Krugman, P. 94, 103
Kuklinski, A.R. 87
kurzfristige Prognosen 40

Laestadius, S. 113
La Coruna 156
Lancashire 127, 137
ländliche Problemgebiete 174
Landwirtschaft 7, 15, 42, 46, 52, 77,
    173
Langzeitarbeitslosigkeit 175
Läpple, D. 132
Lasuén, 87
Lawson, C. 122
learning by doing 111
learning by exploring 114
learning by using 111
Lebensmittelindustrie 7
Lebourgne, D. 126
Leitsektoren 41
Leontieff, W.W. 50
Leontieff-Inverse 46f
liberale Regulation 126

Lieferverflechtungen 15
Lille 155
limitationale Produktionsfunktion 47,
    52
lineares Innovationsmodell 109f
Linkage effect 90
Linz 129
Lipietz, A. 126
Liquidität 26
Lizenzen 95
lock-in 119
Lohnniveau 29
Lohnsatz 65
Lokalisationsvorteile 127
Lokalisierungseffekte 27
Lombardei 136
London 132f, 152, 155
Los Angeles 132
Lösch, A. 87
Lundvall, B.-A. 107, 112, 116, 121
Lyon 190

Maastricht-Vertrag 169
magisches Fünfeck von Entwicklung
    19
Maier, G. 1, 73, 82, 85, 103
Mailand 136
Mainstream 103
Makroökonomie 126
Malecki, E.J. 7, 118
Malerba, F. 115
Malmberg, A. 121
Manchester 166
Marchfeld 1
Maretzke, S. 7
marginale Importquote 34
marginale Konsumquote 34
Markt 120
Marktmechanismus 77
Marseille 155
Marshall, A. 137
Martin, R. 154
Martinelli, F. 134
Marx, K. 109
Maschinenbau 42f, 52

Maskell, P. 121
Massachusetts 127
Massey, D. 130
Matrix der Endnachfrage 42
Matrix der Primärinputs 42
Matrizenrechnung 46
Mediation 162
Meegan, R. 130
Mezzogiorno 136, 173
Migration 28f
Mikroelektronik 27, 132
Milieu 121, 123f
Mitnahme-Effekt 150
Mittelamerika 13
Mittel- und Osteuropa 77, 152
Mittelwesten 14
Mobilität 27, 77, 82, 153, 169
Mobilitätsannahme 71
Modell 10
Modernisierungseffekt 90
Molle, W.T.M. 152, 169
Monopol 78, 154
Monopolrente 79, 98, 100
Morgan, K. 116, 132, 162
Moritz, K.-H. 24
motorische Einheit 79
multiple Gleichgewichte 103
München 133
Münchner Raum 15
Mur-Mürz-Furche 1
Myrdal, G. 80, 84, 101

Nachfragepotential 14, 16
nachhaltige Entwicklung 148
Nachhaltigkeit 19
nationales Innovationssystem 115
Nationalstaat 135, 156
natürliche Bevölkerungsbewegung 30
Nauwelaers, C. 162
Nelson, R.R. 108, 114–116
Neofordismus 130
Neoklassik 10, 55, 77, 85, 93, 103,
    144, 170
Nettoinvestition 59
Netto-Regionalprodukt 2

Netzwerk 121, 132, 138, 140f, 161
neue Materialien 159
New Economic Geography 78, 94, 103
New England 127
New Growth Theory 94
New Towns 155
New Trade Theory 94
Nicht-Ausschließbarkeit 95, 98, 110
nicht-lineares Innovationsmodell 109f, 161
Nicht-Rivalität 95, 98
Niederlande 15, 129
Nohlen, D. 17, 19f
nomenclature des unités territoriales statistiques (NUTS) 173
non-basic sector 33
Nordamerika 169
Nordirland 173
Nord-Süd-Konflikt 17
Norpoth, H. 16
North, D.C. 33
Norwegen 136
Nurske, R. 84
Nuscheler, F. 17, 19f
Nutzenmaximierung 55
Nyerere-Bericht 20

Obersteiermark 1, 33, 127
OECD 107, 156, 158, 160
Offenbach 166
öffentliche Infrastruktur 97, 144
öffentliche Güter 95, 145
Ohlin, B. 65
Oinas, P. 118
Oligopol 78, 154
Opportunitätskosten 71
Orange County 132, 166
Österreich 13, 127, 129, 143, 156, 158, 188
Österreichische Raumordnungskonferenz 184
Oviedo 156

Paddison, R. 166

Paelinck, J. 87
Pareto-Optimum 74
Paris 133, 152
Partizipation 20
Patente 95
Peck, J.A. 126f, 133, 135
Pendeleinzugsgebiet 29
Pendelwanderung 28
Pendlerkriterium 15
Pennsylvania 138
Perez, C. 109
Peri, G. 121
Peripherie 83, 89, 116, 134
Perroux, F. 78, 83, 86
Persistenz der Institutionen 25
Peters, A. 7
Pfadabhängigkeit 114
Phasenübergänge 11
Polanyi, K. 111, 127
Polarisationseffekt 83
Polarisationstheorie 11, 77, 85, 93, 155, 170
Polenske, K.R. 50
Porter, M. 164
Portugal 5, 173, 182
Postfordismus 126, 130, 141
Potential 158
Powell, W. 121
Grodal, S. 121
Prato 138
Prebisch, R. 89
Primärinputkoeffizienten 44
Primärinputs 43, 48
Produkt 137
Produktinnovation 108
Produktion 23, 60
Produktionseffekt 90
Produktionsfaktoren 26, 78, 144
Produktionsfunktion 24, 56
Produktionsmodell 126
Produktlebenszyklen 159
Produzentendienste 160
Pro-Kopf-Einkommen 18
Prozessinnovation 108, 137
psychologischer Effekt 90

Public Relations 165
Putnam, R. 122
Puu, T. 104

Qualifikation 27
Quality Leader 100

radikale Innovation 108
Randstad 15
Rangkorrelationskoeffizient 3
räumliche Arbeitsteilung 134
räumliche Differenzierung 73
räumliches Monopol 74
räumliche Struktur 22
Raumordnungspolitik 143
Raumstruktur 9
Reagan, R. 154
Realismus 125
Rebelo, S. 97, 100
Rees, R. 74
Region 9f, 13
    sub-nationale 13
    supra-nationale 13
    trans-nationale 13
regionale Disparitäten 3
Regionaleinkommen 36
regionale Institutionen 165
Regionalentwicklung 9f
Regionalentwicklungstheorien 21
regionale Polarisation 78f
regionaler Entwicklungsprozess 10
regionales Innovationssystem 116, 118,
    123
regionale Vernetzung 119
regionale Wirtschaftspolitik 73, 84,
    143
Regionalfonds 171f
Regionalisierung 16
Regionalmarketing 164
Regionalpolitik 8–11, 134, 143
Regionsgrenzen 40
Regionsmarketing 144, 148
Regulation 11
Regulierungstheorie 10, 125
Rein, I. 165

relative Preisvorteile 69
Richardson, H.W. 64, 144
Richter, U. 2
Robins, K. 135
Romanoff, E. 48
Romer, P.M. 94, 96–99, 101
Rosenberg, N. 111
Rotterdam 15
Routine 112
Rückkoppelung 35
Rückkoppelungseffekte 80
Ruhrgebiet 6, 15, 33, 139

Saarland 6
Sabel, Ch. 138f
Sachs, W. 17
Sala-i-Martin, X. 101
Salzburg 2
San Francisco 7
Santa Clara County 7
Saxenian, A. 7
Sayer, A. 125, 135
Schätzl, L. 34, 64, 87, 144
Schiffsbau 77
Schilling-Kaletsch, I. 86f, 90
Schleicher, H. 144
Schoenberger, E. 134
Schumpeter, J. 107, 109
Schweden 94, 136
Schweiz 13, 139
schweizerische Juraregion 139
Schwerindustrie 1, 7, 15, 33, 42f, 52,
    77
Scott, A.J. 7, 127, 129, 132f
Sedlacek, S. 103
Seers, D. 19
Segerstrom, P.S. 100
Segmentationstheorie 85
sektorale Polarisation 78
Selektivität der Migration 82
Sevilla 156
Sheffield 127, 137
Sickereffekt 83
Silicon Valley 7, 119, 132, 135
Skaleneffekte 127

Skalenerträge 96
konstante Skalenerträge 56
wachsende Skalenerträge 11, 103
Skalenvorteile 25, 131
Solow, R.M. 56
South Commission 20
soziale Gerechtigkeit 19, 145
soziale Neuerungen 90
soziale Prozesse 89
soziale Segregation 8
soziales und politisches Umfeld 78
Sozialfonds 171f
Sozialkapital 122
Spanien 5, 155, 173
Sparen 60
Sparneigung 26
Spence, M. 94
spezialisierte Regionalstruktur 7
Spezialisierung der Produktion 29, 71
Spillover 121
spread effect 83
staatliche Wirtschaftsplanung 84
Stabler, J.C. 14
Stadtmarketing 164
Stahlerzeugung 108
Stahlindustrie 66
Standort 9, 130
Entscheidung 28
Konzentration 130
Marketing 164
Voraussetzungen 22
Stankiewicz, R. 115
Stein, J.L. 64
Sterberate 30
Sternberg, R. 8, 118, 120
steuerliche Begünstigungen 150
Stiglitz, J.E. 94, 98
Stöhr, W.B. 20, 156f
Storper, M. 116, 120, 127, 129, 132, 134
Straßburg 155
Strategic Market Planning 165
Strategien der Regionalpolitik 152
Strout, A. 50

Strukturfonds 171
Strukturwandel 1
Substitutionseffekte 48
Südamerika 169
Süditalien 5
sustainable development 19
Sweeney, J.L. 62
synthetische Wissensbasis 113

Tacit Knowledge 111
Tagespendler 29
Taylor, J. 66, 83, 144
Taylor, S. 182f
technische Polarisation 86
technischer Fortschritt 24, 57, 94
Technologietransfer 16, 118, 120, 134, 161
Technologietransferzentrum 115
technologische Innovation 108
technologische Paradigmen 131
technologische Revolutionen 108
Telekommunikation 151
Textilien 127
Textilindustrie 66, 128
Thatcher, M. 154
Thuriaux, B. 163
Tichy, G. 164
Tickell, A. 126f, 133, 135
Todaro, M.P. 19
Tödtling, F. 1, 113, 116–120, 132, 156
Tondl, G. 101
Toskana 136
Toulouse 155
Tourismus 15
Toyota City 134
Traded Interdependencies 119
Transaktionskosten 133
Transportkosten 21
trickling-down effect 83
Turin 136

Umschulungsprogramme 27
Umweltdumping 152
Umweltzielsetzung 147

Unabhängigkeit und Eigenstän-
    digkeit 20
Ungleichheit 84
Universitäten 114f
Unternehmensgründung 150
Untraded Interdependencies 120
USA 3, 7, 14, 77, 127, 129, 138, 154
Utrecht 15

Vanhove, N. 144, 169
Varga, A. 121
Varianzanalyse 16
Venetien 136
Vereinfachungen, methodische 10
Verflechtungskoeffizienten 44
Verflechtungsmatrix 42, 52
vertikale Koordination 162
Vertrag von Rom 170
vier Freiheiten 169
Vigo 156
volkswirtschaftliche Gesamtrechnung
    18, 34
Vorarlberg 2

Wachstum 18
Wachstumsorientierung 155
Wachstumspol 86f, 145, 153, 155,
    167
Wachstumspolkonzept 86
Wachstumstheorie 56
Wachstumszentrum 86
Wachstumszielsetzung 162
Währungsrisiko 21
Waldviertel 15, 128
Walker, R. 134
Wanderungsbereitschaft 29
Wanderungsbewegungen 63
Ward, S.V. 164
Ward, K.G. 166
Weiss, P. 85
Werturteil 17, 19, 21
Wettbewerbsregeln 182
Wettbewerbsverfahren 160
Wicke, L. 62
Wien 1f, 129

Wilkinson, F. 122
Winter, S.G. 108, 114f
Wirtschaftsförderung 14
Wirtschaftsstruktur 89
Wirtschaftswachstum 18
Wissen als Produktionsfaktor 107
Wissensanwendung 117
Wissensdiffusion 116
Wissensexternalitäten 121
Wissensgenerierung 116
wissensintensive Dienstleistungen 107
Wissensspillover 116, 121, 123f
Wissensverwertung 117
Wochenpendler 29
Wohlfahrtstaat 129
Wolfe, D. 122

Yuill, D. 150

Zeitdimension 9
Zeitlin, J. 137f
Zentrale Orte 87, 156
Zentrum 83, 89, 134
Zentrum-Peripherie-Modelle 89
Ziel-1-Regionen 6, 173, 182, 189
Ziel-2-Regionen 173, 189
Ziel-5b-Regionen 174
Ziele der Strukturfonds 172
Zielgebiete der EU 173
Zimmermann, K.F. 144, 148
zirkulär-kumulativer Prozess 80, 84,
    103
Zölle 21
Zuschüsse 150